新时期我国长寿风险及其管理体系研究

XINSHIQI WOGUO CHANGSHOU FENGXIAN
JIQI GUANLI TIXI YANJIU

陈翠霞 周明 刘洁 著

中国财经出版传媒集团

经济科学出版社
Economic Science Press

图书在版编目（CIP）数据

新时期我国长寿风险及其管理体系研究/陈翠霞，
周明，刘洁著. —北京：经济科学出版社，2020.4
ISBN 978 – 7 – 5218 – 1440 – 8

Ⅰ. ①新… Ⅱ. ①陈…②周…③刘… Ⅲ. ①人寿
保险 – 风险管理 – 研究 – 中国 Ⅳ. ①F842. 62

中国版本图书馆 CIP 数据核字（2020）第 053269 号

责任编辑：宋艳波
责任校对：杨 海
责任印制：李 鹏 范 艳

新时期我国长寿风险及其管理体系研究

陈翠霞 周 明 刘 洁 著

经济科学出版社出版、发行 新华书店经销

社址：北京市海淀区阜成路甲 28 号 邮编：100142

总编部电话：010 – 88191217 发行部电话：010 – 88191522

网址：www. esp. com. cn

电子邮件：esp@ esp. com. cn

天猫网店：经济科学出版社旗舰店

网址：http：//jjkxcbs. tmall. com

北京密兴印刷有限公司印装

710 × 1000 16 开 16.5 印张 250000 字

2020 年 4 月第 1 版 2020 年 4 月第 1 次印刷

ISBN 978 – 7 – 5218 – 1440 – 8 定价：58.00 元

（图书出现印装问题，本社负责调换。电话：010 – 88191510）

（版权所有 侵权必究 打击盗版 举报热线：010 – 88191661

QQ：2242791300 营销中心电话：010 – 88191537

电子邮箱：dbts@ esp. com. cn）

前　言

随着我国经济水平的提高，人们物质生活得到一定满足后，更多的人会越来越关注自身的健康状况。同时，随着我国医疗水平的不断提高和技术的不断进步，重大疾病的治愈率和生存率都有了显著提升，我国人口平均死亡率呈现显著下降趋势且预期寿命进入快速增长的阶段。国家人口统计局统计数据表明，1950～1955 年我国人口平均寿命仅为 45.9 岁，1995～2000 年则为 66.7 岁。根据相关预测，估计 2050 年我国人口平均预期寿命将达到 82.1 岁。在未来几十年里，长寿现象已比较普遍，甚至是活到 90 岁或更大年纪对许多人来说将成为现实。虽然长寿是每个人所追求的，但从多角度来看，人口预期寿命的增加将给经济社会带来很多问题。如果今后的实际寿命增长速度比预期寿命要快，将给个人和社会带来经济压力，出现长寿风险问题。长寿风险已成为政府部门、企业和个人所面临的一类新型的、日益严重的社会系统性风险。根据对长寿风险的性质、特征、表现方式等方面的已有研究成果进行总结定义，长寿风险指的是这样一种情形：个人或总体人群未来的平均实际寿命高于预期平均寿命所带来的一系列风险（MacMinn，Brockett & Blake，2006；Stallard，2008）。由此，可以从个体和整体两个层面来定义长寿风险：个体长寿风险（individual longevity risk）是指个人不能精确预测自己将来的剩余寿命，在其生存年限内的支出超过了自身所积累的财富，如果个人没有参加养老保险，这一风险造成的财务压力将完全由个人所承担。实际上，此类个体长寿风险可通过参加相关养老保险计划进行管理，如参加政府的社会养老保险、企业的养老保险、购买人寿保险公司的年金产品等。总体人群的长寿风险又称为聚合长寿风险（aggregate longevity risk），是指一个群体的平均实际寿命高于预期寿命而产生的风险，该风险是无法根据大数法则进行分散的系统风险（Milevsky，Promislow & Young，2006；Cairans，Blake & Dowd，2006a），该类风险的主要承担者是提供养老金的部门，如政府、企业或保险公司等。但是，无论是政府的社会养老计划、企业的养老金计划还是人寿保险公司的年金产品，都难以对该类长寿风险进行有效的管理。

长寿风险的存在关乎个人未来的生存问题，以及商业保险机构的盈利能力和偿付能力，最重要的是对整个国家的养老金系统产生严重的影响。长寿风险是一个值得引起重视的问题，国外学者致力于长寿风险的研究，取得了大量成果。中国对此问题的研究还处于探索阶段。目前，长寿风险管理体系的不完善已开始阻碍整个国家保障体系的健康发展，甚至在一定程度上削弱了经济的发展。因此，新时期尽快建立适合我国国情的长寿风险管理体系迫在眉睫。为了引起人们对长寿风险的重视，从而对长寿风险进行有效管理，本书较为系统地梳理了国内外长寿风险问题的相关文献，综合各方优缺点，给予评价，以期为个人、相关政府部门和保险公司进行长寿风险管理提供借鉴和参考。本书主要内容包括：第一章导论，主要阐述本书撰写内容的研究背景、研究意义以及国内外研究前沿成果等；第二章至第四章为理论框架，主要介绍了长寿风险的基本理论内容、关于长寿风险的量化评估模型以及人口寿命指数的研究和编制，为接下来研究长寿风险有效管理的现状与决策奠定理论基础；第五章至第七章为实务分析，主要对政府、企业、保险公司和个人等主要主体面临的长寿风险进行识别、评估、量化，并分析各主体对长寿风险的管理方式以及目前其施行的可行性；第八章为政策建议，主要是在各理论基础和实务分析上，联系我国整个经济和社会市场的实际情况，探讨中国长寿风险管理存在的问题、面临的挑战，并提出相关政策建议，希望能给其他研究者带来一些启示，共同推动我国长寿风险管理理论和实践不断向前发展。

通过在原有研究成果上的创新探索，本书的研究得到以下主要结论。第一，人口平均预期寿命的增加是产生个体长寿风险和聚合长寿风险的根本原因，此外，经济发展、医疗卫生水平及技术的发展也是长寿风险产生的重要因素。新时期下长寿风险日趋严重给政府、企业、保险公司以及个人等主体带来一定的影响，那么如何更有效地管理长寿风险成为一个不可忽视的课题。第二，本书综合运用定性研究和定量分析的相关理论方法分析长寿风险管理，分别从政府、企业、保险公司以及个人四个方面对现今中国长寿风险的严重性进行识别，比较长寿风险的传统、创新管理方式的优缺点，分析出目前中国管理长寿风险的现状与不足；并提出建议：人口老龄化程度加深致使养老保障体系面临聚合长寿风险，政府层面需要对现有的养老保障体系进行改革，金融市场能够为长寿风险管理提供工具和方法，能够将长寿风险转移到资本市场上进行有效对冲。第三，我国政府和个人面临较为严重的长寿风险，保险公司面临的长寿风险较小，企业则没有长寿风险。并且，由于未充分认识长寿风险及其他因素的综合影响，各风险主体的风险管理方式基本以风险自留为主，并没有实现有效管理长寿风险的目的。第四，从我国具体国情出发，主要提出一些长寿风险管理的方式，如实施延迟退休政策。根据养老保险基金的收支状况，经过精确测算，适当推迟职工的退休年龄，可以直接减少养老金计发月数，并提高养老资金的投资收益率，有效解决由死亡率下降造成的养老金缺口问题；优化多层次养老保障体系。应鼓励企业开展企业年金，鼓励保险公司开展商业养老保险，对其给予政策优惠，尽快提高补充性养老保险的覆盖率，并提高它们在多层次养老保障体系中的占比。对于保险公司来说，进行保险产品创新设计，可以减少风险对象的数量，随着时间的推移，长寿风险问题将得到逐步改善；另外，对于保险公司来说，风险转移会成为长寿风险管理的主要方式，通过在资本市场上分割、转移长寿风险进行对冲。对于个人来说，个人通过风险转移的方式管理个体长寿风险具有较强的可行性。最后，通过借鉴国际管理长寿风险的经验来探讨我国管理长寿风险中遇到的问题和一系列挑战。我国长寿风险管理目前存在未充分认识长寿风险、长寿风险管理意识较低、金融市场不发达、长寿风险管理方式比较单一、死亡率数据缺乏等主要问题；由于长寿风险管理是一项系统性工程，无论是政府、企业、保险公司还是个人都无法单独有效管理长寿风险，面临如何建立政府、保险公司、企业、个人等主体合理参与长寿风险的分担机制，如何化解社会基本养老保险制度风险，做实个人账户的转轨成本、完善资本市场等主要挑战。总而言之，在人口老龄化、长寿风险日趋严重的新时期，探讨长寿风险及其管理符合时代背景，具有一定的研究意义。

由于本研究处于探索提升阶段，书中可能存在不少错误和遗漏，恳请读者批评指正。希望本书的出版能为中国长寿风险及其管理的完善出谋划策，贡献力量。

目　录

第一章

导　　论

第一节　研究背景和意义

一、研究背景

（一）人口平均预期寿命的增加与人口老龄化程度的加深

近年来，随着我国经济的发展和科学技术的进步，人民生活水平不断提高，健康问题逐渐受到人们的重视。同时，我国医疗技术也在快速发展，一些重大疾病的治愈率也在逐渐提高，这使得我国人口的平均死亡率在逐年下降，相对而言人口平均寿命在逐年递增。根据我国人口死亡率的历史经验数据来看，自 20 世纪 80 年代以来，人口死亡率数据发生了非常显著的变化。根据《中国人口统计年鉴》以及《中国人口和就业统计年鉴》公布的数据，我国人口平均预期寿命在 1985 年仅仅为 59.2 岁，到 2017 年该数据达到了79.8 岁，30 年间，我国人口的平均寿命提高了 20 多岁。除了《中国人口统计年鉴》与《中国人口和就业统计年鉴》详细记录了中国人口的平均预期寿命数据，我国保险公司启用的经验生命表也表明了这种人口平均寿命的增加。例如，在人口平均预期寿命不断增加的形式下，我国相关部门（原中国保监会主持）在 2014 年启动了"中国人身保险业第三套经验生命表编制项目"，即《中国人身保险业经验生命表（2010－2013）》（男性的平均预期寿命为79.5 岁、女性的平均预期寿命为 84.6 岁），与 2006 年 1 月 1 日颁布实施的第二套生命表《中国人寿保险业经验生命表（2000－2003）》（男性的平均预期寿命为 76.7 岁、女性的平均预期寿命为 80.9 岁）相比，新生命表下男性人口的平均预期寿命提高了 2.8 岁，女性的平均预期寿命提高了 3.7 岁；与第一套生命表《中国人寿保险业经验生命表（1990 – 1993)》（男性的平均预期寿命为 74.7 岁、女性的平均预期寿命为 79.9 岁）相比，新生命表下男性人口的平均预期寿命提高了 4.8 岁，女性的平均预期寿命提高了 4.7 岁。

根据联合国数据显示，人口预期寿命的不断增加不仅在我国的人口发展中较显著，其已成为世界范围内的普遍事实。人口预期寿命的增加将给经济社会带来很多问题。如果今后的实际寿命增长速度比预期寿命要快，换句话说，若人口未来的实际寿命增长速度远超过预期的数据，那么这种人口寿命增长的不确定性、难以预期的情形将给个人和社会带来经济压力，这也就伴随着出现长寿风险问题。长寿风险已成为各国政府、企业和个人所面临的一种新型的、日益严重的社会风险。

另外，这种日益严重的长寿风险也将使中国的老龄化问题愈来愈显著。根据国务院老龄化办公室的数据，截至 2018 年底，中国 60 周岁及以上的人口数量已达到历史最高，约为 2.5 亿人口，占全国总人口的近 18%。预计 2050 年左右，这个数字将接近 5 亿，占总人口的 35% 左右。联合国国际人口学对老龄化的概念有明显的界定，即某个地区或国家 60 周岁以及上人口所占比例超过 10% 时，即进入了"老龄社会"。另外，《中国养老金融发展报告（2017)》指出，我国正经历全球规模最大、速度最快、持续时间最长的老龄化过程。从宏观层面看，人口老龄化程度的加剧，给政府的社会保障计划带来沉重负担；从微观层面看，也使老年人及其家人面临愈发严峻的经济保障问题。对此，党中央、国务院高度重视，作出一系列重大部署和安排。党的十八大提出了"应该重视并要积极应对日趋严重的老龄化以及较低抚养比问题"的国家政策战略；党的十九大进一步提出："人口老龄化不是一个国家特有的问题，是全球国家都经历的一个可持续性问题。所以在新时期、新形势下应对人口老龄化问题进行全面认识，要关注老龄化问题给国家政府、企业、保险公司以及个人等风险主体带来的重要影响。"

根据该初步论断，很多学者采用经典的 Lee-Cater（1992）动态死亡率预测模型，根据人口死亡率以往经验数据预测中国未来 20 年的人口死亡率水平以及预期寿命。

图 1 – 1 为对 2016～2035 年新生儿平均预期寿命的预测。从图 1 – 1 中可以看出，人口的平均预期寿命随着时间的推移在逐渐增加，并且这种增加的速度逐渐也在逐渐加快；另外，女性人口的平均预期寿命总表现出高于男性人口，这也符合实际的人口发展特点与现存的经验生命表的特点。由此，这

种未来人口预期寿命不断增长的趋势也会带来一系列社会性问题，产生长寿风险。在这种形式下，保险公司采用以前的生命表相关数据进行精算定价，均衡定价要求保险企业的现金流入与现金流出相等。然而因为人群未来平均寿命增加，实际死亡率比预期死亡率要低，对保险企业的偿付能力可能带来不良影响。再加上我国社保运行机制不完善，受社保投资渠道以及运作模式所限，我国社保基金投资收益率一直处在较低水平，社保基金也因长寿风险的存在表现出逐渐严重的基金缺口。

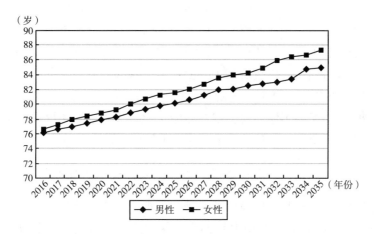

图 1 – 1   新生儿平均预期寿命预测（分性别）

资料来源：《中国人口统计年鉴》《中国人口和就业统计年鉴》1996～2015 年数据。

总体来看，我国人口预期寿命进入快速增长阶段进而表现出老龄化程度的加剧以及各种因长寿带来的风险。预期寿命的增加关乎个人未来的生存问题，以及商业保险机构的盈利能力和偿付能力，最重要的是对整个国家的养老金发放制度有着严重的影响。

（二）人口平均预期寿命国际间横向比较

2018 年 12 月，世界卫生组织发布了《2018 年世界卫生统计报告》。该报告主要统计了世界各国在 2017 年的人口预期寿命，结果显示：世界上人口平均寿命最高的国家分别为日本、圣马力诺和瑞士三国，人均寿命已高达到 85 岁；其次为澳大利亚、冰岛、芬兰、以色列和新加坡，人均寿命也达到了 80 岁。该统计数据还显示，中国 2012 年的人均寿命为 74 岁，高于同等发展水平的国家和一些欧洲国家人口的平均预期寿命，高出世界人口平均寿命 8.61 岁。从 20 世纪 90 年代至今，除少数不发达国家外，大部分国家的人均预期寿命都有了不同程度的提高。例如，日本在 1995 年时的人均预期寿命是 72 岁，而到 2014 年则增加到 85 岁，平均每年以 0.65 岁的速度增长。如果按这样的增长速度，中国人口再过 17 年将达到日本现在的状态，也就是到 2030 年，中国人口的平均寿命将达到 85 岁（这个结果正符合图 1-1 所预测的结果）。同时也说明了随着经济的高速增长、人民生活质量不断提高以及医疗技术水平的提高，国民的人均预期寿命也会相应提高。

另外，统计调查显示，在人口寿命较高的国家的人口老龄化程度也比较严重。造成人口老龄化的原因是多方面的，医疗水平进步导致人均寿命的提高是一个重要原因。当前人均寿命居于世界前列的国家大都受到人口老龄化问题的影响，其中日本最为明显。2014 年人口统计数据显示，我国 60 岁以上的老人已经占到总人口数量的 18.11%，65 岁以上的老人也已经占到总人口数量的 10.08%，明显进入老龄化社会。与此同时，同发达国家相比，中国的社会保障体系还不够完善，城乡差距也比较大，老龄化也将对我国的综合国力、产业竞争力以及科学技术人才产生严重的影响。

（三）人口新形态的发展不断促进养老保障制度的深化改革

我国存在的这种长寿风险以及老龄化的严重程度，导致养老金账面缺口增大、抚养比（退休后/劳动力）偏高、保险公司偿付能力不足以及个人财富在年老时的不足等一系列严重后果。尽管我国已经逐渐重视长寿风险和老龄化的严重现象，甚至提出了"二孩""延迟退休"等一系列政策，但该些措施对缓解长寿风险问题的效果还需进一步观察。当前我国城乡居民对美好生活的向往相对集中地表现在对发展社会保障的诉求上，而社会保障领域的不平衡不充分发展是一个客观事实。这主要的原因是自 20 世纪 80 年代启动的社会保障改革是一场全面而深刻的制度变革，它改变了原有的社会保障格局以及与之相关的利益分配关系，不可避免地要受到国内经济、社会、政治、文化等因素与全球化进程的影响。为了避免激烈变革导致社会危机，同时为经济增长服务，我国的社会保障改革采取了与经济改革相似的渐进方式，在不同阶段经历了从被动变革到主动变革、从自下而上到自上而下、从试点先行与逐渐推进到中央政府顶层设计与全面推进、从作为治理工具服务并服从于经济改革到独成体系地维系和促进经济社会发展的转变过程。进入 21 世纪后，整个社会保障制度实现了从国家—单位保障制向国家—社会保障制的转型，即从计划经济时代的国家负责、单位包办、全面保障、板块结构、封闭运行式的社会保障制度转换成了政府主导、企业与个人责任分担、覆盖全民、社会化、多层次化的新型社会保障体系，这一制度也从城市人的专利转变成惠及全民的制度安排。例如，基本养老保险在2012年就实现了制度全覆盖，所有老年人都能够按月领取数额不等的养老金；医保制度的参保率稳定在97%左右，覆盖人口达13多亿人；以低保制度为核心的综合型社会救助制度实现了应保尽保，等等。党的十八大报告也提出"社会保障坚持全覆盖、保基本、多层次、可持续方针"，表明社会保障体系的目标主要是提供最基本的保障。这样一来，由政府主导的社会保障措施也会逐渐将责任重点转移至最基本的保障层面，企业、保险公司尤其是个人的责任将不断提高。这种新形势下的养老保障形态加之老龄化程度的日趋严重，深化长寿风险的内涵与有效管理决策是非常必要的。

二、研究意义

（一）构建了长寿风险的评估方法及其管理的理论体系

近年来，仍属于发展中国家的中国步入人口老龄化社会。人口老龄化带来了长寿风险的挑战。长寿风险影响深远，如何更有效地管理长寿风险是理论界不断研究的课题。长寿风险已成为各国政府、企业和个人所面临的一类新型的、日益严重的社会风险，也是一个国家进入老龄化社会的重要风险之一。无论从我国人口预测寿命的纵向发展来看，还是纵观国际视角来看，我国人口老龄化程度问题已经十分凸显，这也将对我国政治、经济、文化等方方面面造成不利影响。因此，本书通过系统梳理国内外关于长寿风险及其管理的研究现状，并总结归纳其在理论和实践方面取得的各种进展，提出在我国新经济形态下，构建具有中国特色的长寿风险及其管理的理论是十分必要的。现阶段我国在这方面的研究并不是很成熟，如长寿风险的量化评估方法大多还是用传统的风险测量模型，并未有系统上对方法的比较、研究，探讨一套适合中国国情的长寿风险管理的量化方法；另外，对于长寿风险的管理理论体系，国际上比较成功的案例是将风险通过证券化的手段转移到资本市场上，无论是在理论上还是实务上，我国在该方面的研究还处于探索阶段，具体产品形态、市场支持以及政策管理等方面还没有系统的理论支撑。所以，本书旨在借鉴国内外关于长寿风险的量化模型及其管理的理论研究和实践经验，构建适合我国整个大经济环境发展的长寿风险及其管理的理论框架，为弥补我国在该领域研究的不足提供探索性的基础研究，也为我国社会养老保障体建设、老龄化社会治理的相关政策和顶层设计制定提供一定的理论基础和决策依据。

（二）完善我国社会养老保障体系的建设，提高政府风险管理的水平

本书阐述当前中国人口和养老保险发展状况，希望引起人们对中国长寿风险问题的重视。本书主要从政府、公司及个人等三个主体来研究长寿风险及其管理的系统性理论。而以往的研究对政府这一重要主体总是轻描淡写，相关研究并不是很多，尤其是在政府对具体风险的管理决策方面也并不清晰。长寿风险带来的老龄化对政府来说是一个极具挑战的风险决策。政府在社会养老保障体系建设中面临的长寿风险随着人口老龄化进程的加快越来越大，如果不预先进行有效防范与管理，势必影响我国经济的可持续发展，乃至整个国家的重大治理机制。所以，本书通过研究总结以往经验，结合国际上对长寿风险或社会保障制度建设比较成熟的国家决策，以及我国现如今社会养老保障体系制度，为我国政府评估长寿风险及其管理提供一系列的理论框架、整体思路以及有针对性且专业化的解决方案；并通过分析政府与公司或个人在治理长寿风险或在风险管理机制上的区别，为我国制定一份适合中国国情的社会养老保障体系，并能有效协调老龄化社会治理方案、提高政府风险管理的水平，引导社会风险管理理论创新和实践创新、提高政府风险管理的专业化水平。

（三）加强保险市场与资本市场之间的联系，促进长寿风险衍生品的推广

长寿风险在中国的影响越来越显著，其中包括对国家政府、公司或养老机构以及个人方面的影响。为了进一步量化或管理这类风险，我国在逐渐探索一些方法。通过借鉴国际上对长寿风险管理比较成熟的国家的经验发现，目前很多国家在管理长寿风险时，最主要的一种方式是通过资本市场来转移长寿风险，如发行长寿债券和长寿风险证券化等方式。那么，我国在现阶段相关技术还不是太成熟时，可以借鉴国际做法，即利用资本市场转移或管理长寿风险。一是发行长寿债券类产品，采取风险证券化的做法。长寿风险证券化是指保险人将其承保的长寿风险，通过金融证券产品的开发和发行，转移到资本市场中。风险证券化的实质就是通过借助证券方式和工具从资本市场获取大量资金，并通过将风险分散到资本市场上的方式扩大承保能力。资本证券化的风险管理机制从总量上扩张了保险业的供给能力，增加了保险行业的有效供给，同时又成功实现了保险市场和资本市场的对接，有效地促进保险产品的形式的多样化，同时推动资本市场的发展。另外，长寿债券的收益与其他债券收益和股票收益的相关性降低，有利于机构投资者分散投资组合风险，稳定投资收益。二是利用金融衍生工具对冲长寿风险。金融衍生工具主要是指保险期货、期权等，它们是在长期经验数据的基础上，以指数化条件在时间或者空间维度上对冲风险，从而实现帮助规避风险的目的。现阶段利用这类期货、期权类型构建的风险指数主要应用在农产品等气象指数上或财产类风险指数上等。现保险公司通过引进这类保险指数来对冲长寿风险带来的损失，能够有效量化长寿风险且进行一定的管理。我国的资本市场处于初步发展阶段，存在着监管不善、金融产品种类少，金融衍生品接受程度不高等问题，普遍机构和个人投资者对这种新兴的证券化产品处于保守态度，导致交易不活跃，市场效率不高。本研究进一步探讨了长寿风险证券化在中国市场上推行的模式以及可行性和必要性，并探讨构建长寿风险指数产品，这有效地加强了保险市场与资本市场之间的联系，促进长寿风险衍生品的推广，有助于长寿风险的转移和进一步管理。

（四）有助于增强保险行业风险管理，促进保险产品创新

风险管理起源于 20 世纪 30 年代初期的美国，到 20 世纪 80 年代已经发展成为世界范围内具有国际性的风险管理运动。保险业是经营风险的特殊行业，它既不断探索风险的内含与内在规律，从而进行风险分散和经济补偿；又培养并造就了大量了解多种风险特征及其变化趋势的专业风险管理人才。这些专业人才不仅能为现代化社会各个领域提供专业化的风险管理方案，而且是促进保险业发展的最根本动力以及保险理论创新的最重要源泉和基础。保险所具有的风险管理技术、精算技术、资产负债管理技术、产品和服务创新技术以及现代保险监管技术等方面的优势正是管理长寿风险的关键所在。从长寿风险管理的国外时间经验分析可知，保险业在精算技术、产品开发和供给、数据资料、客户服务和管理、基金管理等方面都具有其他行业不能替代的特殊作用。保险行业在长寿风险导致的老龄化社会环境下，有助于增强保险行业风险管理，促进保险产品创新。该研究为保险公司应用各种风险管理举措提供范例，从多角度为应用提供切实可行、模型清晰、参数可控的应用过程。并通过运用各种先进的理论知识量化风险控制技术，从而能够有效地对老龄化背景下的长寿风险管理体系中的长寿风险进行诊断、分析、开发、定价和定制，创造出新的衍生保险产品。

第二节　国内外研究现状

一、国外研究现状

（一）长寿风险的基本理论

随着老龄化的加剧，全球很多国家和地区都受到长寿风险的影响，关于长寿风险的研究也越来越多。人口老龄化程度的加剧，长寿风险已成为各国政府、企业和个人所面临的一类新型的、日益严重的社会风险。随着寿命的延长，年金、养老金等老年保障型产品的支付期都大大地延长了，老年保障型产品成本大幅上升。政府的基本养老金以及企业养老金都面临着巨大的亏空，给国家经济发展，企业的生存带来了很大的困难。长寿风险这个概念最早是麦克明和布莱克（MacMinn and Black，2006）提出的，他们从广义的角度对长寿风险的特点进行了描述，即长寿风险是指个人或总体人群未来的平均实际寿命高于预期寿命所产生的风险。由此，可以从个体和整体两个层面来定义长寿风险：个体长寿风险是指个人在其生存年限内的支出超过了自身所积累的财富，此类风险可通过参加相关养老保险计划进行管理，如参加政府的社会养老保险、企业的养老保险、购买人寿保险公司的年金产品等；总体人群的长寿风险称为聚合长寿风险，是指一个群体的平均生存年限超过了预期的年限，该风险是无法根据大数法则进行分散的系统风险，无论是人寿保险公司、企业的养老金计划还是政府的社会保险计划，都难以对聚合长寿风险进行有效的管理。

长寿风险的系统性（即不可分散性）使传统风险管理方法完全失去了价值，因而使各个风险主体管理风险的成本变得非常高昂。无论是人寿保险公司、企业的养老金计划还是政府的社会保险计划，都难以对聚合长寿风险进行有效的管理。保险公司（和所有养老金提供商）所面临的长寿风险将非常巨大，而且随着保单的积累在将来还会越来越大。如果处理不善，将会对养老金计划和生存受益产品的供给、进而对整个社会保障体系产生重大影响。在有关业务风险可以妥善管理的情况下，对商业保险公司来说，长寿可能意味着巨大的潜在商机。瑞士再保险公司一篇题为《年金：长寿风险的私营解决方案》的研究报告表明，长寿将使年金成为未来最有前途的保险产品之一。

　　国际货币基金组织（2012）在《全球金融稳定报告》中专门研究了长寿风险的金融影响，指出当前需要更多地关注长寿风险，不仅因为长寿风险会产生巨大的金融影响，而且因为对其有效的缓解措施需要在实施多年以后才会见效；政府应当对长寿风险采取多管齐下的政策：首先，充分认清其所面临的长寿风险；其次，通过新办法更好地分担政府、私人部门养老金提供者以及个人之间的风险，如发展长寿风险转移市场、更好地提供与长寿有关的信息。研究长寿风险的影响和管理的前提是要对死亡率进行准确的预测，国内外关于长寿风险的研究主要集中在对死亡率的预测和长寿风险管理这两个方面。

（二）长寿风险的度量

1. 个人长寿风险度量

　　通过梳理国内外研究成果发现，长寿风险往往指的是整个群体，并未针对某个个体的长寿风险进行探究；即使考虑个人长寿风险，那么其度量方法也非常简单直接，就单单指个人在年轻时对财富的累积值到老年时的资产分配情况。通常认为个人长寿风险是因为本身多积累的财富值因为实际寿命超过预期而不足以支付未来的生活开支。因此，在很多研究成果中，往往将个人长寿风险称为一种财富短缺风险。这种财富短缺风险又引出短缺概率的概念，即个人实际消费额远超过预期消费额，或者个人财富完全消费完的概率。关于短缺概率，很多学者对收益率短缺概率模型进行了分析探究。例如，阿尔布雷希特（Albrecht，2002）等以生存年金收益率作为目标收益率，建立了关于收益率短缺概率模型，从而通过最小化短缺概率确定最优的资产配置结构。另外，也有一些学者从消费量角度进行考虑。例如，米列夫斯基（Milevsky，1996）首先根据合同中设定的每期消费量作为目标消费量，那么消费短缺指的是某时刻退休人员拥有的总财富量低于目标消费量，并且得出结论，出现消费短缺的这一时刻恰好是退休人员进行年金化的最优时间。如果仅仅从计算方法这一角度进行分析，黄（Huang，2004）等利用概率论以及偏微分方程进行了复杂的探索，构建计算财富短缺概率的数学模型，在此基础上，采用矩匹配和共同单调近似方法计算 65 岁人口的财富短缺概率，这是在计算方面最经典的一个案例。另外，一些外国学者将财富短缺概率直接称为个人"破产风险"，这非常类似于公司角度的破产概率的问题，即通过最小化破产风险，得到最优资产配置和财富分配。例如，贝拉克塔和杨（Bayraktar and Young，2007）提到的在一般模型中将借款限制引入最小化模型，从而确定最优资产配置策略。

通过对以上国内外研究现状分析，关于个人长寿风险度量的研究成果比较少，大多以退休人员财富短缺为研究角度，通过构建最优化模型得到最优的资产配置决策。因此，关于个人长寿风险的度量方法和模型，尤其是对个人死亡率的评估与预测是解决问题的理论基础，而长寿风险度量实际的关键就是对人口死亡率的有效测度。

2. 死亡率预测模型

有效管理长寿风险的前提是能够评估未来长寿风险的严重程度，而长寿风险的严重程度是通过人口死亡率来评估的，因此，寻找一种合理的死亡率预测模型是十分必要的。目前最为广泛应用的方法分为静态死亡率模型和随机动态死亡率预测模型。静态死亡率模型假定死亡率量化的基础仅与年龄因素相关，未考虑时间变动的影响，而随机动态死亡率模型在静态死亡率模型基础上考虑了未来死亡率趋势变动的不确定性，这在对长寿风险评估中比较符合实际情况，因此现在学者们在对死亡率预测时多采用后者。静态死亡率模型最早出现，其形式相对简单，结构参数也比较容易求得。主要包括 18 世纪（De Movire）最早提出的静态死亡率模型 De Movire 模型（1724）、Gompertz 模型（1825）、Makeham 模型（1860）、Weillbull 模型（1939）以及 HP 模型（1980）等。这些静态死亡率模型仅考察了年龄变量对死亡率变动的影响，其在死亡率改善比较缓慢时期的人口研究中起到重要作用。并且，这些模型从参数假设出发，依据死亡率的经验数据确定参数，没有考虑未来死亡率变动的不确定性，因此一般只用于对死亡率数据的拟合，很少用于外推，若用于死亡率预测则需将上述模型动态化。

20 世纪 90 年代起，很多学者观察到人口死亡率随时间变动体现出规律性的改善，开始考虑在模型中引入时间影响变量，提出了动态人口死亡率模型。动态人口死亡率模型包括离散型动态人口死亡率和连续型动态人口死亡率模型。离散型动态人口死亡率主要包括 Lee-Carter 及其扩展模型、CBD 及其扩展模型、Plat 模型；连续型动态人口死亡率主要包括短期死亡率模型和远期死亡率模型等。目前最有影响的死亡率模型是 Lee-Carter 模型（1992），而且最近也有不少研究工作致力于对 Lee-Carter 模型（1992）的完善。如威尔莫斯（Wilmoth，1993）、李（Lee，2000）、布鲁恩（Brouhns，2002）等，王富培和哈伯曼（Wong-fupuy and Haberman，2004）、伦肖和哈伯曼（Renshaw and Haberman，2006）、布莱克等（Blake et al.，2008）、科恩和凯恩斯（Kleinow and Cairns，2013）、米切尔（Mitchell，2013）等学者从模型参数的估计方法、模型设定的修正、考虑更多的死亡率变动的影响因素等方面对 Lee-Carter 模型（1992）进行了进一步扩展。

在人口死亡率模型应用中，被公认为最典型的是美国人口学家李·罗纳德（Lee Ronald D.）和卡特·劳伦斯（Carter Lawrence R.）于 1992 年提出的一种预测美国未来人口死亡率的概率模型 Lee-Carter 模型（1992）。该模型将影响各年份、年龄对数中心死亡率的因素分解为时间因素和年龄因素，是由对数表达式和 ARIMA 模型（单整自回归移动平均模型）构成的预测死亡率的外推模型，利用奇异值矩阵分解的方法对参数进行估计，利用随机时间序列方法对死亡率进行预测，并利用了美国 1900～1989 年人口死亡率的历史经验数据，对未来美国人口死亡率进行了预测。

近些年，国内外学者采用 Lee-Carter 模型预测人口死亡率也是比较常见的。国外学者主要有：威尔莫斯（Wilmoth，1996）运用 Lee-Carter 模型对日本人口的死亡率进行了预测，在预测过程中考虑了时间参数与年龄参数，并对死亡率分组进行考虑。据数据统计，日本人口的未来死亡率是全球最低的，即预期寿命也是最长的；布斯（Booth，1998）等人将 Lee-Carter 模型用于对澳大利亚人口的死亡率经验数据进行预测，并将预测结果与其他国家的人口死亡率进行比较；图尔贾普卡（Tuljapurkar，2000）利用 Lee-Carter 模型对加拿大、法国、德国、意大利、日本、英国、美国这七国的经验死亡率数据做出预测，预测出未来直到 2050 年七国的死亡率逐年线性递减的趋势；伦肖和哈伯曼（2003）把年龄变化的影响因素加入到 Lee-Carter 预测方法中去，并利用 Lee-Carter 模型（1992）对 1950～1998 年英格兰和威尔士人口死亡率进行预测；哈伯曼和鲁索利洛（Haberman and Russolillo，2005）运用 Lee-Carter 模型对意大利人口进行未来死亡率的预测，并且在预测中提出了完整的再估计参数的程序化方法，这种方法大大简化了整个参数估计过程以及模型预测的准确性；柯西西（Koissi，2006）等运用 Lee-Carter 模型对北欧国家的死亡率进行预测，利用奇异值分解法、加权最小二乘法以及极大似然函数法来估计模型参数；德尔瓦德（Delwarde，2007）等采用极大似然函数方法对服从泊松分布的死亡人数利用 Lee-Carter 模型进行参数估计；李等（2010）通过严格的统计假设检验来检验 Lee-Carter 模型中的死亡率指数的线性假设，结果表明在这些指标中存在显著的结构断点，这意味着死亡率指数并不是严格的呈线性，在很多情况也是非线性的；海诺特（Hainaut，2012）采用了多维 Lee-Carter 模型，其时间独立变量服从机制转换过程。主要模拟了 1946～2007 期间法国男性和女性人口的死亡率变化，即通过机制变化，死亡率随时间的变化过程；李等（2013）通过使用人口预期寿命较高的日本和美国人口数据来模拟人口死亡率数据，认为加入"旋转"特征的扩展的 Lee-Carter 模型可以更有效模拟人口死亡率；钟（Jong，2016）认为需要把男女性人口放在一个模型里来综合考虑，即把 Lee-Carter 模型扩展为将死亡率作为复值过程，其中实部和虚部分别对应于女性和男性死亡率，并且认为 Lee-Carter 模型给出了与独立且真实的有效拟合，同时提供了性别之间相互关系建模的优势。

由此可见，利用 Lee-Carter 模型预测人口死亡率是国内外学者比较推崇的一种随机动态死亡率预测模型，并且很多学者在 Lee-Carter 模型的基本形式上也进行了改动，使得预测死亡率动态变化更准确，也使得长寿风险的量化分析更符合实际情况。在 Lee-Carter 模型的基础上，伦肖和哈伯曼（2006）构造出了包括出生年效应的 Lee-Carter 模型，然后利用英国 1961～2003 年人口死亡率的历史数据，分别利用原始 Lee-Carter 模型和包含出生年效应的 Lee-Carte 模型对英国人口未来死亡率的变化进行了预测。德比（Debon，2006）等利用流行病学中的 APC 模型预测了西班牙、瑞典和捷克三个国家人口死亡率的变动，但该模型缺乏对预测结果的实用性分析；基于死力期限，凯恩斯等（2006）研究了如何利用利率模型来构造随机的死亡率预测模型，并对死亡率进一步预测。

（三）长寿风险的定价

长寿风险定价的关键是进行合理的死亡率预测，当然也可以直接运用死亡率预测模型对长寿风险进行定价，如米列夫斯基和普罗米斯洛（Milevsky and Promislow，2001）在短期利率和死亡率密度相互独立的重要假设前提下，运用随机 Gompertz 模型和 Cox-Ingersoll-Ross（CIR）模型对长寿期权进行定价。传统的固定收入证券及其衍生产品可以运用即期收益曲线和无套利分析方法进行定价。而长寿风险和死亡率指数衍生产品目前的市场是不完全市场，无套利分析方法不再适用。对此，相关学者运用三类主要方法对长寿风险及死亡率指数衍生产品进行定价。

1. Wang 转换定价方法

Wang（2000，2002）将概率分布转换的方法用于金融和保险风险的定价，提出一类新的转换，即 Wang 转换，并与 CAPM 模型、Black-Scholes 期权定价公式进行比较分析，得出 Wang 转换可以复制 CAPM 模型和 Black-Scholes 期权定价公式的结论。林和考克斯（Lin and Cox，2005）首先运用 Wang 转换对生存债券进行了定价，得出了长寿风险的市场价格；考克斯，林和王（2006）通过研究瑞士再保险公司发行的生存债券和死亡风险的定价，表明该方法可用于死亡率指数衍生证券的定价；之后多德（Dowd，2006）、德尼等（Denuit et al.，2007）、林和考克斯（2008）在此基础上做了进一步研究与扩展。

2. 瞬时 Sharpe 比率方法

这种方法首先由米列夫斯基等（2005）提出，假设持有不可分散的长寿风险一方需要得到风险溢价报酬，那么这一方有多个（瞬时夏普比率）标准偏差组合，小样本的风险已经分散，标准偏差是源自一个假定的死亡率变化过程。

3. 风险中性（Risk-Neutral）定价方法

根据金融经济学理论，在一个非完全证券市场，假设不存在套利机会，则至少存在一种风险测度可以用于确定证券的公平价格，该测度称为风险中性测度 Q，与实际概率测度 P 相对应。米列夫斯基和普罗米斯洛（2001）、达尔和莫勒（2005）、比菲斯（Biffis，2005）、博格（Bauer，2008）等将风险中性方法应用于死亡率指数衍生证券定价的研究。

此外，廖（Liao，2007）等运用信用分级技术给长寿债券定价。李等（2011）为了避免参数风险与模型风险，运用基本无参数的"Canonical Valuation"方法为死亡率指数衍生证券定价。基姆（Kim，2011）等在研究中采用了"Percentile Tranching"方法等。

（四）长寿风险的管理

长寿风险管理与其他风险的管理方式一样，主要包括风险控制、风险转移、风险自留与风险规避等，但是由于长寿风险属于系统性风险，风险规避和风险自留等管理方式的效用较低，因此风险控制，特别是风险转移将是未来管理长寿风险的主要方式。通过梳理面对长寿风险的主要主体，即政府、企业或保险公司及个人对长寿风险的管理方式主要有以下主要贡献。

1. 对于政府而言的长寿风险管理

对于政府而言的长寿风险管理主要涉及退休计划以及养老金管理等问题。韦尔（Weil，2010）研究了人口预期寿命的增加会造成未来储蓄率的下降以及退休的延迟，并且延迟幅度小于寿命延长的幅度。海德拉和罗姆普（Heijdra and Romp，2009）利用 OLG 模型（跨期迭代模型）研究劳动人员退休决策发现，在美国目前的养老金体制下，人口死亡率的改善对最优退休时刻的影响并不显著，个体消费者反而会在最早时刻退休，即"最早退休陷阱"。对于国际上政府管理长寿风险的策略，汉斯（Hans，2010）等分析了德国目前的养老金体制并指出，该体制在长期内难维持养老金的收支平衡，为改善这一状况，政府应最迟在 2040 年将退休年龄提高到 67 岁。

2. 对企业或保险公司而言的长寿风险管理

对企业或保险公司而言，其面对的整体性长寿风险并不单由于群体寿命的普遍延长，而主要是群体寿命延长大趋势下的不确定性，即死亡率变化难以准确预测。以经营年金业务的寿险公司为例，在制定产品时寿险公司会设定一个预定的死亡率变化过程，产品发行以后，如果预定过程相比实际过程更为保守，即实际死亡率更低或下降得更快，那么寿险公司就会亏损。此外，寿险公司也会因开展年金业务而持有大量的长寿风险债务，增加了公司资产负债管理的难度——需要购买大量的债券类资产进行匹配，这也意味着风险管理成本的增加。布莱克和伯罗斯（Blake and Burrows，2001）以及布莱克（Blake，2006）等深入探讨了长寿债券，在考虑影响长寿债券设计的众多因素基础上，提出了多种形式的长寿债券；林等（2005）首次提出以长寿风险证券化的方式来管理长寿风险，其中包括长寿债券、长寿互换和远期等主要产品来对冲长寿风险引起的各种经营损失。布莱克等（2006）研究了长寿期货和期权；而盖（Guy，2007）等详细讨论了 q 远期合约这类长寿风险证券化衍生品。海林（Helleen，2009）基于荷兰国际集团的团体寿险业务，应用长寿互换机制，探讨了该机制对团体寿险业务总体长寿风险的管理效果。王等（2010）对比自然对冲的方法，提出资产负债的方法来管理长寿风险。林福特（Linfoot，2010）主要通过再保险的风险转移方式来有效管理长寿风险，即保险公司为了应对监管机构的要求以及自身经营需要，将所承担的年金业务转移给再保险公司。塞缪尔和迈克尔（Samuel and Michael，2010）依据澳大利亚的人口死亡率及保险市场数据，构建了基于年金累计损失的分层长寿债券并进行定价。林等（2016）认为长寿对冲转移的仅是极端长寿风险以及部分养老金风险，并未使得养老金去风险化有效实现；并提出 Buy-ins 与 Buy-outs 年金产品除了转移长寿风险外还有一系列市场风险，比如投资风险、信用风险等。

3. 对个人而言的长寿风险管理

米切尔（Mitchell，2006）等比较了几种年金对各种风险（包括长寿风险）的覆盖程度，并介绍了阶段性撤资计划在一定的时期内（通常是预期寿命），提供给购买者高额收益以及部分风险头寸，所谓阶段性撤资是指投资者每年在账户减少一部分风险头寸，直到投资者死亡或是资产耗尽。霍莫夫（Homeff，2008）利用 CRRA 效用模型比较了传统年金和各种支付形式的阶段性撤资计划，认为传统年金适用于一个没有遗产动机的高风险厌恶的消费者，而对于中低风险厌恶的消费者来讲他们可以利用撤资计划来获得资本市场上的投资收益。同时，两种产品所形成的组合将大大提高消费者的效用。此外，在美国还有各种指数型年金来对冲长寿风险，如死亡利益保证年金和长寿保证年金等。

二、国内研究现状

（一）长寿风险的评估

长寿风险度量的一个关键问题是死亡率的测度。在推导个人长寿风险模型时，生存指数的构建是关键一环，这是通过死亡率模型计算的。国外对人口死亡率的评估与预测发展比较成熟，对于国内学者的相关研究，近些年也有了很大的突破。例如，李南、胡华清（1998）首次将 Lee-Carter 模型用来对中国人口死亡率的预测，并以中国人口死亡率的现状全面介绍了该方法；刘安泽、张东、刘兵（2007）提出可将长寿风险的研究转化为死亡率降低趋势的研究，同时运用 Lee-Carter 模型预测了死亡率的未来发展趋势。李志生、刘恒甲（2010）介绍了 Lee-Carter 模型并以该模型参数估计的四种方法：奇异值分解法（SVD）、最小二乘法（OLS）、加权最小二乘法（WLS）、极大似然法（MLE），并对四种方法的拟合效果和预测能力进行了比较分析；祝伟、陈秉正（2009）运用此方法对中国城市人口死亡率进行了预测，将人口死亡率分区域进行详细描述，然后进行评估预测；韩猛和王晓军（2010）通过建立一个双随机过程对 Lee-Carter 模型中的时间项死亡率数据建模，以解决样本量不足对预测结果造成的影响，同时分析了我国人口预期寿命的变化对养老金收支平衡的影响。王晓军和黄顺林（2011）列举了几个随机死亡率模型，并依据似然比检验和贝叶斯准则从中选取了最优模型对我国男性人口死亡率经验数据进行拟合和预测，进而根据预测结果测度了死亡率改善对年金支付的影响。金博铁（2012）考虑到我国死亡率数据中的风险暴露不足和小样本问题，利用马尔科夫链-蒙特卡洛抽样方法估计 Currie 并预测我国人口死亡率。祝伟、陈秉正（2012）等分别应用 Lee-Carter 模型及其改进的模型对中国城市人口死亡率进行了预测，并探讨了预测结果的应用问题。此外，祝伟、陈秉正（2009），韩猛、王晓军（2010），王晓军、任文东（2012）分别考虑了中国人口死亡率数据缺失和样本量不足情况下 Lee-Carter 模型的改进与预测，并进一步探讨了死亡率的改善对基本养老保险的影响。吴晓坤和王晓军（2014）采用泊松最大似然估计方法建立中国人口分年龄死亡率的 Lee-Carter 模型，在最大似然估计的基础上附加再抽样方法对模型参数、死亡率及其他相关变量进行再抽样估计和预测，并与未采用再抽样方法的估计结果进行比较；米红和贾宁（2016）基于改进的 Lee-Carter 死亡率预测模型，以官方统计的分年龄的死亡率数据为基础进行回推，重构"大跃进"时期我国历年单岁组死亡率，并逆向预测估算在假定没有饥荒的情况下，"大跃进"时期正常状态死亡人口数量。继而结合国内外学者对当时总死亡人口的估计，对因饥荒而导致的"大跃进"时期的非正常死亡人口进行比较客观准确的评估性研究。接下来，有很多学者对死亡率的评估与预测进行了扩展性研究，主要用于养老金未来缺口的预测、保险公司产品定价以及准备金的提取以及风险管理等决策，死亡率的预测对今后的研究十分关键（尚勤，2009；王晓军等，2014；胡仕强，2015；段白鸽，2106）。由此可见，利用 Lee-Carter 模型预测人口死亡率是国内外学者比较推崇的一种随机动态死亡率预测模型，并且很多学者在 Lee-Carter 模型的基本形式上也进行了改动，使得预测死亡率动态变化更准确，也使得长寿风险的量化分析更符合实际情况。

（二）长寿风险的影响

黄顺林等（2007）运用中国人口死亡率最优模型和企业现金比率模型衡量了在三种不同年龄结构下企业年金所面临的长寿风险，并结合投资风险对企业年金所面临的风险进行了综合风险分析。祝伟和陈秉正（2008）利用在经验数据中采用第一代和第二代寿险业经验生命表中的死亡率数据，通过构建精算模型和精算方法分析了死亡率的降低对个人年金产品价格变动的影响，得出投保年龄与长寿风险反向作用、利率与长寿风险反向作用等结论。傅亚平和王平（2009）提出长寿风险也会对年金保险产品的盈利性和稳定性产生较大的影响。尚勤和秦学志（2009）在先前的研究基础上构建了关于随机死亡率和随机利率下的年金定价模型，并根据寿险业经验生命表中的死亡率数据对参数进行了稳健性分析；并利用该模型对我国人口未来预期死亡率进行了预测，同时分析了长寿风险对我国寿险公司发行年金产品的定价以及偿付能力的影响。傅亚平和王力（2009）利用定性和定量相结合的分析方法研究了长寿风险对我国寿险公司年金产品定价和准备金的影响，根据实证结果提出相关政策建议，如包括再保险、自然对冲、长寿风险证券等长寿风险管理方法；同时还指出政府在长寿风险管理中起着关键的作用，政府可以通过对商业年金提供税收优惠，及时更新生命表等手段来减小长寿风险的不利影响。韩猛和王晓军（2010）指出死亡率下降导致的长寿风险也会对我国企业职工基本养老保险产生重要影响。祝伟和陈秉正（2012）通过 Wang 转换量化个人年金所面临的长寿风险，其结果表明长寿风险会影响个人年金、企业职工基本养老保险等方面。金博轶（2012）采用了贝叶斯这一重要的统计方法对死亡率预测模型进行了参数估计，并进行了参数敏感性分析，根据预测出的长寿风险问题分析了我国寿险公司发行年金产品定价所受其影响，并且得到一个准确数值具有一定的说明性，即长寿风险使得我国寿险公司针对年金的偿付能力的资本要求应该达到年金均值的 2.3%。金博轶（2013）在动态死亡率假定下改进了跨期法代模型，分析了最优退休时刻问题以及弹性退休对养老金收支平衡的影响。结论显示长寿风险的普遍存在延迟了个体的退休年龄，而弹性退休只能部分缓解在长寿风险状态下的养老金支出压力。田梦（2013）基于 Lee-Carter 模型，利用双指数跳跃扩散模型，拟合了 Lee-Carter 模型中的时间序列因子，这有效地描述了我国死亡率的跳跃过程，然后通过瑞士再保险公司发行的死亡债券对我国长寿风险的市场价格进行了度量，在此基础上对我国未来人口的死亡率进行了预测。

（三）长寿风险及其管理

刘达（2008）分析了长寿保险市场的供需特征，并提出了有效管理长寿风险的三类创新型产品：高龄延期年金、团体自助年金化 GSA 以及住房反向抵押贷款。杜鹃（2008）运用 Lee-Carter 模型和年金精算模型定量分析了我国保险公司面临的长寿风险，其结果表明现阶段我国保险业应对长寿风险的最佳路径包括赠调保费、降低保额等。谢世清（2011）提出了保险公司管理长寿风险的四种创新计划：长期护理保险、长寿风险证券化、附保证变额年金及住房反向抵押贷款。祝伟、陈秉正（2012）基于个人年金产品定价受长寿风险的影响，分析了监管部口、行业以及保险公司等几个层次对长寿风险的管理措施。目前，国内学者对长寿风险管理的研究成果也比较丰富。余强（2006）首先将长寿风险证券化这一风险管理方法引进国内，并深入研究国内保险公司利用证券化来管理风险的可行性。张东和刘安泽（2007）提出我国保险业不仅可以通过再保险转移长寿风险，还应利用资本市场来转移和分散长寿风险，为此应该学习发达国家应对长寿风险的成功经验，引进长寿债券和相关的衍生工具。尚勤等（2008）基于我国保险市场和利率市场发展的实际情况，综合运用死亡强度服从 Omstein-Uhlenbeck 跳跃过程的长寿债券定价模型、双曲利率模型、Wang 变换对不完全市场中的长寿债券构建了定价模型，并根据我国经验生命表数据进行参数敏感度分析。蔡正高和王晓军（2009）结合国际上已发行的长寿证券化产品探讨了长寿风险证券化所需基本条件，得出我国发展证券化产品的可行性和必要性。王晓军等（2011）提出了 VaR 风险测度下的寿险产品和年金产品的风险自然对冲模型。谢世清（2014）对长寿风险证券化的理论进行了系统研究，并对比了长寿互换、长寿债券等产品的运营机制。韩猛和王晓军（2013）在随机死亡率预测的基础上，将年金产品定价与年金保单的破产概率结合起来，对我国寿险公司年金业务中的长寿风险进行度量，并探讨了长寿风险的存在对年金保单组的破产概率水平和破产时间的影响。王志刚、王晓军和张学斌（2014）利用 Boot-strap 方法研究人口死亡率分布以及年金保单组的现值分布，进而对年金业务中的长寿风险价值及其资本要求进行度量。计算结果显示，寿险公司开展年金业务需要对长寿风险进行额外的资本储备，然而短期内长寿风险对资本要求较低，因此寿险公司可以通过增收保费或在资本市场上提高投资收益来管理长寿风险。

三、国内外文献评述

综上可知，目前，国外有关长寿风险及其管理的研究成果较为丰富，学术界和研究机构综合运用定性、定量等多种方法既有诸如研究长寿风险的定义、长寿风险产生的原因、长寿风险的承担者，以及长寿风险造成的影响等定性分析的内容；也有诸如探讨死亡率预测模型、资本市场风险溢价参数的测算以及长寿互换的定价等定量分析的研究。现今的研究热点包括死亡率预测模型的研究、长寿风险资本市场转移方式以及长寿风险在养老金市场中的影响等。这些文献也从不同的视角阐述了长寿风险及其管理机制，但是仍然存在不少问题有待解决，包括长寿风险的基本内涵仍不深入具体、死亡率预测模型中也有一些需要改进的假设条件、在定价方面仍然需要进一步合理分析、长寿风险资本市场仍发展缓慢等。同时，这些研究也没有系统化地对长寿风险及其管理的理论进行综合论述，并且这些研究更加关注保险公司、年金企事业单位、基金公司等市场微观主体的长寿风险管理行为，缺乏宏观层面的政策研究。

　　相比而言，国内关于长寿风险的研究起步比较晚。近些年，随着我国老龄化逐渐加重才逐渐意识到长寿风险的问题。国内对长寿风险的研究还比较粗略和浅显，基本上只停留在定性分析，缺乏定量分析。对关于如何度量和识别长寿风险，如何切实有效地进行长寿风险管理，政府以及养老金公司、寿险公司如何减少长寿风险所产生的影响，缺乏较深入的分析和研究。关于长寿风险各方面的研究成果并不丰富，研究也不全面，并缺乏一些研究的经验数据，所以截止到现在在一些数据分析中并不是很完善，因此在模型构建过程中也有一定的困难。我国自 2006 年余伟强发表《长寿风险证券化探索》一文起才开始长寿风险及其管理的国内研究，早期的论文多停留在定性分析上，之后才出现少量定量研究，但是很多研究仍然是基于经典的 Lee-Carter 模型（1992），根据中国较少又不全面的死亡率经验数据预测我国未来的死亡率水平，并没有深入探讨这种模型在中国的适用性及合理性，对符合中国实际的死亡率预测模型研究甚少。除此之外，中国资本市场发展并不是很完善，对长寿风险引进资本市场也有一定的困难。综上所述，这些研究也未系统研究我国长寿风险及其管理状况，尤其是新时期，在老龄化日趋严重、抚养比不断下降的新形势下，关于长寿风险的量化及其管理机制等关键问题并未进行全面而深入的研究。

第二章

长寿风险的基本理论框架

第一节　长寿风险的相关概念

风险的基本含义是损失的不确定性，也表明风险是在一定状况下的概率度。当损失概率是 0 或 1 时，就没有风险。很多学者把风险定义为损失的不确定性，这种不确定性又可分为客观的不确定性和主观的不确定性。有的保险学者把风险定义为一个事件的实际结果偏离预期结果的客观概率，也就是实际发生与预期结果之间存在离差情况。那么，可以从风险的基本定义和本质出发来阐述长寿风险的定义。

一、长寿风险的定义

长寿风险指死亡率长期趋势的不确定造成的风险。也就是说死亡率未来有上升的可能也有下降的可能，这种趋势是不确定的，很难准确预测到（Cairans，Blake and Dowd，2006a）。具体来说，长寿风险是指个人或群体人口的平均实际寿命超过平均预期寿命而造成的养老金储备不足的风险。长寿风险分为个体长寿风险和总体长寿风险。个体长寿风险是指退休后老年人手中的财富量不足以支撑其晚年消费的风险。总体长寿风险是指，群体人口的预期寿命上升使得政府和企业的负担加重的风险以及人口死亡率下降的速度高于制定年金产品价格时所预定的速度而造成的保险公司亏损的风险。

（一）个体长寿风险

个体长寿风险是指个人未能精确预测自己将来的剩余寿命，在其生存年限内的支出超过了自身所积累财富，使事先准备的养老准备金不足以支付老年生活开支的风险。个人长寿风险的产生原因一般是人们无法预知未来生命年限，自身积累的财富不足以支持未来的生活；或是其并未参加任何养老金计划，只依靠个人储蓄养老；提前退休，过早使用养老金，积累财富使用过快。如果个人没有参加养老保险，这一风险造成的财务压力完全由自己负担。一般来说，对于个人长寿风险的管理可以通过强制个人参加国家社会养老金计划，适当延迟退休年龄，为退休生活积累充足的财富；并积极参加补充性的养老保障计划，如购买企业年金计划、商业保险等。

(二) 总体长寿风险

总体长寿风险也就是总体人群的长寿风险，也称聚合长寿风险，是指一个群体的平均生存年限超过了预期的年限，预期寿命系统性延长，年金或养老金计划提供者或保险公司的养老金实际支出大于预期支出，管理成本上升，形成巨大养老金缺口而带来的资不抵债的财务风险。由于群体长寿风险是系统性风险，它是整个养老群体寿命系统性延长所产生的风险，该风险是无法根据大数法则进行分散的系统风险（Milevsky，Promislow and Young，2006；Cairans，Blake and Dowd，2006a）。无论是政府的社会养老计划、企业的养老金计划还是人寿保险公司的年金产品，都难以对聚合长寿风险进行有效的管理。该类长寿风险具有群体性，所以其影响是巨大的，对社会发展造成的后果比较严重。

二、长寿风险和老龄化

长寿风险和人口老龄化虽然存在密切的联系，但是二者是不同的概念，不能混淆。人口老龄化是指人口在年龄结构方面发生变化，具体指某个地区或国家老年人口增多，少年人口减少，老年人口比例提高，它主要是由人口生育率降低，人口实际寿命延长造成的。中国目前已经开始面临人口老龄化带来的严峻挑战。根据国务院老龄办公布的数据，2017年中国60周岁及以上的人口数量已经达到2.41亿人，占全国总人口的17.3%。2018年的数据结果显示，从年龄构成看，16~59周岁的劳动年龄人口89729万人，占总人口的比重为64.3%，劳动人口首次下降；60周岁及以上人口24949万人，占总人口的17.9%，其中65周岁及以上人口16658万人，占总人口的11.9%；这一数字远远超过联合国国际人口学会对人口老龄化的定义——当一个国家或地区 60 周岁以上人口所占比例达到或超过总人口数的 10% 时，该国家即进入了"老龄社会"。从宏观层面看，人口老龄化程度的加剧，给政府的社会保险计划带来了沉重负担；从微观层面看，也使老年人及其家人面临愈发严峻的收入不足问题。人口老龄化背景下如何解决好老年人的经济保障问题，已成为当前及未来中国最重要的社会问题之一。长寿风险是由于人口实际寿命延长高于预期寿命而导致的财务风险，表现为个人储蓄不足及国家养老金支付困难，一个地区或一个国家的长寿风险是由于养老制度不完善造成的。综上所述，人口老龄化和长寿风险存在共同成因，即人口实际寿命延长。生育率降低、老年人口增多，形成老龄化社会，再加上社会养老保障制度的滞后性，造成了社会的长寿风险。

三、长寿风险和抚养比

抚养比这一概念是人口发展新形势下的一个重要概念，与长寿风险和人口老龄化概念一样经常用来量化人口结构和经济形态。抚养比又称抚养系数，是指在人口当中非劳动年龄人口与劳动年龄人口数之比。具体来说，抚养比越大，表示非劳动年龄人口数量所占总人口数越大，就意味着具有劳动能力的人口承担的抚养人数就越多，那么与此同时带来的养老负担越重。一般将人口分为未成年人口、劳动力人口、老龄人口三大类，用这三类人口表示抚养比，即总抚养比（即赡养率）=（老龄人口＋未成年人口)/劳动力人口＝老龄人口抚养比＋未成年人口抚养比。实际上，这个系数主要体现了具有劳动能力的年轻人的社会负担大小。老龄人口抚养比则相对更为直接度量了劳动力的养老负担。人口老龄化的结果将直接导致老龄人口抚养比的不断提高，因此老龄人口抚养比是老龄化社会中关注的重点。通过探究人口老龄化社会中抚养比这一系数的重要性，进一步描述长寿风险的到来与抚养比系数之间的相互联系。所以说该部分将长寿风险与抚养比指数和老龄化相结合起来研究来说明三者之间的相关性。

来自世界银行组织对中国人口的预测数据表明，我国老年人口抚养比保持上升趋势，2010 年为 0.180，2050 年预计为 0.621，增长了 244.36%，年均增长率约为 6%。数据表明，我国年轻人的社会负担逐渐增大，老龄化问题越来越严重。如果保持原来落后的"养儿防老"方式进行养老，劳动力人口的社会负担问题将会越来越不可忽视，亟待新的更为有效的方式来解决这个问题。国家统计局发布 2018 年人口数据，2018 年出生人口 1523 万人，比

2017 年的 1723 万人直接少了 200 万，人口出生率和人口自然增长率创新低，而且，劳动人口还首次出现下降。中新社发布的《人口与劳动绿皮书》报告显示，中国人口负增长时代即将到来，将在 2029 年达到峰值 14.42 亿人，从 2030 年开始进入持续的负增长，2050 年减少到 13.64 亿人，2065 年减少到 12.48 亿人，即缩减到 1996 年的规模。中国人口基数依旧庞大是没错，可人口结构才是最关键的。决定整个社会结构性变化力量的恰恰是人口的结构。当年轻人减少，孩童减少，而老年人口增加时，这将造成社会抚养压力加重。一个国家的最终生产力来源是年轻人，而老人是"消耗品"，奉献了年轻的生产期岁月，然后被后一拨年轻人所供养。

在国际上来看，我国的老年人口比重和美国、日本、新加坡、韩国相比较低，但是比世界平均水平高出 2.2 个百分点。中国的养老负担重于亚洲的新加坡和韩国，老龄化情况比较严峻。另外，从表 2-1 可以直观地看出，我国的基于购买力平价的人均 GDP 比美国、日本、韩国等经济发展水平较高的国家低很多，国民养老保障水平相对低一些。

表 2-1　　　　　　2015 年人口年龄构成和抚养比的国际比较　　　　单位：%

国家或地区	年龄构成			抚养比
	0~14 岁人口比例	15~64 岁人口比例	65 岁以上人口比例	
世界	26.11	65.62	8.27	53.90
中国	16.52	73.01	10.47	36.58
日本	12.86	6.80	26.34	65.47
韩国	13.99	72.88	13.13	36.21
新加坡	15.54	72.78	11.68	35.40
美国	18.95	66.26	14.79	50.91

资料来源：国家统计局、世界银行 WDI 数据库等。

第二节　长寿风险的承担主体

现在我国很多家庭都面临着 4—2—1 的家庭结构，即两个年轻劳动力需要赡养四位老人和抚养一个孩子，这样的家庭负担非常重。而现在随着长寿风险的出现，也就是家里的老人寿命越来越长，那么子女对其的养老压力也会越来越大。因此，很多家庭也在逐渐转移视角，将养老责任分担出来，在当今社保制度发展还不是很完善的情况下，人们对商业养老保险的需求不断增加。与此同时，保险公司针对人们的保险需求发行了一系列养老保险产品。而保险公司在对保险产品研发定价时，仍然采用的是以往生命表，尽管相关部门已经发行了最新一套经验生命表，但是很多保险公司已发行的产品来不及更新。那么随着这些被保险人的平均寿命增加，实际死亡率远低于当初预定的死亡率水平，这将直接导致保险公司未来承担很重的偿付能力，甚至导致一些保险公司资不抵债，出现倒闭现象。另外，我国社保机制在投资渠道、运行模式方面还存在不完善的方面，投资收益率水平不高，因此长寿风险的出现也增加了社保资金的给付压力，社保基金缺口在逐年递增。这样看来，长寿风险引起的老龄化、抚养比较大等问题是一个值得引起重视的问题。为了充分研究长寿风险带来的影响，本部分主要从政府、企业或保险公司以及个人等相关主体进行长寿风险的综合研究①。

一、政　府

从政府角度看，长寿风险的出现主要体现在社会保障资金的未来支付，尤其是实行行收益确定型模式（defined Benefit，dB 模式）退休金计划的国家。如果退休人员未来实际存活的时间远高于预期寿命，这将增加政府退休金发放的压力，需要配置大笔额外的资金来满足退休金发放的需要，因此国家财政就承担了这部分支出。长寿风险的出现将给国家政府带来资金缺口压力，根据国际货币基金组织研究报告显示，如果人均实际寿命比预期多三年，因老龄化所致的累计支出将占发达国家 GDP 的 50%，发展中国家 GDP 的 25%（McMullan，Wolongiewicz and Singleton，2012）。并且瑞士再保险公司（Swiss Re）报告也指出"只要低估预期寿命仅一年，就会增加退休金计划 5% 的额外费用"（Tamm & Kirova，2011）。由此看来，长寿风险带来的老龄化问题无疑给政府带来了财政压力，即政府面临的整体长寿风险——社会养老保障系统的改善对人口老龄化速度的滞后造成的政府财政支出加大的风险。就是说，实行现收现付制的养老金制度对不断增加的养老金缺口难以规避；而实行完全累积制的养老金制度又会完全暴露在市场风险之下，而且不能体现政府的再分配功能。

---

① 参考瑞士再保险公司（Swiss Re）和相关学者的研究，通常将政府、保险公司、企业和个人作为长寿风险的四个主要承担者。

目前，尽管我国是采用个人账户与统筹账户相结合的模式，也就是以上两种养老金制度的结合，但由于长寿风险的出现，政府仍然面临养老金支付的压力。实际生活中，随着人口老龄化日趋严重，领取养老金的人数和时间也在逐年增加，人口红利会骤减①，由此会对经济发展和治安稳定带来负面影响。根据相关数据显示，目前在城镇养老金体系内，大约是 3 个劳动力赡养 1 个老人；到了 2050 年，将变为约 1 个劳动力赡养 1 个老人。由于赡养率的大幅提高，而替代率又难以下降，就会导致很大的养老金缺口。截至 2017 年底，剔除财政补贴后的中国城镇职工基本养老保险收支缺口达 989 亿元，个人账户空账金额高达 3.2 万亿元（郑秉文，2018）。人口老龄化加快和养老保险个人账户部分空账运行，给社会保障长期资金的收支平衡和基金保值增值造成巨大压力。所以，由于长寿风险的存在，无论是现收现付制还是基金积累制，政府承担着沉重的社会保障和财政支出的压力。

二、保险公司

对保险公司而言，长寿风险的出现导致参与群体的未来实际死亡率远低于预期死亡率，从而导致保险金给付额的增加，这主要来源于保险公司发行的类似于退休金的年金类养老保险产品。保险金给付额的增加不断增加保险公司的负债支付，另外影响了公司的资产负债结构和偿付能力。长远来看，会影响保险公司的经营收益，甚至导致入不敷出，增加破产概率。

具体来说：首先，保险公司发行的养老年金产品的利润来源于死差益。也就是年金类产品的定价基于保险公司的经验生命表，从现在来看，生命表每十年才更新一次，生命表这种滞后性特征随着长寿风险的出现也在逐渐变得严重。因此当年金产品的参与人的实际寿命远超过预期寿命时，即实际死亡率低于预期死亡率（生命表设定）时，那么这些领取年金的参与者领取年金给付的期限就会增加，使保险公司的实际年金给付支出高于初始时刻发行年金的预测值。这样会导致保险公司的经营受到很大损失，其损失程度由年金产品初始值与实际值的偏差幅度决定。其次，从保险公司的资产负债结构

---

① 所谓的"人口红利"指一个国家的劳动力人口（15~59 周岁）占总人口比例大（50% 以上），被抚养人口（14 周岁以下、60 周岁以上）比较低（50% 以下），为经济发展创造了有利的人口条件，整个国家的经济呈高储蓄、高投资和高增长的局面。

来看，参与人群寿命的增加会使保险公司的负债久期增加①，年金产品的负债久期增加也容易受利率波动的影响，进而加大保险公司的经营风险。最后，从保险公司风险管理角度，再保险公司接受蕴含长寿风险的再保险计划，若本身风险得不到有效管理，所面临的长寿风险也将不容忽视，同时随着时间变化，累积效应越来越明显，影响越来越大，管理风险的成本也越来越昂贵，最终可能导致正常的经营活动难以为继。所以，对于保险公司而言，由于长寿风险的存在会使其整体经营状况受到影响。

三、企 业

对企业而言，所面临的长寿风险主要来自企业年金计划。企业年金计划在国外比较成熟，尤其是英美等养老金制度比较成熟的国家，大约有80%的企业都实行了企业年金计划。企业年金计划也分为收益确定型（DB 模式）和缴费确定型（DC 模式），如果实行收益确定型（DB 模式）企业年金计划的职工若实际寿命高于预期寿命，企业需要增加额外的资金来进行年金的有效支付，弥补缺口，这将影响企业整体经营状况，这对企业的长期发展有着一定压力，往往最终会损害企业所有者利益甚至会造成企业破产。如 IBM、British Airways 等国外大型企业曾因各自的年金计划承受巨大的财务负担。目前，我国的企业年金计划刚刚起步，发展不成熟，实施企业年金计划的企业不多，即使有的话，也采用的是缴费确定型（defined contribution，DC）模式。企业年金的规模较小，且为个人账户下的完全积累式，因而聚合长寿风险不存在，但是企业职工可能会由于个人财富积累不足面临个体长寿风险。

四、个 人

长寿风险的出现对于个人来说一般指的是老年退休后其所拥有的财富不足以支撑生活消费所带来的风险，这类风险比较常见。而在近些年随着人口老龄化程度加深，这类风险表现得尤为明显。国际上大多数国家人们的老年生活开支都来源于个人资产储蓄，由于一些人未来财富需求意识和金融理财

---

① 久期也称持续期，是1938 年由麦考林（F. R. Macaulay）提出的。它是以未来时间发生的现金流，按照目前的收益率折现成现值，再用每笔现值乘以现在距离该笔现金流发生时间点的时间年限，然后进行求和，以这个总和除以债券各期现金流折现之和得到的数值就是久期。概括来说，就是债券各期现金流支付所需时间的加权平均值。金融概念上也可以说是加权现金流与未加权现金流之比。

知识的缺乏，其导致在其退休后所拥有的财富不足以支配较长时间的生活需要。另外，我国传统家庭养老方式的脆弱性与社会基本保障的不足也加大了个人所面临的长寿风险。在退休年龄、工资收入、退休金标准等不变的情况下，通货膨胀侵蚀、个人自身寿命低估或者未参加社会养老金计划、提前退休等，都会加剧个人长寿风险。此外，我国多年来的计划生育政策以及"养儿防老"观念，导致了愈来愈多的"421"家庭面临严重的财务负担。由此可见，个人长寿风险源于个体寿命延长与养老储备不足的矛盾，其对老年人及家庭造成了很大影响。

综上所述，可以看出长寿风险的出现给政府、保险公司、企业以及个人都带来了一定的影响，换句话说，这四个方面也是长寿风险的承担主体。具体来说，个人为了有效规避长寿风险通过参加基本养老金计划或购买保险公司发行的年金类产品，从而就将个人长寿风险转移给政府或保险公司。因此政府或保险公司承担了个人转移来的长寿风险，这种转移加大了政府和金融机构的负担，导致其供给下降或保障结构的调整。面对长寿风险带来的经济社会方面的影响，政府、保险公司及个人都采取了一定的措施，例如政府逐渐实行积累制养老金计划以降低其整体长寿风险负担，而保险公司通过降低其年金供给数量、调整产品期限或创新风险转移机制等。此时，全社会的长寿风险又开始向个人转移，个人的长寿风险逐渐加大，而且更多的要依靠自身的财富管理来规避长寿风险。

第三节　长寿风险产生的原因

长寿风险的出现无疑是给政府、保险公司及个人带来一定的风险，那么长寿风险的来源是什么，即长寿风险产生的原因是什么，这是需要进一步探究的问题。现有研究成果表明长寿风险产生的原因主要有社会与自然环境因素、经济发展、科学技术提高、社会老龄化以及生命表滞后和逆向选择问题等方面。

一、社会和自然环境因素

社会和自然环境在不断改善，和谐的社会环境和良好的自然环境是人们保持身体健康的基本条件。和谐的社会环境、良好的人际关系是人们延年益寿的必要条件。美国心理学教授霍华德·马丁经过二十年的研究后，发现影响人类寿命的第一因素是人际关系，由此可见，和谐的社会环境对预期寿命延长是有所帮助的。自然环境的优良程度是决定人们身体健康的重要因素，随着生产力的发展，人们的生存环境发生了巨大改变。虽然目前世界环境远不如工业革命之前的年代，但是随着世界各国人们环保意识和健康意识的增强，人类正在打造适合自己生存的生活环境，为预期寿命延长提供良好的自然环境。此外，健全的法律制度和完善的社会保障制度也为老年人获得基本生活保障提供了强有力的保证。

二、经济发展因素

经济发展不仅意味着国民经济规模的扩大，更意味着经济和社会生活素质的提高。经济技术的发展为人们生活提供了经济保障，是预期寿命延长的最主要因素。随着生产力的不断进步，社会经济迅速发展，人们的生活质量得到改善。人们的物质生活得到满足后，逐渐关注自身健康问题，很多人也在逐渐开始学习养生，这都可能提高人们未来预期寿命。

三、科学技术因素

科学技术的进步也为人民健康生活提供了良好的医疗卫生条件，医疗卫生条件大大改善，重大疾病或高发疾病的治愈率有了很大提高，人们生命健康权得到切实保障，人口死亡率大幅降低。社会的进步和经济的发展为人类提供了一个更加良好的生存环境，抵御灾害和疾病的能力提升，人口平均寿命延长，因此产生了长寿风险。

四、社会保障制度因素

人口预期寿命系统性延长，养老资源需求大大增加，对养老保险体系造成了巨大的压力。传统的现收现付制养老保障制度在对老龄化人口进行养老金支付时，会出现很大的缺口；完全积累制可能面临严重的市场风险，又失去了政府的再分配功能。我国现行的统筹账户与个人账户结合模式是一种世界首创的养老金混合管理模式，虽然可以一定程度上弥补前两种保障制度的不足，但是我国养老金的管理仍处于转制过渡阶段，存在巨大养老金缺口，

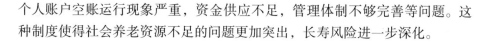

个人账户空账运行现象严重，资金供应不足，管理体制不够完善等问题。这种制度使得社会养老资源不足的问题更加突出，长寿风险进一步深化。

五、生命表滞后和逆向选择问题

保险公司根据养老产品的需求研发推行了一系列保险年金类产品，而保险公司的养老保险产品的精算定价是依据特定时期的经验生命表。现阶段生命表每十年更新一次，生命表的这种滞后性，会使人口实际死亡率低于预期死亡率而导致精算定价有一定的误差，因此会影响保险公司的经营收益，甚至出现收不抵支，出现长寿风险。而在出现长寿风险的状态下又往往会出现逆向选择的现象，即具有长寿可能的被保险人向保险公司投保，原则上为了规避风险保险公司可以拒绝接受申请，但是在预期寿命系统性延长的状况下，长寿高风险群体成为保险公司的客户群体不可避免。由于这样的逆向选择，保险公司不断接受高风险投保，长寿风险会不断恶化。

第四节　长寿风险的影响

长寿风险目前微乎其微，但是政府、企业或个人长期需要防范的最大风险。首先，长寿风险的隐蔽性高，大部分公司对此不重视，认为自己的产品不含太多长寿风险，且能与死亡内部抵消，但事实上这是短视行为，由于此风险的隐蔽性，多为承保后几十年才爆发，因此容易被当前管理层故意或非故意忽略。其次，长寿风险的周期长，可逆性低。长寿风险属于典型的生物风险，变化缓慢但周期长，一旦出现趋势，通常扭转需要十几年甚至是几十年，所以一旦误判，情况有可能很多年不会扭转，如欧洲过去几十年中，年死亡率平均改善率约为2%。最后，长寿风险的影响规模大，通常长寿风险影响的都是年金等生存类险种，影响规模远大于健康险，以某年金产品为例，死亡率每下降1%，相当于投资收益需上升0.7%。

随着人口老龄化加深，长寿风险问题将越来越严重，对个人、家庭、养老保障体系、保险业乃至社会的发展都会产生不利的影响。

一、长寿风险对政府的影响

长寿风险对政府带来的影响主要体现在其引起的社会基本养老保险基金

缺口的增大。我国的基本养老保险是政府和企业强制职工参与的一种养老保障制度，基本养老保险实行"统账结合"的管理方式，由统筹账户和个人账户组成，统筹账户由政府收支，个人账户退休后归个人所有。"统账结合"的管理方式是改革后形成的模式，目前还处于过渡期，基本账户难以维持老人养老金支付，只能暂时以在职职工个人账户资金补充不足的部分，这就出现了个人账户空账运行的现象。长寿风险的出现，死亡率远低于预期死亡率水平，那么随着基本养老保险参与者领取养老保险的人数不断增加，所占人口比例也比预期提高，这导致了社会养老基金账户收不抵支的困境。

二、长寿风险对寿险业发展的影响

长寿风险会对寿险公司、年金公司、养老机构等企业造成不利影响。这些企业有个共同特点：它们的经营成本随养老人数、责任履行持续期的增加而增加，因此长寿风险通过影响其责任对其经营造成一系列的影响。下面以寿险公司为例详细分析长寿风险对公司偿付能力、盈利能力的影响。

（1）对保费收入的影响。长寿风险造成保费收入不足。寿险公司对养老保险产品进行定价，采用了原保监会发布的寿险业经验生命表作为依据。这份数据表对过去若干年内的保单进行统计，反映的是过去一段时间内的被保险人的死亡率。保险公司以过往死亡率作为定价的数据来源，会导致精算结果具有滞后性。由于经济生活水平、医疗技术不断提高，我国的人口死亡率是在逐年递减的，意味着领取养老年金的人数比例上升，所需的保险基金总额也相应增加。保险公司依据陈旧生命表数据定价的保费结果不能适应实际的需要，是低于实际应收保费的，这也将会影响保险公司的未来偿付能力。

（2）对盈利能力的影响。保险公司的负债往往数额巨大，需要提取充足的准备金应对保险金给付，提取准备金的数额影响到保险公司盈利或亏损，此外，衡量保险公司盈利能力的指标还有死差益、费差益、利差益。所谓的死差益是指当被保险人的实际死亡率低于预期死亡率时，保险公司从中获得的收益。其公式为：死差益＝本年度纯保费收入＋本年度预定提存利息＋年初责任准备金－年末提存责任准备金＋退保金－本年度给付保险金。利率水平波动是市场风险，无法人为控制，为了简化分析，此处认为利率水平短期内不变，则利息也不会对死差益造成影响。在被保险人存活期间，保险人必须按照合同约定，每年向受益人给付既定数额的保险金，则这一参数也不变。经过简化，影响死差益的因素为年初责任准备金与年末提存责任准备金之差，即实际给付的保险金。当长寿风险发生时，死差益受到影响。在养老保险当中，死亡率偏低造成的影响更为深远，影响到费差益和利差益。因为保险产品定价时，对保险期间内的利率和经营费用进行了合理估计，以使保费收入能够与支出相匹配。而长寿风险导致养老保险的保险期间变长，则利率在更长时间内的变动会变得难以预测，并且保险责任持续期延长产生了更多的经营费用，这将导致保险公司无法获得稳定的利差益、费差益，甚至可能带来利差损、费差损。

三、长寿风险对个人的影响

对于个人来说，实际寿命大于预期寿命，往往会因为财富积累不足难以维持退休后生活，那么只能减少退休后的支出，这样老年人的生活质量将大打折扣。在"养儿防老"的传统养老模式下，对于没有任何养老保障计划的老年人，其晚年生活只能靠子女承担。然而，计划生育的实施使我国人口结构呈现"倒三角"形态，独生子女家庭在养育儿女的同时还必须负担四位老人的生活资本，对年轻一代形成巨大的家庭压力。严重的通货膨胀使传统"储蓄型养老"已失去意义，即便是老人参加了基本养老保障计划，但是日益增长的消费压力，使得养老金难以保障老年人退休后的生活。长寿风险严重地影响个人及家庭的基本生活。

长寿风险影响居民个人对养老金计划的参与度。若居民依靠个人储蓄养老，未参加企业年金、商业养老保险等年金计划，则长寿风险完全由个人承担。由于个人的实际寿命大于预期寿命，所需的储蓄金将大于预期数额。居民个人退休后的收入来源较少，往往难以应对长寿风险带来的养老所需资金缺口，这将造成经济危机，严重影响退休后的生活质量。若居民参加了其他形式的养老金计划，则实现了风险的转嫁，将长寿风险转嫁到一同参与年金计划的其他个人，分摊损失。风险与收益的对比显著，长寿风险的存在会影响居民个人对养老方式的决策，风险厌恶者会更倾向于参与基本养老保险、商业养老保险、企业年金等形式的养老计划。

四、长寿风险对宏观经济发展的影响

随着经济和社会的发展、医疗技术的持续改善以及人们对健康意识的不断提高，预期寿命的延长成为全世界的一个普遍现象。在享受长寿带来的好

处的同时，个人和社会也需要认真思考长寿所引发的经济资源如何合理调整和配置，这种资源的调整与配置会产生一系列的宏观经济效应。

1. 长寿对储蓄和物质资本积累的影响

生命周期理论（Modigliani and Brumberg，1954）认为，理性行为人在其生命周期内的消费—储蓄行为可以划分为工作期的储蓄和退休期的负储蓄两大阶段。当人们预期自己活得更长时，会相应调整自己生命周期阶段的储蓄和消费决策，从而影响物质资本积累和经济增长，众多文献从长寿风险、社会保障制度、子代与父代之间的代际联系与互动、长寿与人口年龄结构转变对储蓄与物质资本积累的不同影响等方面展开了研究。

2. 长寿对教育和人力资本积累的影响

随着预期寿命的不断延长，长寿风险对教育与人力资本积累的影响也越来越受到研究者的关注。寿命延长意味着个人接受教育的年限可以延长从而享受未来的人力资本投资高收益，但接受更长年限的教育也需要付出更多的投资成本，这会改变家庭与个人的教育投资行为，从而影响人力资本积累。个人生命周期的教育与人力资本投资决策通常与一个经济中的养老保障制度、人口年龄结构、生育水平与死亡转变等众多因素有关，如果将这些因素考虑进来，寿命延长对教育与人力资本积累的影响机制将变得错综复杂，大量文献从不同的角度进行了探讨。

3. 长寿对劳动供给、就业和退休决策的影响

预期寿命的延长会促使人们改变工作和劳动供给决策，通过延迟退休和增加老年期的劳动参与来获取更多的收入以应对养老资源不足的风险。寿命延长所带来的劳动力市场效应也会对政府如何设计合理的工作与退休制度产生重要影响。目前还无法确定老年人口就业和年轻人口就业之间究竟是替代还是互补，但几乎可以肯定的是，预期寿命延长使得老年人的劳动参与率上升了。关于延迟退休问题，还需要评估其对不同群体和社会的整体福利的影响，从理论上看，延迟退休年龄尽管有助于社会福利的整体改进，但是部分群体的利益可能会遭受损失，这方面的量化分析还不够充分，有待进一步研究。

4. 长寿对养老金收支和社会保障制度的影响

寿命延长会对养老金收支以及养老保障体系安全运转产生重要影响，如何评估与预测长寿风险对养老金收支的影响，并通过合理的制度设计既解决政府的偿付困境又提高经济增长和促进经济福利，这些是当前学者们研究的焦点。

（1）长寿与养老金收支研究。思（Sin，2005）认为，中国社保统筹账户一直入不敷出，2002～2031年中国社保个人账户仍然会有结余，使用完个人账户累计资金后，2032～2050年社保个人账户会出现赤字，养老金面临个人账户和统筹账户的双重支付压力。依据国际货币基金组织2012年研究报告，2010～2050年如果人口寿命超过预期寿命3年，那么国家平均每年需要增加的额外养老金支出占GDP的比重在1%～2%。为应对支付缺口，折现到2010年，发达国家要为此储蓄当年GDP的50%，新兴国家需要储蓄当年GDP的25%。哈恩和普劳斯（Haan and Prowse，2014）通过建立生命周期模型考察了现行公共养老金制度下的最佳就业、退休和消费模式，结果显示，在德国的社保体系下，通过延迟4.34年的养老金领取年龄可以抵消未来40年因65岁以上老人预期寿命延长6.4年带来的养老金财政危机。从现有的各种估算来看，在长寿风险的冲击下，养老金收支缺口将呈现不断扩大的趋势，但这种缺口的大小因预期寿命的预测精度和模型的参数假设不同而有所差异。

（2）长寿与养老保障政策参数研究。在养老保险缴费（税）率方面，学者们有较多的研究。费尔德斯坦（Feldstein，1985）、哈伯德和贾德（Hubbard and Judd，1987）、考特利克夫（Kotlikoff，1987）从社会福利最大化角度考察发现，社会最优保险率为零或接近于零，寿命的变化会影响到最优的社会保险费率。阿尔乔纳（Arjona，2000）将人口增长率和寿命不确定等因素纳入世代交替动态均衡模型之中进行研究发现，西班牙社会的最优养老保障缴费率与寿命、生育率、贴现率以及物质资本和人力资本生产函数中的诸多相关参数有关。张等（2007）构建了一个包含储蓄、遗产赠与以及内生生育的动态模型，其数值模拟得到的最优社会保险费率介于10%～20%。张等（2009）将生命周期的储蓄、遗赠、人力资本投资、生育决策纳入动态模型之中，求解出最优社会保险缴费率区间为12%～22%，寿命延长将导致最优社会保险费率上升。此外，大部分学者认为目前中国现行制度缴费率高于最优缴费率，如费尔德斯坦（Feldstein，2003）研究指出，中国养老保障缴费率过高，导致企业和个人逃避缴费，使得社保基金收入不足理论值的1/3；费尔德斯坦和利伯曼（Feldstein and Liebman，2008）研究指出，中国养老保障缴费率高于世界水平，阻碍了社会保险体系的有效运行，并降低了经济效率，虽然人均预期寿命在不断延长，但仍然存在降低费率的空间。从现有文献来看，养老保障最优费率随着预期寿命延长而提高应当是没有争议的，但不同国家的人口结构、退休年龄差异很大，最优政策费率的差异也很大，寿命延长是一个动态的过程，社会保险费率也应当根据模型的现实参数进行动态调整。

从现有的研究来看，养老保障制度改革如何同时能够吸收具有积累功能的养老保险制度和具有再分配功能的养老保障制度的优点，既能解决政府的偿付困境又能促进经济增长，还能兼顾社会公平，是研究者关注的重点，也是制度设计的依据。我国的养老保障制度改革也应当遵循这些基本的原则。

综上所看，近些年来，长寿风险越来越严重，给经济社会很多主体带来一定的影响，甚至是带来巨变。那么对于长寿风险的影响程度来看还需要进一步探究其大小，那么对长寿风险的评估预测是现阶段非常必要的，也是研究其他问题的一个关键。

第三章

长寿风险的量化模型

第一节　死亡率预测模型

长寿风险评估的最基础最核心的工作就是死亡率预测模型的研究。目前最为广泛应用的方法分为静态死亡率模型和随机动态死亡率预测模型。静态死亡率模型假定死亡率量化的基础仅与年龄因素相关，未考虑时间变动的影响，只是从死亡率经验数据确定参数，未考虑未来死亡率趋势变动的不确定性。而随机动态死亡率模型在静态死亡率模型基础上考虑了未来死亡率趋势变动的不确定性，这在对长寿风险评估中比较符合实际情况，因此现在学者们在对死亡率预测时多采用后者。

一、静态死亡率预测模型

静态死亡率预测模型主要出现在这一领域早期的研究当中，其形式相对简单，结构参数也比较容易求得，如 De Moivre 模型（Moivre，1725）、Gompertz 模型（Gompertz，1825）、广义线性模型（Forfar et al.，1988）、Helligman-Pollard（HP）模型（Helligman and Pollard，1980）、Perks 模型（Thatcher，1999）和死亡率因素模型（Carriere，1992）等，具体介绍如下。

（一）De Moivre 模型

静态死亡率预测模型中，比较经典的是由 DeMoivre 在 1725 年提出的单参数生存曲线模型。在该模型中，设定死亡力的基本结构十分简单，即死亡

力 $u_x = \dfrac{1}{\omega - x}$，生存函数 $S(x) = 1 - \dfrac{x}{\omega}$，其中 $0 \leqslant x < \omega$，仅有的一个参数 ω 表示极限寿命，x 表示年龄。该模型是应用在死亡率的简单分析定律，并且其线性假设也用作离散生存模型（如生命表）插值的分析模型。该模型在当时被广泛应用，后来随着人口结构研究的深入，很多学者在此模型基础上进行复杂变形，衍生出基于此的一系列扩展模型。

（二）Gompertz 模型

Gompertz 模型是由英国统计学家、数学家本杰明·贡培兹（Benjamin Gompertz）于 1825 年提出的，该曲线是成长曲线的一种，用于分析如何控制人口的增长情况。贡培兹指出，年龄的指数模型能反映生命表中部分人群的死亡情况。设死亡力 $u(x) = Bc^x$，$B > 0$，$c > 1$，$x \geqslant 0$，其中，B、c 为参数。Gompertz 函数和经验数据的良好拟合，表明存在一种"死亡率法则"，可以描述分年龄死亡率的变动。很显然，Gompertz 曲线是一个非线性模型，用普通的方法不可能估计其中的参数，想要估计它，必须先把它进行线性化处理，线性化处理之后的模型可以通过普通的最小二乘法来估计。并且，通常用此模型来拟合高龄人口死亡率，在此基础上，采用不同数学形式的参数方法来外推超高龄人口死亡率。

（三）Makeham 模型

Makeham 模型表示人类死亡率是一个年龄独立成分的总和。其在 Gpmpert 模型基础上进行了改进，在死亡函数中添加了一个常数项。Makeham 定律与年龄负的 Fisher-Tippett 分布①相同，限于随机变量的负值（年龄的正值）。即，$u(x) = A + Bc^x$，$B > 0$，$c > 1$，$A \geqslant -B$，$x \geqslant 0$，其中 A、B、c 为参数。

（四）Weibull 模型

韦伯分布（Weibull distribution），又称韦氏分布或威布尔分布，是可靠性分析和寿命检验的理论基础。Weibull 给出了死亡力的幂函数形式，而非指数增长，该形式对于死亡率函数来说也是比较简单的一种形式，即 $u(x) = kx^n$，$k > 0$，$n > 0$，$x \geqslant 0$，其中 k，n 为参数。

---

① Fisher-Tippett distribution 是概率与数理统计中常用于工程的随机变量分布函数。

（五）HP 模型

海利格曼和波拉德（Helligman and Pollard）在 1980 年注意到各年龄段死亡率变动的模式不同，提出了描述所有年龄间的静态死亡率模型：即 HP 模型，该模型是描述整个生命周期的死亡率模型。目前，该模型在描述澳大利亚、德国、美国、瑞士、西班牙、英国等国家的全年龄段人口死亡率规律中都取得了良好的效果。该模型可以表述为：

$\tilde{q}_x = A^{(x+B)^C} + D\exp\left[-E(\log x - \log F)^2\right] + \dfrac{GH^x}{1+GH^x}$，这是一个包含八个参数的模型（所以，我们又称为八参数模型）：其中 A、B、C、D、E、F、G、H 为参数，q_x 为年龄为 x 岁人的死亡率。

HP 模型包含了三个部分：第一部分 $A^{(x+B)^C}$ 描述的是婴幼儿的死亡状况，死亡率呈一个下降的趋势；第二部分 $D\exp\left[-E(\log x - \log F)^2\right]$ 表示青年和成年人的死亡率变动，反映了男性意外事故死亡率和女性意外事故及生育死亡的情形；第三部分 $\dfrac{GH^x}{1+GH^x}$ 反映老年人的死亡状况。

HP 模型的各参数是高度相关的，所以适合巨大的可识别问题。德拉波尔塔（Dellaportas，2001）等人提出利用马尔可夫链与蒙特卡罗技术模拟该模型参数，不仅是死亡率曲线及其参数的估计，而且还为各种相关的预测问题，如计算生存概率、死亡概率、联合生命期和死亡时间的中位数进行估计。

（六）广义线性模型

在制定英国的 CMIB1990（Continuous Mortality Investigation Bureau）生命表时，CMIB 运用广义线性模型对死亡率数据进行修匀，该模型为：

$GM_\alpha^{r,s}(x) = \sum\limits_{i=1}^{r} \alpha_i x^{i-1} + \exp\left\{\sum\limits_{i=r+1}^{r+s} \alpha_i x^{i-r-1}\right\}$，当 $r=0$，$s=1$ 时，该模型为 Gompertz 形式；当 $r=1$，$s=2$ 时，该模型为 Makeham 形式，条件死亡率 q_x、中心死亡率 m_x 和死亡力 u_x 等死亡率指标均可用该模型进行修匀。

通过以上对静态死亡率预测模型的分类以及具体发展进程进行分析，现概括如表 3-1 所示。

表 3 - 1　　　　　　　　　静态死亡率模型的发展进程

基本模型	函数形式	参数意义
De Moivre 模型 (1725)	$u_x = \dfrac{1}{\omega - x},\ 0 \leqslant x < \omega$	ω 表示极限寿命 x 表示年龄
Gompertz 模型 (1825)	$u(x) = Bc^x,\ B > 0,\ c > 1,\ x \geqslant 0$	B 和 c 表示未知参数
Makeham 模型 (1860)	$u(x) = A + Bc^x,\ B > 0,\ c > 1,\ A \geqslant -B,\ x \geqslant 0$	A，B 和 c 表示未知参数
Weibull 模型 (1939)	$u(x) = kx^n,\ k > 0,\ n > 0,\ x \geqslant 0$	k 和 n 表示未知参数
HP 模型 (1980)	$\tilde{q}_x = A^{(x+B)^C} + D\exp\left[-E\,(\log x - \log F)^2\right] + \dfrac{GH^x}{1 + GH^x}$	A，B，C，D，E，F，G，H 表示未知参数
广义线性模型 (1990)	$GM_\alpha^{r,s}(x) = \sum\limits_{i=1}^{r} \alpha_i x^{i-1} + \exp\left\{\sum\limits_{i=r+1}^{r+s} \alpha_i x^{i-r-1}\right\}$	α，r，s 表示未知参数

除表 3 - 1 中的比较经典的几种模型外，其他的静态死亡率模型包括撒切尔（Thatcher，1999）给出的 perks 模型和卡瑞尔（Carriere，1992）给出的描述整个生命周期的死亡率模型等。

另外，在必要情况下，需要特殊地考虑高龄死亡率的建模方法，由于高龄人口的死亡统计数据不如低龄人口的死亡统计数据充足，并且各个国家对高龄人口的统计口径也有差异以及死亡年龄存在误报或记录准确性很难考证等数据质量问题，使得高龄人口死亡率建模方法变得更复杂。实际中，我们经常采用 Gompertz 模型、Makeham 模型、Weibull 模型、二次多项式模型、Logistic 模型、Kannisto 模型来拟合高龄人口死亡率。撒切尔等（1998）分别将 Gompertz 模型、Weibull 模型、二次多项式模型、Logistic 模型、Kannisto 模型应用于欧洲、日本等 13 个国家和地区 80～120 岁的高龄人口死亡率建模中，研究结果表明 Kannisto 模型的拟合效果最好。此外，希姆斯（Himes，1994）根据生命表的外推方法提出了一个标准的死亡率时间表，应用 Logistic 回归构建的相关模型来校准那些低死亡率国家的高龄人口死亡率，进而也可以外推超高龄人口死亡率。然而，这些参数外推方法都是主观假定年龄外推的起点和终点，很难以统计的观点给出外推起点和终点选取的科学依据。

近年来，很多学者基于极值理论的统计建模方法研究解决高龄死亡率的建模问题。阿尔森和德汉（Aarssen and Dehaan，1994）、加兰博和麦克里（Galambos and Macri，2000）应用极值理论研究了人类寿命分布有限上界的存在性问题。凯瑟琳（Kathryn，2006）等在极值分析的建模框架下，应用广义帕累托（GP）分布和广义极值（GEV）分布研究了加拿大和日本的生存分布的尾部特征。李等（2008）提出了一种称为门限生命表的方法，系统地集成了利用极值理论进行参数化死亡率建模的各种方法。随后，李等（2011）使用门限生命表分别构建了澳大利亚、新西兰的高龄人口死亡率模型。

这些静态死亡率预测模型，从参数假设出发，依据死亡率的经验数据确定参数，并未考虑未来死亡率随时间变化的不确定性，因此该类模型只用于对死亡率数据的拟合，无法对未来死亡率进行预测。因此，若用于死亡率预测则需将上述模型动态化，可以引入含年份或出生队列的时间协变量来同时刻画人口死亡率与年龄、日历年和出生年之间的时间变化关系，这些模型称为随机死亡率模型，也就是动态死亡率预测模型。近20年来陆续有学者提出不同的动态死亡率模型，并用于对未来死亡率的预测。这样不仅丰富了死亡率预测模型的形式，更对未来死亡率的不确定性的准确预测增加了时间因素。一些学者如 Forfar 和 Smith（1988）、Sithole（2000）在模型中考虑了时间变动的影响后，提出了广义线性模型和 HP 模型的动态扩展模型。

二、动态死亡率预测模型

近20年来，死亡率预测技术有了很大的发展，新的动态死亡率模型不断被提出。动态死亡率模型又根据死亡率在不同时间间隔上的变化，分为离散型死亡率模型和连续型死亡率模型，下面详细介绍这些模型。

（一）离散时间随机死亡率模型

1. Lee-Carter 模型

（1）Lee-Carter 模型的基本阐述。在离散时间随机死亡率预测模型中，被公认为最典型的是美国人口学家 Lee Ronald D. 和 Carter Lawrence R. 于1992年提出的一种预测美国未来人口死亡率的概率模型。Lee 和 Carter（1992）将影响各年份、年龄对数中心死亡率的因素分解为时间因素和年龄因素，是由对数表达式和 ARIMA 模型（单整自回归移动平均模型）构成的预测死亡率的外推模型。Lee-Carter 模型的基本形式为：

$$\ln(m_{x,t}) = \alpha_x + \beta_x \kappa_t + \varepsilon_{x,t}$$

其中，$m_{x,t}$ 为 x 岁的人在 t 时刻的中心死亡率，α_x 是历史年度中 x 岁对数死亡率的平均数，表示死亡率随年龄 x 的变化，即影响死亡率的年龄因素；β_x 为年龄因子，表示年龄 x 对于死亡率变动的敏感程度；κ_t 为时间因子，表示死亡率随时间 t 的变动程度，即影响死亡率的时间因素；$\varepsilon_{x,t}$ 表示残差项，且 $\varepsilon_{x,t} \sim N(0, \sigma^2)$。

该模型将基本的人口学模型与统计学时间序列方法相结合，根据长期的死亡率历史变动情况，预测其未来的发展趋势，具有形式简洁、假设弱、实际预测效果好等特点，因此 Lee-Carter 模型一直备受推崇，被公认为是随机预测方法中最典型的一个，并且被广泛运用在很多国家或地区的死亡率推算上。

（2）Lee-Carter 模型参数估计方法。

首先，最小二乘法（OLS）。很多学者利用最小二乘法对 Lee-Carter 模型中的参数进行估计，这也是最常见的比较简单直接的评估方法。选用最小二乘法对参数 α_x、β_x、κ_t 进行估计，由于模型只有左边 $m_{x,t}$ 为观察值，而右边有三个待估计的参数，因此如果直接对模型的参数进行估计，则会得到无穷多个 α_x、β_x、κ_t 值的组合，这将对下一步的预测造成障碍。为了获得唯一确定的参数估计值，Lee 和 Carter 设定了标准化条件，对 β_x 和 κ_t 进行限定。

β_x 和 κ_t 需要满足下列条件：$\sum_x \beta_x = 1$，$\sum_t \kappa_t = 0$。模型参数可以由不同方法估计。

根据 α_x 的定义，得到 α_x 的最小二乘估计，如下式：

$$\hat{\alpha}_x = \frac{\sum_t \ln(m_{x,t})}{n}$$

其中，n 为死亡率观察值中包含的年数。

由约束条件 $\sum_x \beta_x = 1$，可得：

$$\hat{\kappa}_t = \sum_x [\ln(m_{x,t}) - \hat{\alpha}_x]$$

要得到 β_x 的估计值，需要利用 $\hat{\alpha}_x$ 和 $\hat{\kappa}_t$ 建立回归方程：

$$\ln(m_{x,t}) - \hat{\alpha}_x = \beta_x \hat{\kappa}_t + \varepsilon_{x,t}$$

然后，基于最小二乘法最小化 $\sum_{x,t} [\ln(m_{x,t}) - \hat{\alpha}_x - \beta_x \hat{\kappa}_t]^2$，

可求得 β_x 的估计值为：$\beta_x = \dfrac{\sum_t \hat{\kappa}_t [\ln(m_{x,t}) - \alpha_x]}{\sum_t \kappa_t^2}$

虽然最小二乘法求解模型时使用的是死亡率的对数，但由于 κ_t 和 β_x 是先后通过两步进行估计的，第二步利用最小二乘法对 β_x 的估计能有效地调整第一步产生的拟合偏差，因此不需要对 κ_t 进行再调整。

其次，矩阵奇异值分解法（SVD）。Lee-Carter（1992）认为这个模型不适合用普通最小二乘法（OLS）。因为这个方程中没有给出回归因子，并且在方程的右边仅仅有待估计的未知参数和未知的指数 κ_t。因此 Lee-Carter（1992）在提出模型时，给出了一种奇异值分解法（singular value decomposition，SVD）。根据 α_x 的定义，得到 $\hat{\alpha}_x = \dfrac{\sum_t \ln(m_{x,t})}{n}$（$n$ 为死亡率观察值中包含的年数）。对对数死亡率中心化，得到矩阵 $[\ln(m_{x,t}) - \alpha_x]$，并对该矩阵进行奇异值分解，即：

$$SVD[\ln(m_{x,t}) - \alpha_x] = \sum_{i=1}^{r} \rho_i U_{x,i} V_{t,i}$$

其中，r 为矩阵 $[\ln(m_{x,t}) - \alpha_x]$ 的秩，ρ_i 为矩阵 $[\ln(m_{x,t}) - \alpha_x]$ 从大到小排列的奇异值，$U_{x,i}$ 和 $V_{t,i}$ 是对应的两个奇异向量。通过对实际数据的拟合发现奇异值 ρ_1 远远大于其他奇异值，使用奇异值分解结果的第一项进行参数估计就能得到很好的结果。则可将矩阵近似表达为：$\ln(m_{x,t}) - \hat{\alpha}_x = \rho_1 U_{x,1} V_{t,1}$。SVD 分解后，$\beta_x$ 的估计值为矩阵 U 的第一列，κ_t 的估计值为矩阵 V 的第一列。根据约束条件，对 β_x 和 κ_t 进行标准化处理，β_x 和 κ_t 估计值分别为：$\hat{\beta}_x = U_{x,1} / \sum_x U_{x,1}$，$\hat{\kappa}_t = \rho_1 V_{t,1} \sum_x U_{x,1}$。

矩阵奇异值分解使用纯数学近似的方法同时对 β_x 和 κ_t 进行估计，这会使死亡率的拟合值与实际值产生较大的偏差。因此使用矩阵奇异值分解法时需要对 κ_t 进行二次估计。再估计的原则是使实际的分年龄死亡人数 $d_{x,t}$ 之和等于拟合的年龄死亡人数之和，即 $\sum_x d_{x,t} = \sum_x E_{x,t} e^{\hat{\alpha}_x + \hat{\beta}_x \hat{\kappa}_t}$，其中 $E_{x,t}$ 为 t 年度年龄为 x 的人口总数，即暴露人口数。

这与最小二乘法最大的区别是：最小二乘法不需要对 κ_t 进行再调整，但是矩阵奇异分解法需要对 κ_t 进行二次估计。

再其次，加权最小二乘法。最小二乘法和矩阵奇异值分解法对不同年龄人群的死亡率赋予了相同的权重，但在现实情况下，不同年龄人群对应的人口数和死亡人口数都存在较大差异，特别是当死亡率很低的情况下，使用这两种方法效果较差（Koissi et al.，2006）。因此，威尔莫（Wilmoth，1996）提出采用加权最小的二乘法来估计 Lee-Carter 模型。加权最小二乘法对 κ_t 的估计和最小二乘法相同。威尔莫证明 $\ln(m_{x,t})$ 的方差近似等于死亡人数 $d_{x,t}$ 的倒数，因此可以将 $d_{x,t}$ 作为残差平方和的权重。

经加权处理后的残差平方和为 $\sum_{x,t} d_{x,t} [\ln(m_{x,t}) - \hat{\alpha}_x - \beta_x \hat{\kappa}_t]^2$，基于最小二乘法原理使得残差平方和最小，最后求得：

$$\hat{\beta}_x = \sum_{x,t} d_{x,t} \hat{\kappa}_t [\ln(m_{x,t}) - \hat{\alpha}_x] / \sum_{x,t} d_{x,t} \hat{\kappa}_t^2$$

与最小二乘法一样，该方法对 β_x 和 κ_t 的估计也是通过两步进行的，因此加权最小二乘法也不需要对参数的估计结果进行再调整。

最后，极大似然估计法。该方法下假设死亡人数通过参数为 $\lambda_{x,t}$ 的泊松分布进行模拟，即 $\lambda_{x,t} = E_{x,t} m_{x,t}$，所以 $d_{x,t} \sim Possion(E_{x,t} m_{x,t})$，其中，$m_{x,t} = e^{(\alpha_x + \beta_x \kappa_t)}$，$d_{x,t}$ 为 t 年度 x 岁的死亡人数，$E_{x,t}$ 为 t 年度 x 岁的死亡风险暴露数（即死亡总人数）。极大似然函数表示为：

$$L(\alpha_x, \beta_x, \kappa_t) = \sum_{x,t} [d_{x,t}(\alpha_x + \beta_x \kappa_t) - E_{x,t} e^{\alpha_x + \beta_x \kappa_t}] + C$$

其中，C 为常数，此项不受参数 λ 的影响。运用牛顿迭代公式，设置参数 α_x，β_x，κ_t 的初始值，运用一下迭代公式对其进行估计：

$$\hat{\alpha}_x^{(v+1)} = \hat{\alpha}_x^{(v)} + \frac{\sum_t (D_{x,t} - \hat{D}_{x,t}^{(v)})}{\sum_t \hat{D}_{x,t}^{(v)}} ;$$

$$\hat{\beta}_x^{(v+1)} = \hat{\beta}_x^{(v)} + \frac{\sum_t (D_{x,t} - \hat{D}_{x,t}^{(v)}) \kappa_t^{(v)}}{\sum_t \hat{D}_{x,t}^{(v)} (\hat{\kappa}_t^{(v)})^2} ;$$

$$\hat{\kappa}_t^{(v+1)} = \hat{\kappa}_t^{(v)} + \frac{\sum_t (D_{x,t} - \hat{D}_{x,t}^{(v)}) \beta_t^{(v)}}{\sum_t \hat{D}_{x,t}^{(v)} (\hat{\beta}_t^{(v)})^2}$$

其中，第 v 次更新需要满足条件 $\hat{d}_{x,t}^{(v)} = E_{x,t} e^{\hat{\alpha}_x + \beta_x \hat{\kappa}_t}$。设置迭代更新的停止条件，例如当参数更新使最大似然函数式子的增加量很小时（如小于 10^{-6}）停止迭代，得到参数估计值。

（3）有限数据情况下的参数估计。运用 Lee-Carter 模型对死亡率进行估计时，由于模型中的时间项变量需要采用时间序列方法，采用连续各年分年龄的死亡率数据，当数据有限时，会降低参数估计的准确程度。而我国可用的死亡率数据十分有限，李等（2004）提出了在数据量有限情况下运用 Lee-Carter 模型建模和预测的方法。主要有以下两种方法对有限数据下的参数估计进行处理。

第一，建立 κ_t 随机游走模型。经典的 Lee-Carter 模型需要至少 20 年连续的分年龄死亡率数据才能对时间因子 κ_t 进行较好的预测，如果只有几个不同的时间段内的分年龄死亡率数据且时间点间隔不等，这时不能采用经典方法对 κ_t 做出预测。但研究经验表明，很多发达国家和发展中国家的经验数据都证实了 κ_t 近似服从带漂移的随机游走过程。

在传统模型下可通过带漂移的随机游走模型预测 κ_t，模型如下：

$$\kappa_t = \kappa_{t-1} + d + \varepsilon_t, \quad \varepsilon_t \sim N(0, \sigma^2)$$

其中，d 为漂移项，是 κ_t 的线性变动，通常为负值，表明死亡率稳定衰退；ε_t 为偏离 κ_t 线性变动的随机波动。当数据是连续时，对不同的 t，$[\kappa_t - \kappa_{t-1}]$ 为独立同分布。则可估计 d、σ：

$$\hat{d} = \frac{1}{T} \sum_{t=1}^{T} [\kappa_t - \kappa_{t-1}] = \frac{\kappa_T - \kappa_0}{T}$$

$$\hat{\sigma} = \sqrt{\frac{1}{T} \sum_{t=1}^{t} [\kappa_t - \kappa_{t-1} - \hat{d}]^2}$$

由 d 的估计表达式可知，对于不同的样本可以得到不同的估计值 $\hat{d}$，因此当 κ_t 为随机过程时 $\hat{d}$ 为统计量，其标准差可表示为：

$$\sqrt{\mathrm{var}(\hat{d})} = \sqrt{\frac{\hat{\sigma}^2}{T}} = \frac{\hat{\sigma}}{\sqrt{T}}$$

ε_t 服从正态分布，因此 $\hat{d}$ 也服从均值为 d、方差为 $\mathrm{var}(\hat{d})$ 的正态分布，$\hat{d}$ 的表达式为 $\hat{d} = d + \eta$，其中 $\eta \sim N(0, \mathrm{var}(\hat{d}))$。

综上，κ_t 的表达式可以写成：

$$\kappa_t = \kappa_T + (\hat{d} - \eta)(t - T) + \sum_{s=T+1}^{t} \varepsilon_s$$

其中，η 与 ε_t 相互独立，η 表示历史数据中的随机波动，ε_t 表示未来数据的随机波动。

当数据缺失即时间不连续时，假定收集到不同时间 u_0，u_1，$\cdots$，u_T 共 $T+1$ 年的死亡率数据，对于时间因子 $\hat{\kappa}_{u_t}$ 同样采用带漂移的随机游走模型来拟合。则：

$$\hat{\kappa}_{u_t} - \hat{\kappa}_{u_{t-1}} = d(u_t - u_{t-1}) + (\varepsilon_{u_{t-1}+1} + \varepsilon_{u_{t-1}+2} + \cdots + \varepsilon_{u_t}) \tag{3.1}$$

其中，$\varepsilon_i \sim N(0, \sigma^2)$，$\sigma$ 是常数。可见，对于不同的 t，$\hat{\kappa}_{u_t} - \hat{\kappa}_{u_{t-1}}$ 不再是同分布的随机变量，因此，对于漂移参数 d 和标准差 σ 的估计就不能采用经典的 Lee-Carter 方法。

由于式（3.1）中右侧第二项期望值为 0，因此，漂移参数 d 的无偏估计量可以由下式得出：

$$\hat{d} = \frac{\sum\limits_{t=1}^{T} (\hat{\kappa}_{u_t} - \hat{\kappa}_{u_{t-1}})}{\sum\limits_{t=1}^{T} u_t - u_{t-1}} = \frac{\hat{\kappa}_{u_T} - \hat{\kappa}_{u_0}}{u_T - u_0}$$

由于针对不同的 t，式（3.1）中右侧第二项的方差不再相等，方差 σ^2 可以由下式得出：

$$\hat{\sigma}^2 = \frac{\sum\limits_{t=1}^{T} \left[(\kappa_{u_t} - \kappa_{u_{t-1}}) - d(u_t - u_{t-1}) \right]^2}{u_T - u_0 - \dfrac{\sum\limits_{t=1}^{T} (u_t - u_{t-1})^2}{u_T - u_0}}$$

$$\approx \frac{\sum\limits_{t=1}^{T} \left[(\kappa_{u_t} - \kappa_{u_{t-1}}) - \hat{d}(u_t - u_{t-1}) \right]^2}{u_T - u_0 - \dfrac{\sum\limits_{t=1}^{T} (u_t - u_{t-1})^2}{u_T - u_0}}$$

所以，漂移参数 d 的估计标准误差为：

$$\sqrt{\text{var}(\hat{d})} = \sqrt{\frac{\text{var}\left[\sum\limits_{t=1}^{T} (\varepsilon_{u_{t-1}+1} + \varepsilon_{u_{t-1}+2} + \cdots + \varepsilon_{u_t}) \right]}{(u_T - u_0)^2}}$$

$$= \sqrt{\frac{\sigma^2}{u_T - u_0}} \approx \frac{\hat{\sigma}}{\sqrt{u_T - u_0}}$$

根据以上数据便可预测 $t > u_T$ 时的 κ_t，即 $\hat{\kappa}_{u_{T+1}} = \hat{\kappa}_{u_T} + \hat{d} + \varepsilon_{u_{T+1}}$。

第二，加入权重对有限数据处理，在运用极大似然法估计参数时，可在迭代公式中引入权重处理数据缺失，具体表达式如下：

$$\hat{\beta}_x^{(v+1)} = \hat{\beta}_x^{(v)} + \frac{\sum\limits_t \omega_{x,t} (d_{x,t} - \hat{d}_{x,t}^v) \hat{\kappa}_t^{(v)}}{\sum\limits_t \omega_{x,t} \hat{d}_{x,t} (\hat{\kappa}_t^{(v)})^2}$$

$$\hat{\kappa}_t^{(v+1)} = \hat{\kappa}_t^{(v)} + \frac{\sum_t \omega_{x,t}(d_{x,t} - \hat{d}_{x,t}^v)\hat{\beta}_x^{(v)}}{\sum_t \omega_{x,t}\hat{d}_{x,t}(\hat{\beta}_x^{(v)})^2}$$

$$\hat{\alpha}_t^{(v+1)} = \hat{\alpha}_t^{(v)} + \frac{\sum_t \omega_{x,t}(d_{x,t} - \hat{d}_{x,t}^{(v)})}{\sum_t \omega_{x,t}\hat{d}_{x,t}^{(v)}}$$

当 $\omega_{x,t} = 0$ 时，表示数据缺失；当 $\omega_{x,t} = 1$ 时，表示数据存在。

（4）高龄死亡率情况下的估计。李和卡特（1992）指出每年分年龄死亡率会高出 85 岁或者会更高，因此，在处理问题时，应该考虑高龄死亡率。在 1987 年，30% 的人口活到 85 岁以上；并且预测到 2065 年，会有 62% 的人口活到 85 岁以上。这种情况下，如果仅考虑 85 岁以下的人口分布，这样会导致模拟结果不真实。科莱和凯克（Coale and Kiaker，1990）指出处于高年龄段的人口具有较好的数据，死亡率随着年龄变化不是常数增加而是线性增加。因此，在过程中会加入高年龄的死亡率数据进行模拟。

在中国，《中国人口统计年鉴》和《中国人口和就业统计年鉴》中只有 0～89 岁的分年龄死亡率数据，90 岁以上分年龄死亡率数据缺失，我们通过科莱和凯克（1990）提出的方法对各年份死亡率数据进行扩展，确定 90 岁以上分年龄死亡率。该方法假设死亡率以一个变化的、线性的速率递增，从提出至今被广泛使用于高龄人口死亡率的扩展，尤其是对发达国家的高龄人口死亡率的扩展。在实际操作中，一般假设从 85 岁开始使用该方法。具体模型如下：

$$k(x) = k(x-1) - R$$

其中，$k(x) = \ln(m_x/m_{x-1})$。由于我国生命表将终极年龄设定为 105 岁，因此我们假设 $m_{105} = 1$。因此，可得：

$$R = (21k(84) + \ln m_{84} - \ln m_{105})/232$$

为了减少个别数据波动对整个模型带来的影响，可以选用 82～86 岁中心死亡率的算术平均值代替上面的 m_{84}，用 $[\ln(m_{87}/m_{80})]/7$ 代替上式的 $k(84)$。

该方法的优点是符合高龄人口死亡率的特点，而且简单、容易操作；缺点是比较主观，对 m_{105} 的选取比较随意。

2. 多因素年龄—时期模型（Age-Period 模型）

现在学者们比较常用的多因素年龄—时期效应是伦肖和哈伯曼（Renshaw and Haberman，2003）提出的模型 $logm(t,x) = \beta_x^{(1)} + \beta_x^{(2)}\kappa_{(t)}^{(2)} + \beta_x^{(3)}\kappa_{(t)}^{(3)}$，其中 $\kappa_{(t)}^{(2)}$，$\kappa_{(t)}^{(3)}$ 是相依的时期效应，简称为 RH 模型。凯恩斯、布莱克和多德（Cains，Blake and Dowd，2006a）提出了一个基于 Logistic 转换的相对简洁的拟合更高年龄（60~89岁）的死亡率模型 $logitq(t,x) = \log\dfrac{q(t,x)}{1-q(t,x)} = \kappa_t^{(1)} + \kappa_t^{(2)}(x-\bar{x})$，其中 $\kappa_{(t)}^{(1)}$ 和 $\kappa_{(t)}^{(2)}$ 为带漂移项的两变量随机游走，简称 DBD 模型。

其实，在很早就有学者提出年龄—时期效用模型，最早是由奥斯蒙德（Osmond，1982）提出通过年龄、期间和队列模型的应用，以表示年龄和周期特定的比率表。并结合癌症的患病率讨论了可识别性问题，审查了识别技术，并且建议基于三个双变量子模型的成功的新方法；赫蒙（Hermon，1996）等通过拟合 1950~1992 年欧洲、北美、澳大利亚和新西兰的 20 个国家和地区检查乳腺癌的年龄标准化死亡率，并将年龄出生队列和死亡模型的年龄拟合数据。队列影响表明 1920 年后出生的妇女的乳腺癌率下降，并且在许多国家，特别是加拿大、荷兰、英国和美国显而易见。接下来又有很多学者利用该模型来表示年龄与时期阶段患病概率以及相应的死亡率问题，但是传统的描述性分析方法是计算不同时间的年龄发病率，因为无法完全消除或控制年龄、队列等因素之间的相互交织现象，不能准确反映年龄、时期、队列对发病率的影响，具有一定局限性。所以，伦肖等（2006）和凯恩斯等（2008）分别在此基础上提出了 Renshaw-Haberm（RH）队列效应模型和 Cairns-Blake-Dowd（CBD）队列效应模型。

3. 多因素年龄—时期—队列效应模型

年龄—时期—队列效应（Age-Period-Cohort，A—P—C）模型在疾病监测资料和慢性病积累资料的病因学探索性分析、防治措施评价、发病趋势预测等方面得到了广泛的应用。科马克（Kermack，1995）等首次尝试将队列的图形分析方法定量化，并提出了队列效应模型。以后，许多学者就模型的参数估计及解释作了许多探讨并提出了更复杂的概率模型，现在主要有以下两种队列效应模型。

（1）Renshaw-Haberman 队列效应模型。伦肖和哈伯曼（Renshaw and Haberman，2006）最早提出了考虑队列效应的人口随机死亡率模型，该模型为：

$$logm(t,x) = \beta_x^{(1)} + \beta_x^{(2)}\kappa_{(t)}^{(2)} + \beta_x^{(3)}\gamma_{(t-x)}^{(3)}$$

其中，$m(t,x)$ 为 x 岁的人在 t 时刻的中心死亡率；$\kappa_{(t)}^{(2)}$ 为随机时期效应；

$\gamma_{(t-x)}^{(3)}$ 为随机队列效应，为出生年 $(t-x)$ 的函数；$\beta_x^{(1)}$、$\beta_x^{(2)}$、$\beta_x^{(3)}$ 为参数。

在实际数据模拟中，Renshaw-Haberman 模型表现出来的稳健性较差。凯恩斯等（2007）指出用于拟合模型的年龄范围的变化会导致一系列参数估计值的本质区别；他们还认为缺乏稳健性与似然函数的形状有关，稳健模型的似然函数可能只有唯一的最大值，这个值不会随着用于拟合模型的年龄范围的变化而改变。而缺乏稳健的模型，似然函数可能不止一个最大值。

（2）Cairns-Blake-Dowd 队列效应模型。凯恩斯等（Cairns et al.，2008）注意到 Renshaw-Haberman 模型中拟合队列效应的 $\gamma_{(t-x)}^{(3)}$ 关于出生年有确定线性趋势或者二次函数的趋势。于是一些学者提出了模型的改进，即带有队列效应的多因素年龄—时期模型。其中，凯恩斯等（2006b）两因素的广义模型的拟合效果比较理想，该模型的形式如下：

$$logitq(t,x) = \kappa_t^{(1)} + \kappa_t^{(2)}(x-\bar{x}) + \kappa_t^{(3)}\big[(x-\bar{x})^2 - \sigma_x^2\big] + \gamma_{t-x}^{(4)}$$

其中，$x = \sum_{x=x_t}^{x_u} x/(x_u - x_t + 1)$ 表示年龄区间 $(x_t - x_u)$ 之间年龄的平均数；

$\sigma_x^2 = \sum_{x=x_t}^{x_u} (x-\bar{x})^2/(x_u - x_t + 1)$ 表示年龄区间 $(x_t - x_u)$ 之间年龄的方差。

$\kappa_t^{(1)}$ 可以理解为死亡率水平，且有下降的趋势，反映死亡率随时间的改善程度；$\kappa_t^{(2)}$ 可以理解为"坡度"系数，带有一个逐渐下降的漂移项，反映了高龄死亡率的改善程度比低龄的要慢；$\kappa_t^{(3)}$ 可以理解为"曲率"系数，其没有规律；$\gamma_{t-x}^{(4)}$ 是在 0 周围波动的随机项，没有系统因素的影响。

通过将队列效应设为随机效应，A—P—C 混合模型可以在控制年龄和时期效应后计算队列效应变动情况，从而判断是否存在队列效应系统变动趋势。该方法优势在于并不需要对队列效应与目标间函数关系进行任何假定，若分析结果显示队列效应存在系统变动趋势，那么建立混合效应模型就很有必要。A—P—C 模型现在得到越来越多学者的认可。

4. P—样条函数（惩罚样条函数）模型

近年来，在英国比较常用的一种方法是采用惩罚样条函数（P-Splines）方法（CMI[①]，2006；Currrie et al.，2004）。常用的模型如下：

---

① https：//www.actuaries.org.uk/learn-and-develop/continuous-mortality-investigation。连续死亡率调查（the continuous mortality investigation，CMI）对死亡率和发病率经验进行研究，是精算师广泛使用的实用工具。

$$\log m(t, x) = \sum_{i-j} \theta_{ij} B_{ij}(t, x)$$

其中，$B_{ij}(t, x)$ 为带有常规空间节点的事先确定的基础函数；θ_{ij} 为待估计的参数。P—样条函数的拟合集可以在时间上向前推算，从而实现预测。通过测量估计过程中的波动性，也可以产生关于中心死亡率估计的置信水平。然而，需要注意的是，该方法不能实现未来死亡率的直接随机模拟，并且该模型的缺点是用样条函数法会导致函数过度逼近。

5. CMI 模型

该模型的主要研究对象是英国 60 岁以上的退休公务人员。基于英国死亡率变动比较平稳的实际，在未来发达的医疗条件和完善的社会福利制度下，假设未来死亡率改善幅度下降的趋势趋于平缓，提出了下面的模型：

$$q(t+k, x) = q(t, x) \cdot R(t+k, x)$$

其中，t 表示基础年；$q(t, x)$ 表示 t 年时，x 岁的人在未来一年的死亡率；$q(t+k, x)$ 表示 t 年时，x 岁的人在 $t+k$ 年时的死亡率；$R(t+k, x)$ 表示 t 年为基础年，x 岁的人在 $t+k$ 年时的死亡率改善幅度，$R(t+k, x)$ 具体表示如下：

$$R(t+k, x) = a(t, x) + [1 - a(t, x)] \cdot [1 - \phi(t, x)]^{k/20}$$

其中，$a(t, x) = \begin{cases} \theta, x \leqslant \delta \\ 1 - (1-\theta)\dfrac{\omega - x}{\omega - \delta}, \delta \leqslant x \leqslant \omega \\ 1, x > \omega \end{cases}$，$\phi(t, x) = \begin{cases} \alpha, x < \delta \\ \dfrac{(\omega - x)\alpha + (x - \delta)\beta}{\omega - \delta}, \\ \beta, x > \omega \end{cases}$，

$\delta \leqslant x \leqslant \omega$；$\omega$ 表示生命表的极限年龄；$a(t, x)$ 表示根据基础年死亡率在 x 岁时的比率下限；$\phi(t, x)$ 表示对 x 岁的人来说，根据过去 20 年经验得出的所有死亡率下降的百分比；$0 < \theta < 1$，$0 < \alpha < 1$，$0 < \beta < 1$。

该模型的计算不是很复杂：先选定一个基础年，计算各年的 $R(t+k, x)$；再用费线性回归方法以及误差最小平方和原则计算各参数值，代入模型即可求出各年龄的调整因子 $R(t+k, x)$；进而估计各年龄组未来的死亡率，当 $k \to +\infty$，模型会趋近于死亡率改善幅度下限 $a(t, x)$。

这一模型因其自身的背景关系，应用的范围较小。对于发展中国家来说，死亡率依旧在改善，可能一开始死亡率改善幅度下降的速度比较快，后来会趋于平缓。基于这种情况，中国台湾学者郑汉卿提出了一个用于拟合中国台湾死亡率的改进版 CMI（1999）模型：

$$R(t + k, x) = a(t, x) + b(t, x) \cdot e^{-k/c(t, x)}$$

其中，$a(t, x) = \begin{cases} \theta, & x \leqslant \delta \\ 1 - (1 - \theta)\dfrac{\omega - x}{\omega - \delta}, & \delta \leqslant x \leqslant \omega \\ 1, & x > \omega \end{cases}$，$a(t, x)$ 表示根据基础年死亡

率在 x 岁时的比率下限；$b(t, x)$ 表示死亡率下降的比率；$c(t, x)$ 表示死亡率改善幅度曲线平缓的趋势。

　　该模型运用离散小波转换对各年龄组的死亡率改善幅度进行多维度分解，分成低频和高频两部分，同时预测趋势线和随机振幅部分，趋势线影响低频部分，高频部分完全是平均数为 0 的随机项，再找出死亡率改善的近似函数，最后提供了预测的置信区间。这个模型对发展中国家的死亡率预测有很大的借鉴意义。

6. 其他离散时间随机死亡率模型

　　奥利维里（Olivieri，2001）将 HP 模型扩展为动态模型，从精算学角度探讨了死亡率预测的不确定性；米列夫斯基（Milevsky，2006）等通过使用三种假设情景来考虑未来死亡率建模的不确定性，并展示了这一框架下对长寿风险的影响；凯恩斯等（2008）对近 20 年来所讨论的各种随机死亡率模型进行了系统整理；杨等（2010）使用主成分分析方法为长寿风险建模，并对提出的死亡率预测模型与已有死亡率模型进行了比较。

（二）连续时间随机死亡率模型

　　除离散时间随机死亡率模型之外，也有不少学者探讨了连续时间随机死亡率模型，这主要借鉴了金融经济学领域广泛采用的连续利率模型。在连续时间随机死亡率模型中，大多数研究关注短期死亡率模型。

　　米列夫斯基和普罗米斯洛（2001）等学者观察到死亡率和连续利率非常相似，因此他们借鉴了已有的利率模型来构建随机死亡率模型。布里菲斯（Briffis，2005）还探讨了死亡风险和信用风险的相似性，并用信用风险的随机模型来确定养老金中的死亡率风险模型；凯恩斯等（2006）根据死亡率的期限结构，详细探讨了如何将已有的利率模型平移为随机死亡率模型的思路和方法。他们提出了三种常用的连续死亡率模型结构：①短期死亡率模型：关于年龄 x 瞬时死亡率 $u(t, x)$ 的一维模型；②远期死亡率模型（相对于远期利率模型）：关于年龄 x 和"到期日"远期死亡率平面 $u(t, T, x + T)$ 的二维模型；③市场死亡率模型：关于远期生存概率或者年金价格的模型。目

前，大多数死亡率模型用一个或多个布朗运动来模拟死亡率变化。也有模型采用跳跃过程代替布朗运动或者作为补充。死亡率过程中的跳跃可能由战争或突发流行病等环境的突然变化、医疗的显著改善等原因引起。这些变化会对死亡率 $u(t, x)$ 产生直接的影响，使远期死亡率模型带有越来越大的跳跃过程。陈和考克斯（Chen and Cox，2007）以及海诺特和德沃德（Hainaut and Devolder，2007）研究了带跳死亡率模型，在运用这些模型时应该注意对模型的评估，应该对模型中引入的跳跃过程有合理的生物学解释，而不是纯粹的数学推导。下面主要介绍两种常见的连续性死亡率模型，即短期死亡率模型和远期死亡率模型。

1. 短期死亡率模型

连续时间的短期死亡率模型是比较成熟的新型模型。一般形式如下，

$$d^{\mu}(t, x) = a(t, x) dt + b(t, x)^T \cdot dW(t)$$

其中，$a(t, x)$ 为漂移项；$b(t, x)$ 为 $n \times 1$ 维向量；$W(t)$ 为风险中性测度 Q 下的 n 维标准布朗运动[①]。达尔和姆勒（2006）提出了一个单因素模型，并引入死亡率改善因子的概念将未来的死亡率和当前的死亡率联系起来。基本形式如下，

$$\mu(t, x + t) = \mu(0, x + t) \cdot \xi(t, x + t)$$

其中，$\xi(t, x + t)$ 为死亡率动态改善因子，满足下式：

$$d\xi(t, y) = [\gamma(t, y) - \delta(t, y) \cdot \xi(t, y)] dt + \sigma(t, y) \sqrt{\xi(t, y)} dW(t)$$

2. 远期死亡率模型

该模型主要是仿照莫顿（Merton，1992）等提出远期利率的随机期限结构下的或有债券的评估，考虑到一个远期利率曲线以及一个家庭的选择随机变化。根据提出的远期率模型扩展为远期死亡率模型，结构如下：

$$\mu(t, T, x + T) = \alpha(T, t, x + T) + \beta(t, t, x + T)^T \cdot dW(t)$$

其中，$\alpha(T, t, x + T)$ 为标量；$\beta(T, t, x + T)$ 为 $n \times 1$ 维向量；$W(t)$ 同样为风险中性测度 Q 下的 n 维标准布朗运动。在无套利均衡市场上，要求下式成立：

---

① 无套利市场上的风险中性生存概率为 $PQ(t, T, x) = E\left[\exp\left(-\int_t^T \mu(u, u + x) du\right) \mid M_t\right]$。

$$\alpha(t,T,x+T) = -V(t,T,x)^T\beta(t,T,x+T) \text{ 且有 } \beta(t,T,x+T) = \partial V(t,T,x)/\partial T$$

连续时间的随机死亡率模型有自身独特的背景，比较符合实际。但必须选择那些在生物学上能够解释的带跳过程来模拟，该模型结构在描述死亡率模型时比较合理且构造起来相对简单，是很多学者比较常用的模型。

综上所述，根据以上对比价常用的几类死亡率模型的具体阐述，对于选择哪种死亡率预测模型，需要根据国家人口死亡率变化趋势、外界环境影响及国家相关政策风险因素做出合理选择。凯恩斯等（2006a）提出了一些选择的要点，包括：模型应拟合历史数据；模型的长期动态变化在生物学角度上是合理的；参数的估计以及对死亡率的预测结果是稳健的；死亡率不确定性和中心轨线的预测水平必须是可信的并且同历史趋势与死亡率数据变动保持一致；采用分析方法或者快速数值算法，模型必须是直接能够解出的；模型必须相对简洁；预测结果的均值和方差在统计上是可信的；模型的结构必须能模拟参数的不确定性；至少对某些国家来说，模型必须加入随机群组影响，等等。

第二节　案例分析

长寿风险是由于未来预期寿命的不确定，风险承担者难以准确预测需要准备多少资金用来应对该风险带来的损失或成本。例如，年金供给方面临对未来养老金领取者寿命延长而多支付的风险。因此用于预测人口的未来死亡率预测值与真实值越接近，长寿风险给承担者造成的损失越小。基于美国人口数据和中国人口数据的结构特征，并利用不同的死亡率模型，在综合分析的基础上，评价各种模型的优劣以及适用条件，由此选择符合中国具体实际死亡率的预测模型。

一、基于美国数据

Lee 和 Carter（1992）提出，1900～1988 年美国人口的平均预期寿命从47 岁增长到75 岁；那么如果以此线性速度变化的话，到2065 年，美国人口的平均预期寿命将达到100 岁。这个增长速度对美国社会保障协会来说绝对充满着巨大压力，因为其预测到2065 年人均寿命大概为80.5 岁。他们也提出现在死亡率的急剧下降也是引起人口老龄化的重要原因。

在该部分主要基于美国人口死亡率数据提出死亡率预测的一个经典案例，以帮助读者能在实务性上更好操作，更容易理解整个方法的原理。在该案例中，首先考虑了大量的数据及其局限性。然后提出人口死亡率预测模型，这是用一种指数表示出来的。最后利用该人口模型模拟美国数据并分析经验表现；并利用标准的时间序列方法，预测未来的死亡率指数并构建生命表。基于这一系列理论，下面将详细分析该方法的应用。

（一）经验数据

根据科尔和基斯克（1990）提出的新方法，利用美国 1900～1989 年出生的人口的预期寿命数据。在这期间，1918 年由于美国瘟疫发生导致人口死亡率在原有基础上增加了 34%。另外，55 岁或以上的人口死亡率并未上升，而 25～34 岁的死亡率比原来增加了 150%。在比较年轻的时候死亡率上升的程度很大（Grove and Hetzel，1968）。美国人口死亡率变化长期以来呈现这样的一个变化趋势，所以应该在模型中表现出来。另外，在 1960 年到 20 世纪 80 年代早期，对于年轻的男性人就死亡率呈现出先快速增加后降低的特征，因此本研究将分别从男性、女性人口来研究未来死亡率。另外，由于存活到 85 岁或以上的人数极少，这属于极端事件，不具有说明性，本案例中不涉及 85 岁及以上人口的死亡率变化趋势。

（二）构建模型

对于本部分研究的模型，将单参数的预测用来对接下来几十年的死亡率水平和年龄分布预测。基于以往模型的改进，得到以下经典 Lee-Carter（1992）模型：

Lee 和 Carter（1992）将影响各年份、年龄对数中心死亡率的因素分解为时间因素和年龄因素，是由对数表达式和 ARIMA 模型（单整自回归移动平均模型）构成的预测死亡率的外推模型。Lee-Carter 模型的基本形式为：

$$\ln(m_{x,t}) = a_x + b_x k_t + \varepsilon_{x,t}$$

其中，在该模型中，假设向量组 a、b、k 是一个决策结果，那么对于任意的规模变化 c，向量组 $a - bc$、b、$k + c$ 也是一个决策结果，且向量组 a、bc、k/c 也是一个决策结果。基于此，根据 Lee-Carter（1992）提出的，该模型具有可参数化性质，因为对于任意常数 c，原参数模型的结构都不变。如 $\{\alpha_x, \beta_x, k_t\} \rightarrow \{\alpha_x, \beta_x/c, ck_t\}$、$\{\alpha_x, \beta_x, k_t\} \rightarrow \{\alpha_x, -c\beta_x, k_t + c\}$，因此 k_t 是由一个线性转

换确定的，β_x 是由一个常数乘法系数决定的，而 α_x 是由一个线性调整确定的。所以，为了获得唯一最佳参数估计值，需满足以下条件：$\sum k_t = 0$，$\sum \beta_x = 1$。

从该模型看出，由于此模型没有自变量，所以不能用一般的回归模型进行模拟和预测；另外，在该表达式的右边，除了有参数需要评估，还有一个未知的时间指数序列 k_t。那么可以利用奇异值分解法（SVD）对特定年龄死亡率对数值与时间平均死亡率对数值的差值矩阵求得最小二乘解。经过正态化过程，SVD 中右一向量和左一向量是唯一的解，即算出统计量矩阵 $[z_{x,t}] = [\log(\hat{m}_{x,t} - \hat{\alpha}_x)]$，然后求 k_t 和 β_x 的估计值，根据限制条件 $\sum k_t = 0$，$\sum \beta_x = 1$，k_t 和 β_x 分别为矩阵 $[z_{x,t}]$ 的 SVD 中右一列和左一列的奇异向量，而 SVD 可以用标准统计软件包 GENSTAT 求出。

因为模型估计的是死亡率的对数值，所以不管涉及的死亡率是大还是小，真实死亡率与估计死亡率在 SVD 中应该有相同的权重。为了纠正不恰当的权重，在 α_x 和 β_x 不变的情况下，Lee 和 Carter 对每个时间指数 k_t 在此估计与确保隐含的死亡率人数与真实的死亡人数相等（见表 3－2）。

表 3－2　　　　1933～1987 年（SVD）对参数 a_x 和 b_x 的估计值

年龄段	a_x	b_x	年龄段	a_x	b_x
0	− 3. 64109	0. 09064	55～59	− 4. 25497	0. 03382
1～4	− 6. 70581	0. 11049	60～64	− 3. 85608	0. 02949
5～9	− 7. 51064	0. 09179	65～69	− 3. 47313	0. 02880
10～14	− 6. 76012	0. 08358	70～74	− 3. 06117	0. 02908
15～19	− 6. 44334	0. 04744	75～79	− 2. 63023	0. 03240
20～24	− 6. 40062	0. 05351	80～84	− 2. 20498	0. 03091
25～29	− 6. 22909	0. 05966	85～89	− 1. 79960	0. 03091
30～34	− 5. 91325	0. 06173	90～94	− 1. 40963	0. 03091
35～39	− 5. 551323	0. 05899	95～99	− 1. 03655	0. 03091
40～44	− 5. 09024	0. 05279	100～104	− 0. 68035	0. 03091
45～49	− 4. 65680	0. 04458	105～109	− 0. 34105	0. 03091
50～54	− 4. 65680	0. 03830			

（三）对死亡率时间指数 k_t 进行建模和预测

人口统计模型需要预先改进和拟合，然后进行预测。确定一个合适的

ARIMA 时间序列模型预测死亡率指数 k_t 是关键。模型可以是线性的，也可以是非线性的。选择恰当的 ARIMA 模型产生一个 k_t 时间序列。在 Lee-Carter（1992）模型中，利用一个带有漂浮项的随机行走模型能够更好地描述变量 k_t 的动态变化，并且关键是更好地描述了美国 1918 年的流感带来人口死亡率的巨变。考虑到这些，基于 1900~1989 年的数据，构建如下模型：

$$k_{t} = k_{t-1} - 0.356 + 5.24 flu + e_{t} \quad see = 0.651$$
$$(0.069)\ (0.461)$$

其中 $R^2 = 0.995$，流感影响的系数意味着 k_t 比 1918 年的期望值高 5.24；常数项系数 -0.365 表示 k_t 值的平均年变化，这会推出死亡率长期变化的一个预测值。那么可以预测出在 75 年里，k_t 值下降了 0.365 的 75 倍，即 27.375；标准误差项（see）意味着与一年的预测是不确定性关联；随着预测期限变长，标准误差以时间方差根的形式变化。在 95% 的置信区间误差允许范围内，基于时间序列模型，利用 k_t 的历史经验数据预测未来值。

（四）死亡率和预期寿命的预测

基于以上死亡率模型预测中心死亡率和预期寿命。通过模拟结构发现，实际值与预测值是在一定范围内，这个结果显示该模型是拟合比较好的，能够用来预测人口未来死亡率和预期寿命。为更好地分析 Lee-Carter 方法预测的有效性，接下来将运用前面的 Lee-Carter 方法的预测值计算新生婴儿的预期寿命，并将之与官方数据进行比较。预测值可以将 k_t 作为时间序列运用 ARIMA 模型推算出来，用 $\{k_{t_n+s} : s > 0\}$ 表示 k_t 的预测值（见表 3 - 3），则死亡率预测值可以利用经验死亡率计算，如下所示：

$$\dot{m}_{x,t_n+s} = \hat{m}_{x,t} \times \exp\{\beta_x(k_{t_n+s} + \hat{k}_{t_n})\}, s > 0$$

表 3 - 3   时间指数 k_t 的预测

年份	k_t	标准差	年份	k_t	标准差	年份	k_t	标准差
1990	-11.41	0.65	1995	-13.24	1.60	2000	-15.06	2.16
1991	-11.78	0.92	1996	-13.60	1.72	2001	-15.43	2.26
1992	-12.14	1.13	1997	-13.97	1.84	2002	-15.79	2.35
1993	-12.51	1.30	1998	-14.33	1.95	2003	-16.16	2.44
1994	-12.87	1.46	1999	-14.70	2.06	2004	-16.52	2.52

年份	k_t	标准差	年份	k_t	标准差	年份	k_t	标准差
2005	−16.89	2.61	2026	−24.56	3.96	2047	−32.22	4.96
2006	−17.25	2.69	2027	−24.92	4.01	2048	−32.59	5.00
2007	−17.62	2.76	2028	−25.29	4.07	2049	−32.95	5.04
2008	−17.98	2.85	2029	−25.65	4.12	2050	−33.32	5.09
2009	−18.35	2.91	2030	−26.02	4.17	2051	−33.68	5.13
2010	−18.71	2.98	2031	−26.38	4.22	2052	−34.05	5.17
2011	−19.08	3.05	2032	−26.75	4.27	2053	−34.41	5.21
2012	−19.44	3.12	2033	−27.11	4.32	2054	−34.78	5.25
2013	−19.81	3.19	2034	−27.84	4.37	2055	−35.14	5.29
2014	−20.18	3.26	2035	−28.21	4.42	2056	−35.51	5.33
2015	−20.54	3.32	2036	−28.47	4.46	2057	−35.87	5.37
2016	−20.91	3.38	2037	−28.57	4.51	2058	−36.24	5.41
2017	−21.27	3.45	2038	−28.94	4.56	2059	−36.61	5.45
2018	−21.64	3.51	2039	−29.30	4.61	2060	−36.97	5.49
2019	−22.00	3.57	2040	−29.67	4.65	2061	−37.34	5.53
2020	−22.37	3.63	2041	−30.03	4.70	2062	−37.70	5.56
2021	−22.73	3.68	2042	−30.40	4.74	2063	−38.07	5.60
2022	−23.10	3.74	2043	−30.76	4.79	2064	−38.43	5.64
2023	−23.46	3.80	2044	−31.13	4.83	2065	−38.80	5.68
2024	−23.83	3.85	2045	−31.49	4.97			
2025	−24.19	3.91	2046	−31.86	4.92			

二、基于中国数据

(一) 基本模型

在随机型死亡率模型中，Lee-Carter 模型被公认为是随机预测方法中最典型的一个，由美国人口学家李·罗纳德和卡特·劳伦斯（Lee Ronald D. and Carter Lawrence R.）于1992年提出的一种预测美国未来人口死亡率的经典模型。

李·罗纳德和卡特·劳伦斯（1992）将影响各年份、年龄对数中心死亡率的因素分解为时间因素和年龄因素，是由中心死亡率的对数表达式 ln（$m_{x,t}$）和 ARIMA 模型（单整自回归移动平均模型）构成的预测死亡率的外推模型。Lee-Carter 模型的基本形式为：

$$\ln(m_{x,t}) = \alpha_x + \beta_x \kappa_t + \varepsilon_{x,t}$$

其中，$m_{x,t}$ 表示 x 岁的人在 t 时刻的中心死亡率；α_x 是各特定年龄组死亡率按时间统算出的基数，其为死亡率随年龄 x 的变化，即影响死亡率的年龄因素；β_x 为年龄因子，用来描述当时间因子变化时，各个年龄组死亡率相对变化的系数，表示年龄 x 对于死亡率变动的敏感程度；κ_t 是时间因子，表示死亡率随时间 t 的变动程度，即影响死亡率的时间因素，它是测度死亡率整体水平的指标；$\varepsilon_{x,t}$ 表示随机误差项，反映了该模型没有考虑到那些影响各年龄死亡率的因素，其均值为 0，方差为 σ^2，即 $\varepsilon_{x,t} \sim N(0, \sigma^2)$。在该模型中，Lee 和 Carter（1992）指出年龄因子 $\beta_x \left(\beta_x = \dfrac{d\ln(m_{x,t})/dt}{d\kappa_t dt} \right)$ 是一个关键的参数因子，能够从侧面反映出当 κ_t 发生变化时，各年龄死亡率对数下降或上升的速率，表示年龄 x 对于死亡率变动的敏感程度。从理论上讲，β_x 在某些年龄别死亡率可能出现负值，即表明该年龄别死亡率对数变化呈上升态势与其他年龄别死亡率对数变化下降趋势是反方向的，即某些年龄别死亡率对数呈上升变化态势，而有些年龄别死亡率却呈下降变化的趋势。但实际上，这种情形最终不会发生。当 κ_t 与时间成线性关系时，各年龄死亡率均以各自的常数指数比率进行变化。并假设该模型中死亡率不可能为负值，这一点对预测非常有利。

根据 Lee-Carter（1992）提出的，该模型具有可参数化性质，因为对于任意常数 c，原参数模型的结构都不变。如 $\{\alpha_x, \beta_x, k_t\} \rightarrow \{\alpha_x, \beta_x/c, ck_t\}$，$\{\alpha_x, \beta_x, k_t\} \rightarrow \{\alpha_x, -c\beta_x, k_t + c\}$，因此由此可见，$\kappa_t$ 是由一个线性转换确定的，β_x 是由一个常数乘法系数决定的，而 α_x 是由一个线性调整确定的。所以，为了获得唯一最佳参数估计值，需满足以下条件：$\sum k_t = 0, \sum \beta_x = 1$。

该模型将基本的人口学模型与统计学时间序列方法相结合，根据长期的死亡率历史变动情况，预测其未来的发展趋势，具有形式简洁、假设弱、实际预测效果好等特点，因此 Lee-Carter 模型（1992）一直备受推崇，被公认为是随机预测方法中最典型的一个，并且被广泛运用在很多国家或地区的死亡率推算上。

（二）数据的收集整理

根据《中国人口统计年鉴》及《中国人口和就业统计年鉴》①，我们可获得 1995~2013 年分年龄、分性别的中心死亡率，中心死亡率在精算中指的是年平均死亡人数除以年平均人数。在预测过程中，考虑到男性和女性人口死亡率的差异性，我们将死亡率按性别分类，分别预测男性和女性的死亡率。并对所收集的数据进行以下处理。

（1）本书和 Lee-Carter 模型（1992）区别是，本书并未把年龄按照年龄段分组，而是对每个年龄点都进行了死亡率预测，这有利于对死亡率的准确预测，并有利于保险公司和养老基金等高效合理地规划自己的年金产品和养老金计划，也有利于保险公司产品定价的精确性。

（2）从《中国人口统计年鉴》及《中国人口和就业统计年鉴》中获得 0~85 岁各年龄点的完整死亡率数据，但超过 85 岁的人口死亡率有的年份是缺失的。所以，我们在处理超过 85 岁以上的高龄人口死亡率数据时，采用的是 Lee-Carter（1992）提到的 Coale-Kisker 方法（简称 C-K）。

（3）日历年区间为 1995~2013 年（一共是 17 年的数据，其中，2000 年和 2010 年的数据缺失）。为了时间序列数据的完整性，我们通过前后两年的算术平均值来获得 2000 年和 2010 年的数据，考虑到 1999 年、2000 年、2001 年、2009 年、2010 年、2011 年期间并未发生特殊事件，所以死亡率变动并不是很大，因此，用前后两年的数据来做算术平均相对准确。

（4）数据的样本不同。有些年采用的是全国人口变动抽样调查数据，有些年采用的是全国 1% 人口抽样调查数据，有些年采用全国人口普查数据。本书假定变动抽样和 1% 人口抽样具有良好的随机抽样特征，等价于普查数据。

（三）模型参数估计

对于 Lee-Carter 模型参数估计的方法，Lee-Carter（1992）采用的是 SVD 进行参数估计；而哈伯曼和鲁索利洛（2005）运用 Lee-Carter 模型对意大利人口进行死亡率的预测采用的是最小二乘法进行参数估计。虽然最小二乘法

---

① 根据《中国人口统计年鉴》及《中国人口和就业统计年鉴》，获得 1995~2013 年分年龄分性别的死亡率数据，并且 0~85 岁每个年龄都存在确定的死亡率，把 85 岁及以上年龄的死亡率均记为整体死亡率。

求解模型时使用的也是死亡率的对数，但由于 κ_t 和 β_x 是通过两步先后进行估计的，第二步利用最小二乘法对 β_x 的估计能有效地调整第一步产生的拟合偏差，因此不需要再对 κ_t 和 β_x 进行再调整。所以，在前人的研究基础上，该部分分析采用最小二乘法对 Lee-Carter 模型中的参数进行估计。该方法主要有以下三个步骤。

第一步：估计 α_x。$\hat{\alpha}_x = \left(\sum_1^n \ln(m_{x,t}) \right)/n$（其中，$n$ 为死亡率观察值中包含的年数，在本模型中 $n = 19$（1995～2013 年）），这表示 x 岁的人按时间 t 来统算的中心死亡率取对数以后的平均值。

第二步：估计 κ_t。固定 t 的条件下，将 Lee-Carter 模型 $\ln(m_{x,t}) = \alpha_x + \beta_x\kappa_t + \varepsilon_{x,t}$ 两边关于年龄 x 求和（$\sum k_t = 0, \sum \beta_x = 1$），通过等式变换得到 $\hat{\kappa}_t = \sum_x \left[\ln(m_{x,t}) - \hat{\alpha}_x \right]$。

第三步：估计 β_x。建立回归方程 $\ln(m_{x,t}) - \hat{\alpha}_x = \beta_x\hat{\kappa}_t + \varepsilon_{x,t}$，其中等号左边 $\ln(m_{x,t}) - \hat{\alpha}_x$ 为被解释变量，等号右边 κ_t 为解释变量，对此回归方程进行无常数项的线性回归即可得出回归系数 β_x 的估计值。再利用最小二乘法估计，确定一个合适的 β_x 值使得 $\sum_{x,t} (\ln m_{x,t} - \hat{\alpha}_x - \beta_x\hat{\kappa}_t)^2$ 最小（也就是使得残差项最小，实际结果与预测结果拟合值更接近），从而得到参数 β_x 的估计值，即 $\hat{\beta}_x = \left[\sum_{t=t_1}^{t_n} \hat{\kappa}_t(\ln m_{x,t} - \hat{\alpha}_x) \right] / \left(\sum_{t=t_1}^{t_n} \hat{\kappa}_t^2 \right)$。根据以上预测步骤以及人口历史数据的修正进行以下具体模型参数评估过程。

1. α_x 的估计值

根据以上第一步，分别得到男性和女性人口死亡率模型参数 α_x 的估计值，结果如表 3-4 所示。

表 3-4　　　　　　　　　　　死亡率模型参数 α_x 的估计值

年龄	$\hat{\alpha}_x$		年龄	$\hat{\alpha}_x$		年龄	$\hat{\alpha}_x$	
	男性	女性		男性	女性		男性	女性
0	-4.3117	-4.1490	5	-7.4166	-8.0457	10	-7.7683	-8.3559
1	-6.4174	-6.6440	6	-7.6365	-8.6841	11	-8.0751	-8.3228
2	-6.8173	-7.2295	7	-7.8126	-8.5683	12	-8.0197	-8.3822
3	-6.9635	-7.1362	8	-7.4228	-8.7144	13	-7.7732	-8.1493
4	-7.1644	-7.9486	9	-7.7298	-8.5462	14	-7.6782	-8.6132

年龄	$\hat{\alpha}_x$		年龄	$\hat{\alpha}_x$		年龄	$\hat{\alpha}_x$	
	男性	女性		男性	女性		男性	女性
15	− 7.7477	− 8.7338	39	− 6.0942	− 6.6037	63	− 4.0534	− 4.5290
16	− 7.4565	− 8.3519	40	− 5.9637	− 6.7881	64	− 3.9817	− 4.4754
17	− 7.3597	− 8.1763	41	− 6.0002	− 6.6191	65	− 3.9162	− 4.3088
18	− 7.2439	− 7.4546	42	− 5.9227	− 6.6443	66	− 3.7601	− 4.2234
19	− 7.1079	− 7.4788	43	− 5.8480	− 6.5528	67	− 3.7048	− 4.1908
20	− 6.9441	− 8.0671	44	− 5.7994	− 6.3602	68	− 3.5840	− 4.0098
21	− 6.6707	− 7.6538	45	− 5.7339	− 6.3525	69	− 3.4934	− 3.8733
22	− 6.7857	− 7.6208	46	− 5.5753	− 6.2066	70	− 3.3267	− 3.7933
23	− 7.1187	− 7.2392	47	− 5.5480	− 6.1087	71	− 3.2386	− 3.6974
24	− 6.9852	− 7.7694	48	− 5.4341	− 6.1400	72	− 3.1878	− 3.5561
25	− 6.9416	− 7.2789	49	− 5.3674	− 5.9396	73	− 3.0877	− 3.4966
26	− 6.8008	− 7.2860	50	− 5.2484	− 5.8708	74	− 3.0321	− 3.3813
27	− 6.9439	− 7.3978	51	− 5.1836	− 5.7243	75	− 2.9082	− 3.2450
28	− 6.7718	− 7.2586	52	− 5.1639	− 5.6578	76	− 2.7809	− 3.2067
29	− 6.5860	− 7.1976	53	− 5.0834	− 5.6551	77	− 2.6505	− 3.0319
30	− 6.5919	− 7.0044	54	− 4.9933	− 5.5264	78	− 2.6223	− 2.9602
31	− 6.4254	− 7.2715	55	− 4.8551	− 5.4341	79	− 2.5146	− 2.8872
32	− 6.5815	− 7.0681	56	− 4.7510	− 5.3444	80	− 2.4406	− 2.7104
33	− 6.4891	− 7.2421	57	− 4.8025	− 5.2507	81	− 2.2670	− 2.6114
34	− 6.3341	− 7.1954	58	− 4.5748	− 5.0775	82	− 2.2822	− 2.5668
35	− 6.2784	− 7.0830	59	− 4.4669	− 5.0477	83	− 2.1400	− 2.4180
36	− 6.3821	− 7.0644	60	− 4.3792	− 4.8552	84	− 2.0690	− 2.3952
37	− 6.4161	− 7.0383	61	− 4.2807	− 4.9246	85	− 2.0011	− 2.2922
38	− 6.3193	− 6.9727	62	− 4.1363	− 4.6305			

参数 $\hat{\alpha}_x$ 表示的是中心死亡率的一般年龄形态，也就是按时间统算出的基数。由表 3 - 4 和图 3 - 1 可以看出，男性和女性死亡率模型参数 $\hat{\alpha}_x$ 的变化趋势大致相同，随着年龄先减小后逐渐增加。也就是说在刚出生的一段时间内死亡率较高，随着年龄增加，在青少年时期，死亡率是逐渐降低的；但到了一定年龄阶段，步入成年和老年时期，死亡率随着年龄的增加而逐渐增大。另外，从图 3 - 1 中可以看出，女性死亡率曲线位于男性死亡率曲线的下方，

也就是女性死亡率呈现出比男性死亡率整体偏低的趋势，即同一年龄下，女性人口死亡率比男性人口死亡率偏低。得到的这些结论也与现实中我们的预期以及医学上的预期是相符的。

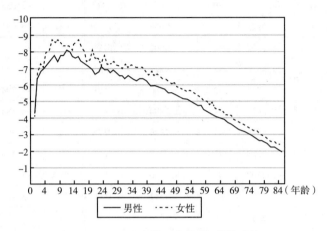

图3-1　死亡率模型参数 $\hat{\alpha}_x$ 的估计值

2. κ_t 的估计值

根据第二步，分别得到男性和女性人口死亡率模型参数 $\hat{\kappa}_t$ 的估计值，结果如表3-5所示。

表3-5　　　　　　　　　　死亡率模型参数 κ_t 的估计值

年份	$\hat{\kappa}_t$		年份	$\hat{\kappa}_t$	
	男性	女性		男性	女性
1995	20.50880	42.71468	2005	4.67531	2.55585
1996	24.51916	38.71942	2006	-11.55448	-8.14158
1997	22.35605	31.31559	2007	-13.08451	-19.70933
1998	21.42021	29.55732	2008	-5.66275	-18.91288
1999	10.25126	22.53953	2009	-20.81428	-37.86906
2000	12.65529	22.34060	2010	-17.87803	-27.75031
2001	9.971560	7.180026	2011	-20.79410	-27.61107
2002	8.864249	7.383290	2012	-26.11854	-40.85215
2003	4.440038	14.49875	2013	-24.09422	-44.07482
2004	0.338992	6.116154			

参数 $\hat{\kappa}_t$ 表示的是死亡率的时间因子。由表 3−5 和图 3−2 可以看出，男性和女性的死亡率模型参数 $\hat{\kappa}_t$ 的估计值变动趋势也大致相同，均随着时间变化呈下降趋势。也就是说随着时间推移，死亡率是呈下降趋势，这也正符合现时期死亡率不断改善的趋势。

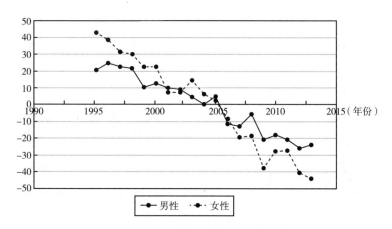

图 3−2 死亡率模型参数 $\hat{\kappa}_t$ 的估计值变动趋势

3. $\hat{\beta}_x$ 的估计值

根据第三步，分别得到男女性人口的死亡率模型参数 $\hat{\beta}_x$，如表 3−6 所示。

表 3−6 死亡率模型参数 $\hat{\beta}_x$ 的估计值

年龄	$\hat{\beta}_x$		年龄	$\hat{\beta}_x$		年龄	$\hat{\beta}_x$	
	男性	女性		男性	女性		男性	女性
0	0.03676	0.02834	9	− 0.01120	− 0.01553	18	0.02379	0.01123
1	0.01924	0.01218	10	0.02023	0.02387	19	0.01462	0.01589
2	0.02865	0.04090	11	0.02716	0.00175	20	0.02007	0.02970
3	0.02852	0.01019	12	0.00811	0.02466	21	0.00767	0.01251
4	0.03124	0.01482	13	0.01247	0.01077	22	0.01303	0.02131
5	0.03239	0.03265	14	0.00117	0.03284	23	0.02560	0.02099
6	0.00754	0.03103	15	0.00481	0.05676	24	0.02856	0.02397
7	0.01586	0.00635	16	0.00679	0.02228	25	0.02309	0.01482
8	0.00476	0.02437	17	0.02586	0.01649	26	0.01197	0.00731

年龄	$\hat{\beta}_x$		年龄	$\hat{\beta}_x$		年龄	$\hat{\beta}_x$	
	男性	女性		男性	女性		男性	女性
27	0.01399	0.02431	47	0.00893	0.00131	67	0.01072	0.00534
28	0.02037	0.01460	48	0.00995	0.01485	68	0.00971	0.00745
29	-0.00218	0.01312	49	0.00801	0.01067	69	0.01186	0.00649
30	0.01820	0.01253	50	-0.00060	0.00359	70	0.01192	0.00702
31	0.01335	0.01291	51	0.01127	0.00638	71	0.01315	0.00594
32	0.00226	0.00948	52	-0.00055	0.00573	72	0.00996	0.00790
33	0.01569	0.00291	53	0.00543	0.00912	73	0.00937	0.00653
34	0.00722	0.01035	54	0.00273	0.00452	74	0.00803	0.00696
35	0.00717	0.00889	55	0.01249	0.00620	75	0.00770	0.00728
36	0.01644	0.00500	56	0.00633	0.00517	76	0.00933	0.00622
37	0.00336	0.01014	57	0.00840	0.00762	77	0.00884	0.00458
38	0.01601	0.01538	58	0.00932	0.01132	78	0.01019	0.00463
39	0.00483	0.00854	59	0.01033	0.00693	79	0.00790	0.00444
40	0.00692	0.00889	60	0.00941	0.00817	80	0.00750	0.00463
41	0.00417	0.01301	61	0.01200	0.01060	81	0.01382	0.00622
42	0.00143	0.00150	62	0.01542	0.00787	82	0.00934	0.00553
43	0.00578	0.01156	63	0.01084	0.00688	83	0.00874	0.00606
44	0.00575	0.00595	64	0.01145	0.00725	84	0.01249	0.00586
45	0.00434	0.00978	65	0.00708	0.00767	85	0.01171	0.00657
46	0.00483	0.00506	66	0.01084	0.00608			

参数 $\hat{\beta}_x$ 表示年龄因子，也就是指年龄对死亡率变动的敏感程度。由表 3-6 和图 3-3 可知，男性和女性的死亡率模型参数 $\hat{\beta}_x$ 的估计值在较低年龄时比较大，特别是在刚出生时，这主要是由于新生人口具有较高的死亡率，对死亡率的变化也最为敏感；而在高龄时，$\hat{\beta}_x$ 呈下降趋势，其原因在于高龄人口的死亡率特征随时间的变化较小，对年龄的变化不是很敏感。

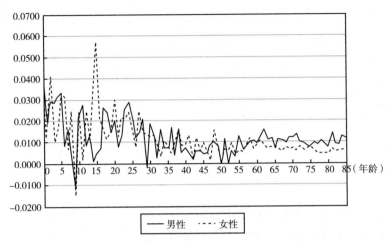

图 3 - 3 死亡率模型参数 $\hat{\beta}_x$ 的估计值

4. $\hat{\kappa}_t$ 参数的再估计

在模型参数估计中，第一阶段是对死亡率的对数的估计而不是对死亡率本身的估计，因此在实际死亡人数和预测出的死亡人数之间存在着规模偏差。为了更好地拟合死亡率分布情况，我们在第二阶段对 κ_t 参数进行了再估计。根据 Lee-Carter（1992）中的迭代方法，重新调整 κ_t 的估计值，使得对于任意的 t，期望总死亡人数 $\sum_{x=x_1}^{x_k} e_{x,t}[e^{\hat{\alpha}_x+\hat{\beta}_x\hat{\kappa}_t}]$ 无限接近于真实的死亡总人数 $\sum_{x=x_1}^{x_k} d_{x,t}$。迭代方法的具体过程如下。

第一步，对于任意的 t，比较期望总死亡人数 $\sum_{x=x_1}^{x_k} e_{x,t}[e^{\hat{\alpha}_x+\hat{\beta}_x\hat{\kappa}_t}]$ 与真实的死亡总人数 $\sum_{x=x_1}^{x_k} d_{x,t}$。

这种比较有以下三种结果：

（1）若 $\sum_{x=x_1}^{x_k} e_{x,t}[e^{\hat{\alpha}_x+\hat{\beta}_x\hat{\kappa}_t}] > \sum_{x=x_1}^{x_k} d_{x,t}$，我们需要使得期望总死亡人数减少，所以调整已估计的 $\hat{\kappa}_t$，如果 $\hat{\kappa}_t>0$，使得 $\hat{\kappa}'_t = (1-d)\hat{\kappa}_t$；如果 $\hat{\kappa}_t<0$，使得 $\hat{\kappa}'_t = (1-d)\hat{\kappa}_t$（其中 d 是一个无限接近 0 的数）；

（2）若 $\sum_{x=x_1}^{x_k} e_{x,t}[e^{\hat{\alpha}_x+\hat{\beta}_x\hat{\kappa}_t}] < \sum_{x=x_1}^{x_k} d_{x,t}$，我们需要使得期望总死亡人数增加，

所以调整已估计的 $\hat{\kappa}_t$，如果 $\hat{\kappa}_t > 0$，使得 $\hat{\kappa}'_t = (1 + d)\hat{\kappa}_t$；如果 $\hat{\kappa}_t < 0$，使得 $\hat{\kappa}'_t = (1 - d)\hat{\kappa}_t$（其中 d 是一个无限接近 0 的数）；

（3）若 $\sum_{x=x_1}^{x_k} e_{x,t}[e^{\hat{\alpha}_x + \hat{\beta}_x \hat{\kappa}_t}] = \sum_{x=x_1}^{x_k} d_{x,t}$，我们停止迭代。

第二步，回到第一步，再进行比较。如此迭代下去，直到两者非常接近为止。

我们利用 VBA 软件和 Excel 软件进行了 1000 次比较，找到新的 $\hat{\kappa}_t$。

（四）时间序列模型的选择

为了更好地估计未来死亡率和预期寿命，我们选择 ARIMA(p，d，q) 模型来模拟参数 $\hat{\kappa}_t$ 时间序列模型。建立 ARIMA 模型首先要判断 $\hat{\kappa}_t$ 序列的平稳性，然后我们选择最佳的 ARIMA(p，d，q) 模型来拟合历史数据。

ARIMA 模型全称为自回归积分滑动平均模型（autoregressive integrated moving average model，ARIMA），是由 Box 和 Jenkins 于 20 世纪 70 年代初提出的著名时间序列预测方法，所以又称为 BJ 模型。其中 ARIMA(p，d，q) 称为差分自回归移动平均模型，AR 是自回归，p 为自回归项，MA 为移动平均，q 为移动平均项数，d 为时间序列成为平稳时所做的差分次数。对于时间序列 y_t，将该序列作 d 次差分后的序列记为 $\Delta^d y_t$，则 ARIMA (p，d，q) 模型的形式为：

$$\Delta^d y_t = c + \phi_1 \Delta^d y_{t-1} + \phi_2 \Delta^d y_{t-2} + \cdots + \phi_p \Delta^d y_{t-p}$$
$$+ \varepsilon_t + \theta_1 \varepsilon_{t-1} + \theta_2 \varepsilon_{t-2} + \cdots + \theta_q \varepsilon_{t-q}$$

根据上式，我们首先要判断时间序列 $\hat{\kappa}_t$ 是否平稳，若 $\hat{\kappa}_t$ 序列不平稳，则需要对 $\hat{\kappa}_t$ 进行差分，直至序列平稳，以确定差分阶数，也就是 d 的值。对于时间序列 $\hat{\kappa}_t$ 可以用随机过程进行建模，并且用 Box 和 Jenkins 理论方法（确认—评估—识别）来找出适合死亡率指数 $\hat{\kappa}_t$ 的 ARIMA(p，d，q) 模型。该模型建模的具体过程有以下四步骤：（1）对原序列进行平稳性检验，如果不满足平稳性条件，可以通过差分变换或者其他变换（如先取对数然后再差分）将该序列变为平稳序列；（2）对平稳序列计算 ACF 和 PACF，初步确定 ARMA 模型的阶数（p 和 q），并在初始估计中尽可能选取较少的参数；（3）估计 ARMA 模型的参数，借助 t 统计量初步判断参数的显著性，尽可能剔除不显著的参数，保证模型的结构精练；（4）当有几个较为相近的 ARMA 模型可供选择时，可以通过 AIC 或 SIC 等标准来选择最优模型。根据本部分数据具体过程如下。

（1）平稳性检验[1]。平稳性检验的方法可以分为两种：一种是图形检验法，即根据时间序列图和自相关图显示的特征作出判断；另一种是单位根检验法[2]，即通过构造检验统计量进行定量检验。哈伯曼和鲁索利略（Haberman and Russolillo，2012）在利用 Lee-Carter 模型测量意大利人口死亡率时采用的第一种方法来检验时间序列模型的平稳性。这种通过直观图形来判断时间序列的平稳性，具有很强的主观性，并不是很准确。在本部分的平稳性检验中，首先通过自相关图和偏自相关图简单判断 p 和 q 的值，再运用统计量进行统计检验，即单位根检验，这样会使得最终选取的 ARIMA 模型比较接近实际（见表 3-7）。

表 3-7　　　　　　　　　$\hat{\kappa}_t$ 序列单位根检验结果（男性）

Null Hypothesis：SER01 has a unit root
Exogenous：Constant
Lag Length：2（Automatic-based on SIC，maxlag=3）

		t-Statistic	Prob.*
Augmented Dickey-Fuller test statistic		-0.357403	0.8951
Test critical values：	1% level	-3.920350	
	5% level	-3.065585	
	10% level	-2.673459	

从上面的结果看出 t 统计量 $= -0.3574$，大于 10% 显著性水平下的临界值，即男性 $\hat{\kappa}_t$ 序列存在单位根。再对 $\hat{\kappa}_t$ 序列作一阶差分，即对 $\Delta \hat{\kappa}_t$ 序列进行单位根检验，结果如表 3-8 所示。

表 3-8　　　　　　　　　$\Delta\hat{\kappa}_t$ 序列单位根检验结果（男性）

Null Hypothesis：D（SER01）has a unit root
Exogenous：Constant
Lag Length：1（Automatic-based on SIC，maxlag=3）

		t-Statistic	Prob.*
Augmented Dickey-Fuller test statistic		-5.592187	0.0004
Test critical values：	1% level	-3.920350	
	5% level	-3.065585	
	10% level	-2.673459	

---

[1]　由于本文主要是利用 Lee-Carter 模型的最小二乘法来估计我国人口未来死亡率水平，我们在此仅以男性人口为样本来研究，但女性人口未来死亡率以及预期寿命会以最后结果呈现，中间过程已省略。

[2]　单位根检验是统计检验中普遍应用的一种检验方法。根据 ADF 统计量判断其是否含有单位根，如果时间序列存在单位根，则认为时间序列是不稳定的；如果时间序列不存在单位根，则认为时间序列是稳定的。

从上面的结果看出 t 统计量 $= -5.5922$，小于1%显著性水平的临界值，说明的 $\hat{\kappa}_t$ 一阶差分 $\Delta\hat{\kappa}_t$ 不存在单位根，即序列是平稳的。因此，可以确定 ARIMA(p, d, q) 模型中的参数 $d = 1$。

（2）模型的选择。确定了序列稳定性后，即模型中的参数 $d = 1$，再确定自回归参数 (p) 的值和移动平均参数 (q) 的值。ARIMA(p, d, q) 模型中滞后阶数 p 和 q 的识别所使用的工具主要是时间序列的样本自相关函数（ACF）及样本偏自相关函数（PACF）。基于样本自相关系数和偏自相关系数，再加上相关的评断，对模型的选择提供了图形参考。然后采取自相关定义的标准——akaike information criterion（AIC）和 schwarz information criterion（SIC）[①]，利用这两个标准选择合适的模型。图3-4为时间序列的样本相关函数和样本偏自相关函数。

Autocorrelation	Partial Correlation		AC	PAC	Q-Stat	Prob
		1	−0.473	−0.473	4.7417	0.029
		2	−0.053	−0.357	4.8059	0.090
		3	0.266	0.092	6.4991	0.090
		4	−0.289	−0.149	8.6514	0.070
		5	0.199	0.071	9.7436	0.083
		6	−0.101	−0.097	10.052	0.122
		7	0.024	0.055	10.071	0.185
		8	0.056	−0.000	10.185	0.252
		9	−0.075	0.042	10.413	0.318
		10	−0.027	−0.140	10.445	0.402
		11	−0.080	−0.220	10.775	0.462
		12	0.076	−0.132	11.124	0.518

图3-4 $\Delta\hat{\kappa}_t$ 序列自相关和偏自相关函数图（男性）

根据男性人口 $\Delta\hat{\kappa}_t$ 序列自相关和偏自相关函数图，自相关决定 MA(q) 中的 q 阶，在1阶时处于峰顶，紧接着迅速下降接近于0，所以，q 在1附近变动，可以考虑 q $= (0, 1, 2)$；偏自相关决定 AR(p) 中的 p 阶，在1阶时处于峰顶，接下来的阶数未达到临界值，所以，p 也在1附近变动，可以考虑 p $= (0, 1, 2)$。因此，我们在此选择9种形式（即 ARIMA$(0, 1, 0)$，

---

① 自相关定义的标准——akaike information criterion（AIC）和 schwarz information criterion（SIC），其原理是，当构建模型时，增加自变量的个数会使拟合度增加，但是也有可能增加无关自变量。人们在减小自变量个数和增加拟合度之间的权衡方法就是 AIC 和 SIC 标准。最小的 AIC 和 SIC 代表着拟合与自变量个数的最佳权衡。

ARIMA(0，1，1)，ARIMA(0，1，2)，ARIMA(1，1，0)，ARIMA(1，1，1)，ARIMA(1，1，2)，ARIMA(2，1，0)，ARIMA(2，1，1)，ARIMA(2，1，2))来确定 ARIMA(p，1，q)模型的合适形式。接下来，用 AIC 和 SIC 标准来确定最终的 ARIMA 模型（见表 3-9）。

表 3-9   ARIMA 模型拟合效果对比（男性）

模型种类	AIC	SIC	是否显著
ARIMA(0，1，0)	6.3350	6.3845	是
ARIMA(0，1，1)	5.5901	5.6890	是
ARIMA(0，1，2)	6.1260	6.2743	否
ARIMA(1，1，0)	6.2005	6.2985	是
ARIMA(1，1，1)	5.7589	5.9060	否
ARIMA(1，1，2)	4.9107	5.1068	否
ARIMA(2，1，0)	6.0561	6.2010	否
ARIMA(2，1，1)	5.9091	6.1022	否
ARIMA(2，1，2)	6.0497	6.2428	否

根据表 3-9 所示，根据最小信息准则，比较这些模型的 AIC 和 SIC 标准值以及显著性。拥有最小的 AIC 和 SIC 值的模型即具有最优的滞后阶数，采用最小信息准则判断可以降低模型的信息损失程度，提高模型拟合的效果。最终，选择 ARIMA(0，1，1)模型，该模型的损失信息最少，并且该模型中各系数都显著，因此可以选择 ARIMA(0，1，1)模型拟合男性死亡率的变化。

（3）参数估计。接下来采用 Eviews 统计软件进行最小二乘法估计出时间序列（见表 3-10）。由 ARIMA(p，d，q)模型表达式，可知 ARIMA(0，1，1)模型的具体表达式为：

$$\Delta y_t = c + \varepsilon_t + \theta_1 \varepsilon_{t-1}$$

根据该表达式可以得出男性人口的死亡率指数 κ_t 序列：对于男性，$\Delta \hat{\kappa}_t$ 指数以 ARIMA(0，1，1)过程进行建模，即 $\Delta \kappa_t = c + \varepsilon_t + \theta_1 \varepsilon_{t-1}$。

表 3 - 10 ARIMA（0，1，1）模型回归结果（男性）

Variable	Coefficient	Std.Error	t-Statistic	Prob.
C	-3.098830	0.173594	-17.85098	0.0000
MA（1）	-0.941386	0.033398	-28.18655	0.0000
R-squared	0.575185	Mean dependent var		-2.477944
Adjusted R-squared	0.548634	S.D. dependent var		5.593500
S.E. of regression	3.757924	Akaike info criterion		5.590050
Sum squared resid	225.9519	Schwarz criterion		5.688980
Log likelihood	-48.31045	Hannan-Quinn criter		5.603691
F-statistic	21.66346	Durbin-Watson stat		2.287774
Prob（F-statistic）	0.000264			
Inverted MA Roots	.94			

由此可知，对于男性人口的时间指数序列表达式为 $\Delta\kappa_t = -3.0988 + \varepsilon_t - 0.9414\varepsilon_{t-1}$，即 $\kappa_t = \kappa_{t-1} - 3.0988 + \varepsilon_t - 0.9414\varepsilon_{t-1}$。

（4）模型评价。这一阶段是模型评价，主要是证明前面阶段的模型识别和模型估计是否合适。诊断检查的目的是确定该模型是否能充分地拟合历史数据。我们通过模拟 1995～2013 年的中国人口死亡率数据样本内的模型后，我们对每个 ARIMA 模型计算出残差值（RESID），得到下面的残差图（见图 3 -5）。

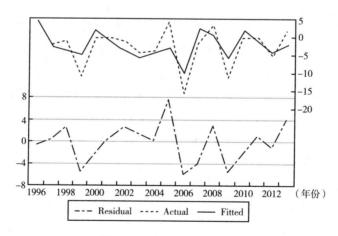

图 3 -5 残差曲线（男性）

从男性人口模拟结果的拟合值与真实值以及残差值的图形我们可以看出，拟合值与真实值非常接近，并且残差大致在一个区间内波动，所以，我们选择的男性人口 ARIMA(0，1，1) 模型的拟合效果较好，因此，用该模型对未来死亡率的预测是比较准确的。因为男性和女性人口的结构与特征完全相同，在此不再阐述女性人口的参数评估过程。

（五）未来死亡率和预期寿命的预测

1. 未来死亡率预测

根据上述分析，无论是从模型对历史经验数据的拟合效果，还是从模型基于历史经验数据的预测效果来看，根据上述方法估计得到的死亡率模型均有较好的表现。下面以该方法得到的死亡率模型为基础，对各个年龄人群的未来死亡率和新生婴儿的平均预期寿命进行估计。根据模型估计和评价，现在选择用 ARIMA(0，1，1)（男性）预测 2014～2033 年死亡率指数 κ_t 的值（见表 3-11）。

表 3-11 2014～2033 年死亡率模型参数 κ_t 的预测值

年份	$\hat{\kappa}_t$		年份	$\hat{\kappa}_t$	
	男性	女性		男性	女性
2014	−27.1930	−42.58218	2024	−58.1810	−87.90554
2015	−30.2918	−47.11452	2025	−61.2798	−92.43787
2016	−33.3906	−51.64685	2026	−64.3786	−96.97021
2017	−36.4894	−56.17919	2027	−67.4774	−101.5025
2018	−39.5882	−60.71152	2028	−70.5762	−106.0349
2019	−42.6870	−65.24386	2029	−73.6750	−110.5672
2020	−45.7858	−69.77619	2030	−76.7738	−115.0996
2021	−48.8846	−74.30853	2031	−79.8726	−119.6319
2022	−51.9834	−78.84087	2032	−82.9714	−124.1642
2023	−55.0822	−83.37320	2033	−86.0702	

根据以上对死亡率的时间指数 κ_t 的模拟，接下来分别对男女性人口在 2014～2033 年间的死亡率进行预测。将得到的 κ_t 值代入 Lee-Carter 模型（1992）模型即可得到 2014～2033 年每个年龄对应的人口死亡率的预测值，结果如图 3-6 所示。经分析，未来各个年龄的人口死亡率基本与历史趋势和死亡率数据的变动情况保持一致，这与 Lee-Carter 模型的假设一致，可以认为预测结果是合理的，即 Lee-Carter 模型在中国的应用是有效的。

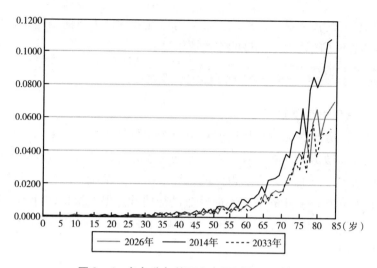

图3-6 各年分年龄死亡率预测图（男性）

从图3-6可以看出，对于同一年龄，2033年死亡率曲线明显低于2026年死亡率曲线，2026年死亡率曲线又明显低于2014年死亡率曲线，也就是说随着时间的推移，同一年龄的死亡率呈下降趋势，这正符合预测前死亡率的趋势变动。

2. 高龄死亡率预测

Lee-Carter（1992）采用了 Coale-Kisker 模型（简称 C-K 模型）对高龄死亡率进行估计。该模型有两个基本假设：

①85 岁以上人口死亡率的增加幅度是随着年龄增长而线性下降的；

②110 岁人口的死亡率是不随时间变化而变化的，是一个固定值。

C-K 模型首先定义了一个 k_x：$k_x = \ln(m_x) - \ln(m_{x-1})$，其中，$m_x$ 是年龄 x 岁的人口中心死亡率。根据 C-K 模型的第一个假设，k_x（$x \geqslant 85$）与年龄 x 呈线性关系，即 $k_x = k_{85} + s(x - 85)$，其中 s 代表 k_x 变化的斜率。若要求 85 岁及以上中心死亡率，我们可以得出：

$$m_x = m_{84} \exp\left(\sum_{y=85}^{x} k_g\right), \ x = 85, 86, \cdots$$

将式 $k_x = k_{85} + s(x - 85)$ 代入上式可得到：

$$m_x = m_{84} \exp\left\{\sum_{y=85}^{x} \left[k_{85} + s(x - 85)\right]\right\}, \ x = 85, 86, \cdots$$

令 $x = 105$，则可以得到斜率 s，结果如下：

$$s = \left[\ln\left(\frac{m_{84}}{m_{105}} + 21k_{85} \right) \right] \Big/ 210$$

为了降低随机波动对整个死亡率带来的影响，Coale 和 Kisker 选用 82 ～ 86 岁的中心死亡率的算术平均值代替上式的 m_{84}，用 82～88 岁的人口的 k_x 的算术平均值代替上式的 k_{85}。即：

$$\hat{m}_{84} = \frac{m_{82} + m_{83} + m_{84} + m_{85} + m_{86}}{5} \quad \hat{k}_{85} = \frac{k_{82} + k_{83} + k_{84} + k_{85} + k_{86} + k_{87} + k_{88}}{7}$$

$$= \ln\left(\frac{m_{88}}{m_{81}} \right) \Big/ 7$$

综上所述，原始的 C-K 模型只需得到 81～88 岁人口中心死亡率数据，可以得到其余高龄人口的死亡率。

该方法的优点是符合高龄人口死亡率的特点，而且简单、容易操作；缺点是比较主观，对终极年龄的中心死亡率选取比较随意。例如，科尔等（1990）在研究中选取男性 $m_{110} = 1$，男性 $m_{110} = 0.8$；而在我国，生命表将终极年龄设定为 105 岁，因此，我们假设男性和女性 $m_{105} = 1$。

3. 未来人口平均预期寿命的预测

预测分年龄分性别人口平均寿命的最直接的方法是通过对目标时间、目标人群中具有相同年龄的一个随机抽样进行跟踪调查。但是，跟踪调查一批人的整个生命过程在现实中是难以实现的，而且这种方法得到的结果也是多年以前的历史寿命。因此，实际计算中通常采用生命表方法，从得出的死亡率中我们可以得出生命表及出生时的期望寿命。因此，在实际计算中，我们以各年龄的死亡率为基础，计算出各年龄的死亡风险暴露数，继而计算出新生婴儿的平均预期寿命。综上所述，由生命表方法（如表 3 – 12 所示）从得出的中心死亡率中，我们可以得出未来 20 年新生儿期望寿命，如图 3 – 7 所示。

表 3 – 12　　　　2000 ～ 2003 中国人寿保险经验生命表非养老金业务 （男性）

年龄	死亡率	生存人数	死亡人数	平均余命	生存人年数	
x	q_x	l_x	d_x	$\tilde{e}$	L_x	T_x
0	0.000722	1000000	722	76.7	999639	76712704

具体计算公式及相关关系式如下所示：

（1）$_n d_x$：x 岁的人在 $(x, x+n]$ 死亡的人数。即 $_n d_x = l_x - l_{x+n}$。

（2）$_nq_x$：x 岁的人在 $(x, x+n]$ 死亡的概率。即 $_nq_x = \frac{_nd_x}{l_x}$。

（3）$_nL_x$：x 岁的人在 $(x, x+n]$ 生存的人年数。即 $_nL_x = \int_x^{x+n} l_t \mathrm{d}t$。$_nL_x$ 表示这一段时间内暴露于死亡风险下所有生存个体存活时间的总和，也称为 "暴露数"，是一个表示人群存活总时间的单位。假设死亡时间在整数年龄段内均匀分布，那么 $(x, x+1]$ 上的死亡人数 d_x 平均存活 0.5 年，活到 $(x+1)$ 岁的 l_{x+1} 个人存活 1 年，因此，$L_x \approx 1 \times l_{x+1} + \frac{1}{2}d_x = l_{x+1} + \frac{1}{2}(l_x - l_{x+1}) = \frac{1}{2}(l_x + l_{x+1})$。

（4）T_x：x 岁的人群在未来的累积生存人年数。即 $T_x = \sum_x L_n$。

（5）$\tilde{e}$：x 岁人群的平均剩余寿命。即 $\tilde{e}_x = T_x / l_x$。

（6）$_nm_x$：在人口学中，还有一个更常用的死亡率概念，即中心死亡率，指的是在年龄区间 $(x, x+n]$ 上对死亡率的条件度量。它定义为单位区间上危险率函数的加权平均值，权重是生存函数。从而找出 $_nm_x$ 与 $_nq_x$ 之间的关系：$_nm_x = \frac{_nq_x}{n - n(1 - _nf_x)_nq_x}$。

在由人口统计数据编制生命表时，由于资料限制，中心死亡率更容易得到，如果假设死亡时间在整数区间内均匀分布，那么 $_nf_x = 1/2$，则有

$$_nq_x = \frac{_nm_x}{\frac{1}{n} + \frac{_nm_x}{2}}。$$

综上所分析，中心死亡率 $m_{x,t} = \frac{d_{x,t}}{L_{x,t}} = \frac{d_{x,t}}{\frac{1}{2}(l_x + l_{x+1})} = \frac{d_{x,t}}{e_{x,t}}$，其中 $d_{x,t}$ 指的是 x 岁的人在 t 年内死亡总人数，即 $d_{x,t} = l_{x+t} - l_x$；$e_{x,t}$ 指的是 x 岁的人在第 t 年内存活的平均总人数，即 $e_{x,t} = \frac{l_{x+t} + l_x}{2}$。

图 3 - 7 为 2014 ~ 2033 年未来的新生儿的平均预期寿命。可以看出，人口的平均预期寿命随着时间的推移显著提高。至 2033 年时，男性人口的平均预期寿命达到 85 岁，女性人口的平均预期寿命达到 88 岁，且呈现一种趋势：女性人口的未来预期寿命高于男性。该类模型依据年龄、死亡人数等指标，运用时间序列数据进行回归分析，体现人口死亡率随时间推移的变化，并认为这一改善趋势在未来还将得以维持。

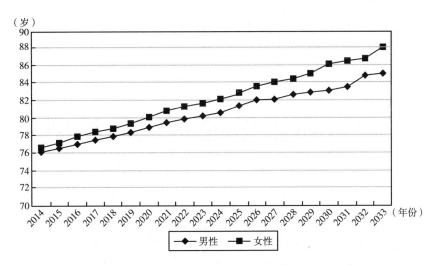

图3-7 新生儿平均预期寿命的预测结果（分性别）

（六）结果分析

本节利用中国人口死亡率数据且主要基于 Lee-Carter 模型表述了一种预测未来死亡率和预期未来寿命的方法。并且基于时间序列过程，我们选择了 ARIMA 模型来模拟时间因子 κ_t，最后得出一组能很好模拟历史数据的 ARIMA 模型。最后，基于中国 1995~2013 年的男女人口死亡率预测了未来 20 年（2014~2033 年）的死亡率和预期寿命。通过分析可以看出，中国未来 20 年的死亡率呈明显下降趋势，人口的平均预期寿命也随着时间的推移显著提高。正如文章开始提出的，长寿风险的存在给我国的商业保险公司、企业养老金以及社会养老金计划等带来了一定的风险。所以，我们当务之急也是借鉴国内外学者的研究以及成功的案例管理长寿风险，有效缓解老龄化程度以及长寿风险给社会带来的压力。

第四章

人口寿命指数的研究和编制 *

　　从目前来看，关于长寿风险和死亡风险的理论研究与金融实践才刚刚开始，布莱克和伯罗斯（Black and Burrows，2011）第一次提出可以利用长寿债券来对冲死亡风险依赖，相关的研究逐渐开始丰富起来。目前的一个迫切问题是缺乏一套完整的数据收集手段并由此给出适合的人口寿命风险指数来刻画人口寿命风险的严重程度，同时缺乏有效的长寿风险评估参考标准。尤其是在我国，关于人口的经验数据比较少，研究起来也比较困难，很难形成一套完整的人口寿命指数来进行长寿风险的管理等。国际上一些国家通过借鉴评价市场风险中的风险矩阵和信用风险中的信用矩阵，JP 摩根公司（JP Morgan）在 2007年 12 月也推出了基于生命矩阵（LifeMetrics）的人口寿命指数，目的是提高长寿和死亡风险的管理水平，增加关于这一风险的透明度，并提供衡量和管理这种风险的使用工具和方法。特别是协助养老基金机构有效地管理长寿风险，促进与人口相关的资本市场的发展，为保险公司和再保险公司提供管理长寿风险和死亡风险的各种风险转移解决方案，并补充其现有的管理工具。

第一节　寿命矩阵

一、LifeMetrics 概述

（一）LifeMetrics 定义

寿命矩阵（LifeMetrics）是专门为养老金计划及其发起人、保险公司、

---

　　* 此处描述的指数实际指的是与死亡率相关的数据，而不是"指数"本身。

再保险公司以及投资者设计的评估及管理长寿和死亡风险的工具箱。LifeMetrics 使这些机构以一个标准化的方式评估这些来自不同方面的风险，并将这些风险在不同对象间进行转移。LifeMetrics 是由 JP 摩根公司推出的一种既能评估长寿和死亡对冲策略的有效性又能计量剩余风险规模的方法。并且，LifeMetrics 的客观性与透明性提供了一个基本的在资本市场对冲或转移长寿风险和死亡风险的方法。

（二）LifeMetrics 内容

LifeMetrics 工具箱主要包含以下三方面内容（见图 4 - 1）：

图 4 - 1　LifeMetrics 的主要内容

（1）LifeMetrics 指数：该数据用来评估当前及历史的死亡率水平和长寿水平，即可以用于评价来自不同国家、不同形式的长寿和死亡率暴露水平的数据；可以预测未来的寿命和死亡率水平；评估与之相关的风险，确定长寿衍生金融产品和债券的支付结构。数据的特征是可获得性、稳健性、可靠性、一致性、客观性和透明性。这套数据集合是长寿和死亡风险管理的基础，也是发展长寿市场的前提。

（2）LifeMetrics 框架：该框架的目的是提供一套衡量和管理长寿及死亡率风险的工具、方法与算法的集合。主要包括：DB 养老金计划、人寿保险、年金产品及准备金和抵押评估等。生命矩阵可以让用户计算上述不同产品、不同人口类别的总的风险暴露数。

（3）LifeMetrics 软件：该软件用来预测未来死亡率水平。这套软件是开放性的，所有分析软件可以直接从生命矩阵的网站上免费下载。

LifeMetrics 这三方面的内容结合起来能够使长寿风险和死亡风险用一个标准化的方式进行评估，尽管这些风险来自不同方面，甚至是作为企业风险管理的部分。例如，DB 养老金计划的发起人可以量化长寿风险对其偿付能力的潜在影响，并且这种影响涉及风险组合、现金流及企业价值等；保险公司可以用该工具箱评估寿险业务的死亡率风险与年金业务的长寿风险之间的对冲程度等。

总体来说，LifeMetrics 能够构造人口寿命指数，预测未来人口寿命和死亡率水平，分析长寿风险与死亡风险对投资组合的影响以及设计长寿风险管理解决方案等一系列策略。

二、LifeMetrics 指数

（一）指数描述

LifeMetrics 指数是一系列按国家、年龄和性别分类的死亡数据。最初，该指数仅包括来自美国和英国的数据，后来增加到瑞士、意大利等国家。该指数特点主要是客观性、透明性、区块性。

客观性被认为是任何指数最重要的特性。用于构建该指数的方法和算法也是非常客观的，另外，该指数不是由 JP 摩根公司校准的，而是由专门分析长寿风险和死亡风险的专业校准机构来校准的。并且，为了确保数据的完整性与客观性，该指数是由来自不同背景和组织机构组成的监管协会进行监管的。

透明性是指该指数的数据来源、方法理论、算法和校准方面是完全公开且有详细的书面说明。这些详细说明包括关于特殊技术和方法的选择以及数据的详细解释等。在所有情况下，这些选择是基于简洁性、客观性和透明性之间的比较。

区块性方法对 LifeMetrics 指数非常重要。将指数按特殊要求进行分块来研究明显提高了不同环境下的使用程度。如将死亡数据按照不同国家、性别和年龄进行分块，并且按照不同的区块分别研究使不同区块之间的人口死亡特征有了对比分析，对特定研究有很大帮助。

（二）指数数据

用来评估死亡率和长寿水平的数据涉及两方面关于当前和历史的分国家、分性别和分年龄的信息：（1）一定范围内的不同时间点的人口规模；（2）不同时间段内一定人口范围内的死亡数。该指数数据完全来自公共数据，是政府机构收集并公开的人口和死亡数据，不包括私人数据，如个人年金计划和保险公司等。这些数据一般会有特殊属性，不会广泛用在市场参与者中。该指数公开的数据主要包括以下三方面。

(1) 原始中心死亡率 (m_x)①。一般人口数据按年中平均人口暴露数据给出，即 $E_{x,t}$；给定年的死亡人数为 $D_{x,t}$，则原始中心死亡率为：

$$m_x = \frac{D_{x,t}}{E_{x,t}}$$

(2) 分级死亡率 (q_x)。使用平滑或"分级"程序由原始死亡率构建为分级死亡率。因为相邻年龄的死亡率是相似并且高度相关的，所以分级死亡率对于降噪是必要的。分级调整不会破坏数据的完整性，而是会带来简单化和降噪的双重好处。分级死亡率在长寿和死亡率暴露的估值和预期寿命的计算中作用很大。

根据已经公布的不同国家特定寿命指数每个日历年的原始中心死亡率，分别计算了在相同选定年龄范围内的分级的中心死亡率。

用来评估未来、不确定的与长寿关联的现金流、养老金和寿险公司产品定价死亡率表通常指的是光滑性调整②后的死亡率。当死亡人数呈均匀分布时，我们可用一系列光滑的 m_x 数据得到 q_x，即：

$$\tilde{q}_x \approx \frac{\tilde{m}_x}{1 + \tilde{m}_x/2}$$

相对于原始数据，升级后的数据移除了死亡率中的"噪音"数据，形成一条平滑的死亡曲线，这是基于自然人口结构和生物学假设的直观形状。

(3) 期间预期寿命 (e_x)。寿命预期指的是一个人在特定年龄的平均未来寿命，即：

$$e_x = \sum_{t=1}^{\infty} {}_t p_x$$

并且，一个 x 岁的人在 t 时刻仍然生存的概率为：

$$_t p_x = \prod_{j=0}^{i-1} (1 - q_{x+j})$$

公布的预期寿命统计数据通常与所谓的"期间"生命表的死亡率相关。

---

① 原始数据指的是直接由公开的人口暴露数或死亡数据计算出的结果，并未经过国家机构对数据进行平滑性或平均性的调整。

② 光滑性调整指的是利用光滑的方法从原始数据中去除"噪声"数据，形成一系列稳定变化的数据。

更准确地说，这样的统计被称为"期间寿命"，这意味着用于计算预期寿命的死亡率是与当前期间相对应的死亡率，没有明确考虑死亡率如何在未来发生预期变化。它是一种用于不同时期生命表对比的有效参考标准①，因为它是一种客观测量，表达式为：

$$e_x = \sum_{i=1}^{\infty} \left[\prod_{j=0}^{i-1} (1 - q_{x+j}) \right]$$

按照人口、性别、特定年龄群及区间将该数据分类，每年按期公布，为预测未来死亡率和长寿水平及波动提供有价值的参考。

（三）高龄死亡率数据方法

在没有可靠数据的情况下，需要采用高年龄方法来计算更高年龄段人口的死亡率，从而可以计算预期寿命，并且可以定价各种产品，例如寿命保证、养老金和年金。

对于高年龄方法，我们选择了类似于 LifesMetric 中采用的参数方法，其中一些方法已经由 IOC 成员提出，并且已经对这些方法的适用性和应用进行了各种测试。我们选择使用最小二乘法通过 log（分级的中心死亡率）为每个日历年选定年龄范围内的十个最老的年龄拟合直线。在这个选定的年龄范围内混合分级和拟合线。然后使用三次函数将初始死亡率外推到 119 岁，与所选择的年龄范围内最大年龄的初始死亡率的值和斜率以及在 119 岁时国家特定的初始死亡率假设率相匹配。

我们使用 R 代码在所选择的年龄范围内产生分级的初始死亡率，并通过使用合适的三次函数产生更高年龄的初始死亡率。

（四）生命（死亡率）表

生命（死亡率）表是与给定人群的死亡率或生存概率相关信息的汇编。生命表的一个主要应用是计算与死亡率相关联的负债价值。生命表又分为期间生命表、选择生命表和终极生命表等。

1. 期间生命表

生命表的最简单和最常见的形式是期间寿命表。在其最基本的形式中，

---

① 如《中国人寿保险业经验生命表》中简称：CL（1990—1993 男）、CL（1990—1993 女）、CL（2000—2003 男）、CL（2000—2003 女）、CL（2010—2013 男）、CL（2010—2013 女）等。

期间生命表是年龄的列表，并且对应每个年龄在下一年内相应的死亡概率。它之所以被称为"期间"生命表，因为它是特定时期死亡率的快照，期间通常是一个日历年。并且，由于男女人口的死亡概率差异比较明显，期间生命表也会按照性别分类。

期间生命表通常从原始历史人口统计数据计算，然后平滑或"分级"，以确保死亡率按年龄直观的进展。由于期间生命表是根据实际死亡率经验构建的，因此它们与历史中的特定时期有关，因此随着更多最新数据变得可用，新表将取代旧表。例如，我国第一套死亡率生命表 CL（1990—1993）已由2006 年颁布的第二套生命表 CL（2000—2003）取代，而 2016 年最新颁布的第三套生命表 CL（2010—2013）又取代了第二代生命表。

2. 选择—终极生命表

不是所有关于死亡率的相关信息都可以在期间生命表中得到。期间生命表的扩展形式是选择—最终生命表，通常由保险公司使用。

出于保险目的，一些生命表已经以一个或多个"选择"率和每个年龄的"最终"率公布。当一个人最初购买保险单时，他通常已经承保了健康。实际上，保险公司将从更多的人口中"选择"更健康的生活。随着时间的推移，保险公司对保单持有人的健康情况会下降。结果，这些"选择"人群的死亡率通常会低于很久以前承保的同年龄的保单持有人的死亡率。很久以前承保的人最终被认为经历了他们的"最终"死亡率，因为在 9 年前承保的人与 10 年前承保的人之间没有明显的死亡率差异。

3. 多状态生命表

在大多数情况下，死亡不是人口减少的唯一方式，还可以有其他形式的缩减，如退休、退出养老金计划等，还可以根据影响养老金义务保险单的价值因素或状态进行分类，例如健康状况或婚姻状况。多状态生命表是更复杂的表，考虑到离开队列比死亡具有更多的方式，或更多的存在状态，而不仅仅是活着或死亡。例如，多状态表还可以表示一个人从健康状态移动到生病的可能性。这里的多状态表类似于评级转换矩阵。

三、LifeMetrics 框架

（一）LifeMetrics 框架介绍

LifeMetrics 框架的目的是为实施衡量、管理长寿和死亡风险的计划提供实用性指导。它旨在帮助用户评估和应用死亡率数据，以开发适合其组织内容的风险管理流程。应当注意，该框架在其应用中不限于来自 LifeMetrics 指数中的数据。相反，该框架也广泛适用于来自其他来源的死亡率数据，如个人养老金计划、保险公司和工业机构等。

LifeMetrics 框架包括一组用于衡量长寿风险和死亡风险的工具和方法，可以一致地应用于各种不同的场景、产品和业务中。主要包括以下几方面：(1) 确定型养老金计划（简称 DB 计划），包括退休金养老金和延迟退休养老金；(2) 人寿保险，包括生存保险、死亡保险和两全保险；(3) 年金，包括即刻年金、延迟年金和变动年金；(4) 准备金及抵押贷款等。

由于死亡风险以一致，方式测量标准化，所以无论其来源如何，LifeMetrics框架均能使用户计算不同产品、行业和人群的总死亡率风险。这使死亡率风险的管理比过去更加可行和更具战略性。主要对以下四类用户作用比较显著。

1. 组织机构

应用 LifeMetrics 框架使组织机构能够评估和优化死亡率风险管理决策，这些决策主要包括：对冲策略，风险转移，增加风险暴露。

2. 确定型养老金发起人或受托人

从死亡风险及其对组织整体风险状况的影响看，主要有以下方面内容：继续或关闭活跃会员的养老金计划；计划的 buyout 方式（即外部化）；风险管理；计划决定对股东价值的影响；计划决定对受益人的影响。

3. 保险公司或再保险公司

对于保险公司和再保险公司，该框架可以补充其现有工具，并为以下领域的决策提供额外投入：发展新业务，现有业务的增长策略，风险管理，资产分配。

4. 投资者

该框架能够帮助投资者评估长寿关联和死亡率关联投资的预期回报和风险之间的折衷，以及相对于其他资产类别的多样化效益。这使他们能够根据投资组合以及独立的基础来评估以下投资决策：买入决策、维持决策及卖出策略。

（二）LifeMetrics 的风险管理流程

LifeMetrics 框架下的风险管理流程主要分五步，如图 4－2 所示。

第一步，理解潜在的长寿和死亡风险暴露的本质，即分析长寿和死亡是如何影响暴露值的，其中包括理解潜在的人口本质、规模、结构，并评估暴露是如何依赖死亡率的具体情况。

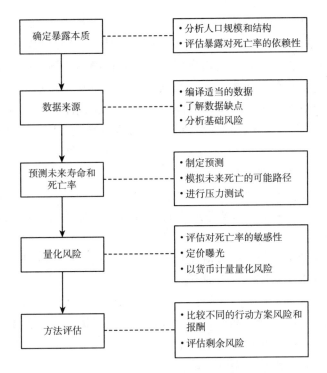

图 4 – 2　LifeMetrics 框架的风险管理流程

　　第二步，收集暴露在风险之下的特定人群的寿命和死亡率的适当数据，以及确定与该暴露相关的价值和风险（如利率数据、通货膨胀数据等）所需的附加数据。在这一步中，重要的是要了解所使用数据的缺点，主要包括精确度、时间及时性、历史数据的可获得性、数据收集和计算的方法、误差来源、缺失和不完全数据的处置方法。

　　各种数据之间是相互补充的，例如养老基金公司的数据是为该公司服务的特定数据，非常适合用来分析特定的人群，但是很有可能这些数据的历史比较短，数据质量可靠性差。相反，全国性的数据可能不适合分析特定的人群，但是具有比较长的历史数据，而且比较准确。所以，必须在高度相关数据和高质量数据之间进行权衡，经常需要对不同数据进行连接，取长补短。

　　另外，需要分析人口基础风险。显然没有一种方法能够完全对冲掉与暴露相关的所有死亡和长寿风险，除非对冲是基于基准人群定制的。然而，对于基于基准人口（如国家人口）的对冲，通常仍然可以消除死亡和长寿风险中的有意义部分。

　　第三步，预测未来的寿命和死亡率，由此可以计算暴露值及风险价值。

最简单的是，用户可以考虑预期的死亡率改善，以及对暴露产生不利影响的"最坏情况"路径，为未来死亡率制定单一的预期或"最佳估计"路径。

一种极端情况是，复杂的用户可以开发随机模型来预测未来的寿命和死亡率，即使用所谓的随机投影模型来预测未来的死亡率。基于死亡率的未来趋势的历史数据和判断，这些投影模型可以模拟预期路径的死亡率的可能路径（或情景）。总的来说，这套路径有助于计算未来死亡率的不确定性。除了这些不确定性之外，还应该使用压力测试①来冲击预期路径，并评估预测对"最坏情况"结果的鲁棒性②。

第四步，量化长寿风险和死亡风险在相关方面的暴露数。例如，针对确定型收益养老金计划，此步骤意味着评估养老金负债的价值对长寿变化的敏感性，其变化与历史数据或期望数据一致。在上一步中计算的未来死亡路径可以确定养老金负债的未来价值及其不确定性。由此可以计算以货币计量的长寿风险数值从而确定下一步的行动。

第五步，评估长寿风险和死亡风险管理方法。这实质上是在不同策略的风险和报酬之间的权衡。例如，投资或增加长寿风险暴露数的决定，应通过根据特定人口统计和价格对预期回报与特定风险相关的增量之间进行权衡来评估。对冲消除了部分或全部风险，但带来了成本。不采取任何措施可以避免对冲策略的成本，但存在可能带来灾难性后果的潜在的巨大风险。作为此步骤的一部分，对冲者应当评估在对冲策略实施后剩余的风险，这些剩余风险可能包括人口基础风险和对冲滚动风险。

四、LifeMetrics 软件

LifeMetrics 的第三个元素是该软件用来帮助长寿或死亡率风险管理的最复杂的方面，即建立、校准和实施分析和预测模型。此软件可以从 LifeMet-

---

① 传统上的所谓压力测试是指将整个金融机构或资产组合置于某一特定的（主观想象的）极端市场情况下，如假设利率骤升 100 个基本点、某一货币突然贬值 30%、股价暴跌 20% 等异常的市场变化，然后测试该金融机构或资产组合在这些关键市场变量突变的压力下的表现状况，看是否能经受得起这种市场的突变。压力测试包括敏感性测试和情景测试等具体方法。敏感性测试旨在测量单个重要风险因素或少数几项关系密切的因素由于假设变动对银行风险暴露和银行承受风险能力的影响。情景测试是假设分析多个风险因素同时发生变化以及某些极端不利事件发生对银行风险暴露和银行承受风险能力的影响。

② 鲁棒性/抗变换性（robustness）原是统计学中的一个专门术语，20 世纪 70 年代初开始在控制理论的研究中流行起来，用以表征控制系统对特性或参数扰动的不敏感性。

rics 网站下载①。该软件包括一系列随机死亡率模型，主要有：（1）Lee-Cart-er 模型（1992）；（2）Renshaw-Haberman 模型（2006）；（3）Currie Age-Period-Cohort（APC）模型（2006）；（4）Cairns-Blake-Dowd（CBD）模型（2006）；（5）Cairns-Blake-Dowd 扩展模型（2007）。

五、LifeMetrics 发展

LifeMetrics 在管理长寿和死亡风险方面并不是一个刚性或规范的平台。相反，它是一个包容性的平台，包含多种工具，且适用于不同的情况。因此，它将随着新模型、新方法和新算法的出现而演变和扩展。只要有新的 LifeMetric 工具或元素出现，它们将会被加入 LifeMetrics 工具包。

LifeMetrics 的定义和构造基于透明度、客观性、一致性和准确性的要求给定可用的工具和已知的数据限制。随着时间的推移，生产指数的方法需要适应新的国家、新的情况和新的数据来源，这将由 LifeMetrics 指数咨询委员会监督，该委员会将保护指数的完整性。

第二节 基础风险

有很多学者研究了基于保险公司的年金产品组合与寿险产品组合中间人群差异性导致的基础风险（Basis Risk）。林等（2007）发现了保险公司中的年金业务和寿险业务投资组合之间的自然对冲的经验证据，提出由于自然对冲不充分导致的基础风险，并认为两种组合产品之间目标人群特性越接近，这意味着它们之间的基础风险相对较小。库格兰（Coughlan，2007b）等提供了使用历史死亡率经验数据对假设年金和寿险投资组合之间的风险降低进行计算，结果表明在降低风险和经济资本方面有显著的效益。斯威廷（Sweet-ing，2007）以更定性的方式探索与寿命交换相关的基础风险，得出类似的结论并提出基础风险的定价方式。库格兰等（2011）指出当对冲工具与对冲项目不匹配或两者之间存在差异时，会产生基础风险。从长寿和死亡方面来说，基础风险是由于"暴露人口"（例如一个养老金计划成员或一个保险公司年金计划受益人）与和对冲工具相关的"对冲人口"（决定对冲给付的人口）

---

① 网址为：http：//www. macs. hw. ac. uk/ ~ andrewc/lifemetrics/。

之间的差异所产生的。理查兹和琼斯（Richards and Jones，2004）认为，这些差异可以根据人群特征进行分类，如按性别、年龄、社会经济地位或者人口居住地等。对冲长寿风险的最大关注点是长寿基础风险，在长寿风险对冲中基础风险是非常重要的，这是因为死亡率经验数据在寿险业务和年金业务中不同，因此自然对冲不完全会有剩余风险，称为基础风险。即利用基于死亡指数的人口管理年金业务的长寿风险可能导致基础风险。杨等（2016）提出了应对寿险风险的对冲策略时应该考虑基础风险。建立长寿风险的对冲策略，不仅考虑内部自然对冲而且还使用长寿关联证券进行外部对冲。长寿风险暴露随着不同行业和不同人口群体而不同，在对冲策略中，考虑基础风险并采用多人口死亡率模型来捕捉死亡率动态，为年金和人寿保险业务提供支持。另外，基础风险是根据经验和数值分析最佳对冲策略。

一、基础风险的定义及来源

由于对冲暴露的寿命经验与长寿指数是不同的，导致基于寿命指数的工具对冲长寿风险时并不是完全对冲，把未对冲掉的剩余风险称为基本风险。在基于长寿指数工具对冲长寿风险过程中，基本风险是一个重要的考虑因素。任何一个基于指数对冲风险的决策都需要考虑如下三方面内容：（1）熟知基本风险；（2）适当校准对冲工具；（3）评估对冲的有效性。

当对冲工具与对冲项目不匹配或之间存在差异时，会产生基础风险。从长寿和死亡方面来说，基础风险是由于"暴露人口"（例如，一个养老金计划成员或一个保险公司年金计划受益人）与和对冲工具相关的"对冲人口"（决定对冲给付的人口）之间的差异所产生的。这两类人口之间的不匹配是由于两类人口是完全不同的，或是因为一类人口归属另外一类，或是仅仅是一些个人之间的不同。这些差异可以根据人群特征进行分类，如按性别、年龄、社会经济地位或者人口居住地等。人口之间基础风险的例子包括源于男性和女性死亡率不匹配（"性别基础"），不同年龄段死亡率（"年龄基础"）不匹配，国民死亡率和特定人群的死亡率（"亚群基础"），以及不同国家死亡率的不匹配（"国家基础"）。

二、基础风险的特征

基础风险与两类不同人群之间的死亡经验的差异性相关。在对冲过程中，基础风险是由于与潜在风险暴露相关的特定人群和与对冲工具相关的人群之间的不匹配。基础风险可以根据一个或多个以下群体特征的差异性进行分类：（1）年龄；（2）性别；（3）婚姻状况；（4）社会经济地位；（5）生活方式；（6）健康状况；（7）地理环境，等等。

如果两类人群有着不同特征，他们一般会有不同的长寿和死亡经验。这些差异在转换为对价值或现金流量的影响时可能是也可能不是重要的。其重要性取决于人群的具体性质，以及暴露本身和对冲工具的特征。

三、人口基础风险的影响

无论基础风险是来自年龄、社会经济地位、地理环境等导致的差异性，它都会产生下面两种主要影响：

（1）两类人群基础死亡率的差异，指的是当前死亡率水平和当前死亡率曲线形状的不匹配；

（2）两类人群死亡率随时间变化的差异，指的是未来死亡率变化（改善或恶化）的不匹配情况。

假设考虑一种对冲，为了在将来某一日期锁定一个关于寿险和死亡率风险的风险值，从对冲有效性角度来看，重要的是对冲工具的价值变动抵消了暴露值变化的程度。因此，设计有效对冲的第一步是量化两个人群之间在基础死亡率和未来死亡率波动的差异如何影响相对于对冲工具的暴露值。第二步是设计对冲工具最小化这种差异性对暴露值相对变化的影响。

四、标准对冲与定制对冲

1. 定制对冲

一个死亡或长寿定制对冲将被定制以反映特定人群的实际长寿或死亡经验，以便完全消除风险。它将被构造为现金流量对冲，以使净现金流（暴露现金流＋对冲现金流）相对于寿命/死亡率的变化是固定的。定制对冲将持续到最后一笔负债支付后到期。

2. 标准对冲

相比之下，标准化对冲基于国民人口的寿命/死亡率经验，根据实际人群对死亡率变化的敏感性进行校准。它通常被构造为价值对冲，而不是现金流量对冲，因此由于死亡率变化而造成的负债价值的任何增加将被对冲提供的补偿付款抵消。标准化对冲的期限通常为 5 年、10 年或 20 年，这比定制对冲短得多。

3. 二者优劣势对比

虽然定制对冲提供了完全的风险规避，但它比较昂贵且由于期限比较长在法律和监管层面存在较高的信用风险。标准化的对冲比较经济，运作简单，流动性强。主要的缺点是它不能完全消除寿命/死亡率风险，并且可能需要定期重新平衡，特别是存在人口基础风险的残余风险，当然这种基础风险也可以通过仔细构建对冲和周期性再平衡来最小化。二者优劣势对比如表 4 - 1 所示。

表 4 - 1　　　　　　　　　标准对冲和定制对冲的比较

类　型	优　点	缺　点
标准对冲	比较经济 运行成本低 流动性高 短期（低信用风险）	不是完全对冲（存在基础风险） 需要周期性的调整
定制对冲	可以完全对冲（无基础风险） 需要监管部门专门监控	比较昂贵 运营成本比较高 缺少流动性 长期（较高的信用风险）

第三节　国外人口寿命指数概况

当前的一个迫切问题是缺乏一套完整的数据收集手段并由此给出适合的人口寿命风险指数来刻画人口寿命风险的严重程度，同时也缺乏有效的长寿风险评估参考标准。如同评价市场风险中的风险矩阵和信用风险中的信用矩阵一样，JP 摩根公司（JP Morgan）于 2007 年 12 月推出了基于生命矩阵 Life Metrics 的人口寿命指数，目的是提高长寿和死亡风险的管理水平，增加关于这一风险的透明度，并提供衡量和管理这种风险的实用的工具和方法，特别是协助养老基金和他们的雇主更有效地管理长寿风险，教育投资者，促进与生命和死亡相关的高流动性资本市场的发展，为保险公司和再保险公司提供管理长寿风险和死亡风险的各种风险转移解决方案，并补充其现有的管理工具。

　　长寿风险是个人、雇主、养老金计划、保险公司和政府都关注的重要问题。一个具有流动性、透明度和活跃的长寿风险市场可以使面临重大长寿风险的机构规避此类风险，并且允许其他人买卖或对其投资。为了达成这个目标，近期各种长寿/死亡率指数被纷纷推出。这些指数也可用于管理死亡率风险。2005 年瑞信首次尝试开发长寿/死亡率指数，其以美国人口平均寿命的统计数据为基础，不过现在该指数已经不再公开发布。其他如 2007 年建立的摩根大通 LifeMetrics 指数和 2008 年建立的德国证交所 Xpect 指数也收集从公开渠道获得的人口数据，并借此跟踪整体人口的统计趋势（见表 4 - 2）。对总人口指数来说，逆向选择不构成问题。数据可被验证、不能篡改，并且由可信度高的公开渠道提供。不过对于发起人而言，由于总人口和投保人口之间存在死亡率不一致问题，此类指数的交易可能会受到重大基差风险的影响。

一、寿命指数的背景

（一）寿命指数描述

　　寿险和长寿风险协会（Life & Longevity Markets Association，LLMA）是一个非营利的组织，由各成员组成并由成员出资成立，成员包括 Aviva、AXA、德意志银行、摩根大通、慕尼黑再保险公司、摩根士丹利、养老金公司、Prudential PLC、RBS、瑞士再保险公司和 UBS 等。LLMA 旨在促进长寿和死亡率风险在市场上进行流动性交易。该协会支持制定一致的标准、方法和基准，为保险关联证券以及其他大趋势风险，如利率和通货膨胀建立一个流动性交易市场。

　　LLMA 于 2012 年 3 月 19 日在 LLMA 网站（*www. llma. org*）上发布了一些针对具体国家的长寿指数。该指数值每年发布一次，由独立的计算代理机构计算。计算代理机构将使用长寿指数技术文件中描述的方法计算政府机构发布的原始死亡和人口数据的指数值。该指数也由国际指数咨询委员会监督，该委员会包括领先的顾问、学者和从业人员。特定参考年度的指数值将在相关机构发布数据后不久公布。

　　指数提供了不同年龄、不同性别的人口死亡率数据（原始中心死亡率和升级死亡率）以及期间预期寿命水平。现在 LifeMetrics 指数发布了美国、英国、威尔士、荷兰和德国等国家的相关数据。近期发布的长寿指数如表 4 - 2 所示。

表4-2　　　　　　　　　　近期发布的长寿指数

项目	德国证交所 Xpect	高盛 QxX	摩根大通 LifeMetrics
涵盖地区	德国、荷兰	美国	美国、英格兰及威尔士、荷兰、德国
风险类别	长寿/死亡率	长寿/死亡率	长寿/死亡率
指数基础	平均寿命、死亡率	参照人群的实际死亡情况	平均寿命、死亡率
子指数	按照年龄、性别、组合、定制的组合	按照年龄、性别	按照年龄、性别
数据来源	官方数据辅以专有资料	美国投保人口样本	官方数据
数据历史起源	德国 1990 年开始 荷兰 1990 年开始	2007 年	美国（1968 年开始）英兰格及威尔士（1961 年开始）荷兰（1951 年开始）德国（1952 年开始）
更新频率	月度	月度	年度
指数交易地	场外交易	场外交易	场外交易

资料来源：瑞士再保险经济研究与咨询部。

（二）指数数据特点

在金融市场上比较常见的两类指数是率指数和价格指数，如 Libor 指数和标准普尔 500 指数等（见图 4-3）。

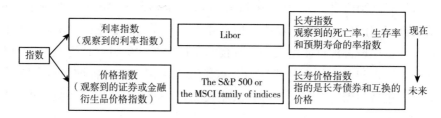

图 4-3　常见指数分类

长寿指数是率指数形式，例如观察到的死亡率、生存率和预期寿命等率指数，这是现在市场上能够交易的。在未来，可能会发展为能够反映长寿债券或互换价格的长寿价格指数。

LLMA 发行的长寿指数主要有以下特点：

（1）可交易性。指数必须是可交易的，这意味着它需要是可信的、稳健的且有较多的市场参与者进行交易。

（2）透明性。①完全披露：全面和详细披露数据源、方法、算法、规则、自由度和监管程序。

②历史数据：易于获取历史数据。

③清除规则：处理缺失数据或延迟数据的规则需要明确。

④最小范围的自由度：自由范围必须在可能的情况下予以限制，并且关于指数的自由度决定应该基于客观分析，并且充分和及时地传达到市场。

（3）稳健性。该指数需要稳健完整的程序和流程：数据采集、数据验证、计算规则和算法、计算以及发行。

（4）客观性。指数必须被认为是客观的，所以监管、所有权和制作必须是独立、公正及免于冲突的。

（5）简单性。简单性应该引导指数的设计，因为这有助于透明度和稳健性，并有助于流动性。

（6）明确的监管。指数的所有权应与其监督和生产区分开来。指数的监督应该包括一个适当的人员配备的委员会，并且具有广泛代表性，理想的情况是包括外部专家及维持一个促进交易和流动的指数。

（7）及时性。该指数必须定期更新，以适合市场的频率。

（8）连续性。必须确保指数的持续生产，并且分指数（如按年龄、性别等）应稳定可靠。

（9）一致性。主要在两方面保持一致性：在索引构造的方法中和在提供数据中。

（10）普遍性。为了使长寿市场尽可能广泛和一致地增长，指数方法应广泛适用于以下方面。

① 不同国家。

②其他基础广泛的生活，如工业或职业分组。

③定制的生活池。如为一个大型养老金计划或一组养老金计划。

④指数应与养老金计划、年金组合、生活投资组合、股票发行抵押组合、投资者等相关。

（三）指数数据框架

确定任何长寿指数性质的三个关键要素分别是基本人口、与该人口相关的死亡率数据以及指数方法。

（1）基本人口。必须定义在寿命指数中使用的精确群体。这可以是封闭的群体，如特定养老金计划的当前成员集合；或是开放人群，如一个国家的国民人口等。

（2）数据。用于计算指数的数据包括指数下的人口的暴露数据（分年龄、分性别的人数）和死亡数据（分年龄、分性别的死亡人数）。暴露数据涉及特定时间点，例如日历年的开始或日历年中的终点。死亡数据涉及特定时期内的死亡人数，这可能是一个日历年（1月1日至12月31日），并且可以根据需要缩短时间段或延长时间段。

数据需要从可靠的来源获得，这在数据发布的时间一致性、数据收集和公布的过程及数据的质量方面提供尽可能多的可置信。例如，①美国：单一年龄和性别的死亡（国家卫生统计中心、疾病控制和预防中心）、单一年龄和性别的人口（美国人口普查局）；②英格兰和威尔士：单一年龄和性别的死亡率（国家统计局的死亡率统计）、单一年龄人口和性别（人口统计单位、国家统计局）；③德国：单一年龄和性别的死亡（联邦参议院（SB））、单一年龄和性别的人口（瑞士联邦银行（SB））；④荷兰：单一年龄和性别的死亡（中央统计局（CBS））、单一年龄和性别的人口（中央统计局（CBS））。

（3）指数方法。无论选择何种人口指数和死亡率数据的来源，指数方法应该尽量具有一般性，以便可以应用于不同的人群，有助于标准化，并最大限度地提高市场参与者对不同人群的指数的熟悉程度。尽量避免的一点是，指数方法不应过于适合特定人口或数据集的具体特征，但在特定情况下，某些定制可能是必要的。

（四）LifeMetrics 的发展

LifeMetrics 是由 JP 摩根集团为养老基金计划、发起人、保险公司、再保险公司和投资者设计的衡量、管理长寿及死亡率风险的工具箱。LifeMetrics 使这些机构以一个标准化的方式汇总不同来源的风险并将这些风险转移给其他交易对手。它还提供了一个评估长寿/死亡率套期保值策略的有效性方法和计量剩余风险规模的技术。LifeMetrics 在 2007 年 3 月 13 日正式发布，使长寿和死亡风险以标准化的方式进行衡量，汇总不同来源的风险并将其转移到其他方。

在设计 LifeMetrics 时，JP 摩根公司的 LifeMetrics 设计小组主要考虑了下面几个设计准则：①给出一套国际性的指标数据，最初提供美国、英格兰和威尔士的人口寿命指数数据，随后扩展到德国和新西兰的数据，计划在未来逐步增加其他国家的人口寿命指数数据；②透明度，所有的方法、算法、计算充分披露和开放；③标准化：LifeMetrics 明确旨在为推出长寿证券及衍生工具的结构性金融产品提供便利条件，JP 摩根公司正在制定基于该指数的柔性而又标准化的套期保值工具；④风险管理，构造人口寿命指数，预测未来人口寿命与死亡率，分析长寿风险与死亡风险对投资组合的影响，设计长寿风险管理解决方案。

Lifemetrics 有三个重要组成元素：人口寿命指数、LifeMetrics 框架和 LifeMetrics 软件。

（1）人口寿命指数。这是评估当前和历史死亡率水平及长寿水平的数据集。LifeMetrics 提供了一套关于当前和历史寿命与死亡率的透明而又客观的窗口，它包括可用于评价来自不同国家和不同形式的长寿与死亡率暴露水平的数据，可以用来预测未来的寿命和死亡率，评价与之相关的风险，确定长寿衍生金融产品和债券的支付结构。对数据的要求是可获得性、稳健与可靠性、一致性、透明性和客观性。这套数据集合是长寿和死亡风险管理的基础，也是发展长寿市场的前提。LifeMetrics 指数包含英格兰和威尔士、德国、荷兰和美国的当前及历史的寿命指数，计划在未来逐步扩展到其他国家和地区。这些寿命指数包含有关男性和女性的单独数据，并在指定年份为不同年龄提供以下三种变量值：原始中心死亡率、调整后的死亡率以及期间调整预期寿命。矩阵按照搭积木方式构造以方便进行分解和扩充。

（2）LifeMetrics 框架。这是一套衡量和管理长寿与死亡率风险的工具、方法及算法的集合。利用死亡数据可以帮助用户开发一套适合不同用户背景的风险管理过程。目前可以研究的产品包括：确定收益型养老金（包括退休金延期养老金）、人寿保险、年金、逆向抵押担保。生命矩阵可以让用户计算上述不同产品、不同人口类别的总的风险暴露。可以帮助信用机构、信托公司确定是否继续或者停止其养老金计划，对保险公司和再保险公司而言确定是否开展新的业务、如何进行资本配置，对投资者来说进行买进卖出和持有的策略选择。

（3）LifeMetrics 软件。这是一套用来预测未来死亡率的软件，这套软件是开放性的，所有的分析软件可以直接从生命矩阵的网站上免费下载。使用的死亡率计量与预测模型有：①Lee-Carter 模型；②Renshaw-Haberman 模型；

③Currie Age-Period-Cohort 模型；④Cairns，Blake and Dowd 模型；⑤Cairns，Blake and Dowd 模型的扩展。

自 2010 年 2 月 LLMA 成立以来，LLMA 成员共享知识产权以推进 LLMA 的目标。2011 年 4 月 26 日，JP 摩根和 LLMA 联合宣布，由 JP 摩根提出的 LifeMetrics 指数的知识产权将转移到 LLMA。这预示着 JP 摩根四年投资的累积，现在将通过 LLMA 提供给所有市场参与者。LLMA 将现有的 LifeMetrics 技术与其自身的开发工作相结合，以推出特定国家的特定寿命指数。LifeMetrics 的具体发展如图 4 - 4 所示。

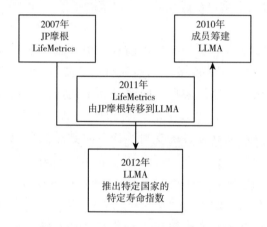

图 4 - 4　**LifeMetrics** 的具体发展过程

（五）LifeMetrics 与其他矩阵的对比与思考

提到 LifeMetrics 就不能不提到类似的广为使用的风险矩阵和信用矩阵。在表 4 - 3 中我们给出了风险矩阵、信用矩阵和 LifeMetrics 在产品研发机构、数据指标、数据数量、数据更新、服务对象、技术获取、风险类别与指标、产品覆盖和影响力等方面的比较。可以看出，从目前来看，LifeMetrics 在各方面都不成熟，例如，截至 2007 年 9 月 30 日，RiskMetrics 公司在 50 个国家拥有约 3500 位客户，其中包括 100 家最大投资管理公司中的 70 家，最大的 50 家共同基金公司中的 34 家，最大的 50 家对冲基金公司中的 41 家，以及最大的 10 家全球性投资银行。LifeMetrics 显然没有如此巨大的影响，但 RiskMetrics 成功的发展历史表明了 LifeMetrics 的未来发展趋势与方向。

表 4 – 3　　　RiskMetrics、CreditMetrics 和 LifeMetrics 三矩阵比较

项目	RiskMetrics	CreditMetrics	LifeMetrics
推出时间	1994 年	1997 年	2007 年
推出机构	JP 摩根	JP 摩根与德意志摩根建富、美国银行、瑞士银行、瑞士联合银行	JP 摩根
数据指标	内部交易损失数据，资产价格，影响关键因素的数据	借款人的信用等级资料；下一年度该信用级别水平转换为其他信用级别的概率；违约贷款的收复率；债券市场上的信用风险价差	死亡率、预期寿命
数据规模	几百个关键影响因素之间的协方差矩阵	由其他评级公司和公司内部评级数据构成	美国、英国和威尔士、德国及新西兰
数据更新	每天	定期	每年
服务对象	资产管理公司、对冲基金、退休基金、银行、保险公司、金融咨询公司和企业	识别贷款、债券等传统投资工具的信用风险，可用于互换等现代金融衍生工具的风险识别，已运用于发达国家大银行的信贷风险管理中	养老基金计划，年金提供者，保险公司，对冲基金公司
技术获取	免费	免费	免费
风险类别	系统性风险	非系统风险与系统风险混合	系统性风险
风险指标	VaR	VaR	无
定价技术	成熟	成熟	探讨中
产品覆盖	股市和债券市场	包括传统的商业贷款、信用证和承付书、固定收益工具、商业合同，以及由市场驱动的信贷产品如掉期合同、期货合同和其他衍生品等	JP 摩根公司推出的 q - 远期合约
影响力	风险矩阵小组于 1998 年从 JP 摩根公司分离出来，成为独立的咨询和软件公司。2008 年 1 月，RiskMetrics 集团公司上市	对于国际银行业的信用风险管理来说，信用矩阵的推出是一场革命。存在穆迪 KMV 等模型等与之竞争	瑞信、高盛及德意志证交所都推出相关指数与之竞争

从寿命指数的编制历史来看，瑞士信贷第一波士顿银行（Credit Suisse First Boston）在 2005 年推出的瑞士信贷长寿指数是第一支转移长寿风险的指数工具。该指数基于官方死亡率和人口统计数据，以美国人口数据为基础，每年公布最新年度指数并对潜在的死亡率进行预测。该长寿指数包括综合指数和分类指数来表达年龄分别为 50~80 岁间每隔 5 岁人群的总体预期寿命。澳大利亚联邦长寿指数是首个能追踪不同年龄层及不同性别澳大利亚人群预期寿命变化的指数，通过该指数可以计算不同通货膨胀水平下平稳退休资金数值，该指数按照季度频率公布。除此之外，德意志证交所（Deutsche Borse）推出的 Xpect 数据和指数包，将从殡仪馆方面获得的数据和官方的死亡率数据相结合来构造长寿指数。高盛（Goldman Sachs）公司则利用美国寿险业保险金额领取者的寿命与死亡率数据来构造长寿指数。

二、英格兰和威尔士①长寿指数

（一）数据来源

自 1841 年以来，英格兰和威尔士收集了所有死亡数据及特定死亡率统计数据。在 1959 年之前，死亡数据的统计间隔为五年或十年，并且电子格式的数据开始于 1901 年。人口普查每 10 年一次，最近的一次人口普查在 2011 年进行。人口普查期间和人口普查后的人口估计由国家统计局（ONS）编制。

英格兰和威尔士的死亡数据由国家统计局的死亡率统计部门生成。统计数据包括在英格兰和威尔士发生的所有死亡数据，这意味着在英格兰和威尔士死亡的外国人也将包括在该死亡数据中，但英格兰和威尔士居民在外国死亡的将不包括在内。死亡数据可以按照登记时间或发生时间进行分组，发生数据涉及在特定日历年发生的死亡，即使有一些死亡数据可能在该年年底之后登记；登记数据与在特定日历年内登记的死亡有关，并排除在该年年底发生但尚未报告的死亡。

（二）数据可用和限制条件

数据可从 ONS 网站下载，但通常不提供每个日历年的单年年龄数据。单年年龄的数据需要向 ONS 申请，并且对其使用和后续分发存在限制。LLMA 成

---

① 英国全称是"大不列颠及北爱尔兰联合王国"，分英格兰、威尔士、苏格兰和北爱尔兰四部分，所在此处的数据并不是完整的英国数据，仅指英格兰和威尔士两部分。

员在 2011 年 12 月获得了不同日历年的死亡登记和单年年龄人口估计的组合数据集。该数据集包括 1961~1970 年的 20~84 岁的男性和女性以及 1971~2010 年的 20~89 岁的男性和女性。

(三) 原始中心死亡率的计算

根据年中人口估计数以及上述年龄的男性和女性在 1961~2010 年的历年死亡数计算了原始中心死亡率,该死亡率数据准确保留到小数点后六位。

三、德国长寿指数

(一) 数据来源

在 1945~1990 年期间,联邦统计局 (SB) 是德意志联邦共和国的统计局,统计局中央统计局是德意志民主共和国统计局。自 1990 年以来,联邦统计局 (SB) 一直负责为整个德国人口统计数据。LLMA 使用了整个德国的人口估计和死亡数据作为历史寿命指数数据。

统计委员会使用人口普查信息作为计算人口估计数的基础。最近的一次人口普查发生在 2011 年。人口普查数据使用死亡数据和人口普查中的净移民信息进行统计。死亡数据是针对在德国登记死亡的所有人生成的,但非居民如外国人除外。在德国登记的死亡数据中将包括死于国外的德国公民。

(二) 数据可用和限制条件

联邦统计局 (SB) 在每个日历年的年末和年中进行人口估计。年中人口估计值是以全年 12 个月中每个月的估计值的平均值计算。每个日历年的死亡数据按性别、死亡年龄和出生年龄分为 0~99 岁和 100 岁以上。

(三) 原始中心死亡率的计算

LifeMetrics 咨询委员会选择使用两个连续年终人口估计的平均值作为年中人口估计的基础。LLMA 采用相同的方法计算中心死亡率。在 1964 年之前的时期,LifeMetrics 着重关注了 1964 年之前 87 岁以上人口的数据质量以及 1964 年之后 90 岁以上人口数据质量。

因此,利用 1956~1963 年的 20~83 岁以及 1964~2010 年的 20~90 岁

的男性和女性人口的年中人口数据和死亡数据计算了原始中心死亡率，该死亡率数据准确保留到小数点后六位。

四、荷兰长寿指数

（一）数据来源

自 19 世纪中期以来，荷兰一直收集人口统计数据，并采取了一些策略来提高这些数据的质量，包括在 1861 年发布一般准则以及强迫人们向地方当局提供所需的信息。

1994 年 10 月 1 日，提出了"自动化市政登记制度（GBA 制度）"。每个市镇都有自己的人口登记簿，其中包含该市所有非居民的个人信息。这些登记簿只能由内政部批准。内政部允许中央统计局（CBS）从市政登记处获得计算各种人口统计状况所需的数据。CBS 每年（1 月 1 日）提供关于整个人口的信息，并连续提供死亡数据。数据由政府机构集中整理和发布。

根据个体年龄和性别（其中根据年龄的两个定义，即死亡的"准确年龄"和 12 月 31 日的年龄）提供年度死亡数据。死亡的"准确年龄"被定义为个体在死亡当天达到的整年的年龄，即他们上一个生日的年龄。相比之下，"12 月 31 日的年龄"被定义为一个人在该日历年的最后一天的整年年龄，并且简单地通过从死亡年份中减去出生年份来计算。

（二）数据可用和限制条件

人口数据在每个日历年（1 月 1 日）开始时在 CBS 网站上以荷兰语提供，在 1950 ~ 2011 年期间可获得 0 ~ 98 岁个人和高龄人群的历史数据集。

荷兰公民的死亡数据通常是为了继承的目的而登记的。荷兰社会在很大程度上依赖其注册网络提供多种福利，因此未登记的人数可能很少。

（三）原始中心死亡率的计算

关于原始中心死亡率的计算，CBS 网站上不能提供，但是 CBS 可以生成特殊的提取，不仅根据日历年和达到的年龄，而且能根据出生年份来分割死亡数据。考虑在相邻日历年期间的常见出生年份的死亡数据。可以建立"同期"死亡率，这是 LifeMetrics 咨询委员会建议的方法，类似于荷兰精算生活表所采用的方法。然而，LLMA 选择计算荷兰指定年龄和日历年的中心死亡率。使用相邻年份开始时的人口估计值之间的平均值来产生必要的年中人口估计值，使用按"准确年龄"分组的年度死亡数据。

LLMA 网站上提供了 1951～1994 年期间 20～90 岁的男性和女性以及 1995～2010 年期间 20～98 岁的男性和女性死亡率的原始中心死亡率。该死亡率数据准确保留到小数点后六位。

五、美国长寿指数

（一）数据来源

在美国，死亡数据由疾病控制和预防中心（CDC）和国家卫生统计中心（NCHS）编制，国家人口估计由美国人口普查局公布。年度人口估计由美国人口普查局作为人口估计计划的一部分制定。该方案使用十年一次的人口普查作为起点，每月产生总的居民估计数。美国人口普查自 1790 年以来每 10 年发生一次。

根据疾病预防控制中心和国防部收集的关于出生、死亡、净移民和军事人员净移动的统计数据，建立了广泛的估计。年中估计数的参考日期为 7 月 1 日，每份出版物都对以前发布的所有年份的估计数进行了修订。

自 1933 年以来，已经收集了整个美国的死亡登记数据。在此之前，死亡数据仅针对选定的州或城市公布。死亡登记从 50 个州和哥伦比亚特区收集，并提供分类，如地理区域、年龄、性别和种族。在 1970 年之前，居民死亡率统计数据包括在美国发生的所有死亡，包括非居民的死亡，这些死亡根据死亡地点编码。1970 年及以后，非居民的死亡排除在美国居民死亡率数据之外。

（二）数据可用和限制条件

虽然可以从 CDC 网站下载死亡数据，但是这些数据并未提供分年龄的单年死亡率。相反，国家经济研究局在其网站上载有生命统计 NCHS 的死因多重数据库。这提供了关于 1959～2009 年历年的死亡率数据，并且文件是每个登记的死亡的列表，以及诸如居住地点、发生地点、年龄、性别、种族、死亡原因和教育的信息。美国死亡数据的释放比以上三个国家有更长的时间滞后。

大量的人口信息可以在美国人口普查局网站（*www. census. gov*）上找到。

数据可在国家、州和县级获得，数据按年龄、性别和种族分列。普查估计中的误差来源通常是错误计数或错误报告年龄的结果。

（三）原始中心死亡率的计算

通过年中人口估计数据以及 1968～2009 年的年龄为 20～84 岁的男性和女性的死亡数据推出原始中心死亡率。该死亡率数据准确保留到小数点后六位。

第四节　构造中国的 LifeMetrics 与人口寿命指数

一、生命表的介绍

（一）生命表的定义

在人口学定义中，通常以 10 万（或 100 万）人作为 0 岁的生存人数，然后根据各年中死亡人数、各年末生存人数计算各年龄人口的死亡率、生存率，并列成表格，直至此 10 万（或 100 万）人口全部死亡为止。寿险生命表上所记载的死亡率和生存率是保险公司评估风险、决定寿险保费的重要依据。一般来讲，年龄越大，死亡发生率越高，风险成本也就越高。生命表是反映一个国家或者一个区域人口生存死亡规律的调查统计表，即追踪一批人，逐年记录该人群的死亡人数，得到该人群从出生到死亡为止的各年龄死亡率，并进一步构成表格式模型。生命表又称死亡表、寿命表。反映同时期出生的一批人随着年龄增长陆续死亡的整个生命过程的一种统计表格。由年龄、死亡概率、尚存人数等指标构成，其中最基本的和作为出发点的资料是各年龄的死亡概率，据此推算出其他各项指标。可以按全国、地区、或城市、农村等分别编制生命表。生命表对于研究人口再生产过程的生命现象有极重要的意义，它表示今后要出生的一代人，按现有的社会条件，预期每人平均寿命是多大。图表可以描述出不同地区间以及由于性别的差异而引起的死亡、生存和平均寿命等一系列人口再生产标志的变化；能为制定长期人口规划提供科学的数据；综合反映出不同地区、国家与不同时代的社会生活条件对人口生命过程的影响。

（二）生命表的分类

按照生命表的性质和特征，主要分为以下几大类。

（1）国民生命表和经验生命表；

（2）完全生命表和简易生命表；

（3）选择表、终极表和综合表；

（4）寿险生命表与年金生命表。

（三）生命表的起源和发展

1847 年，在中国设立代表处的英国标准人寿编制出了第一张中国生命表。在 1929~1931 年间，中国人自己编制出一张生命表，称为"农民生命表"。

20 世纪 80 年代中国恢复寿险业务后的 10 多年中，由于没有过去寿险经营的经验数据可遵循，寿险费率的厘定和责任准备金的计算所用的死亡率只能借助日本全会社第二回生命表，并据此开发了简易人身保险和城镇养老保险等险种。1984 年又引进了日本全会社第三回生命表，并以此表为基础推出了个人养老金业务。但日本经验死亡率水平与中国被保险人群死亡率水平存在差异，这使中国寿险业不能准确、合理地制定保险费率和提留寿险责任准备金。

1991 年底，我国寿险长期业务承保人数超过 8000 万人，而 1982 年第 2 次全国人口普查也得到了完整的国民生命表资料，这些数据已足够让寿险业进行死亡率调查。1992 年下半年，中国人民保险公司受中国人民银行的委托，着手研究编制经验生命表的可行性。1993 年开始设计总体方案与实施步骤，并对方案进行多方面的可行性研究和论证。编表方案于 1993 年底获得批准，1994 年正式实施。1994 年 8 月底正式在全国范围内开展经验生命表编制的资料收集工作，全部资料收集工作于 1994 年底完成，经验数据资料上报工作于 1995 年 1 月底完成，数据库的建立与数据检验工作在 1995 年 3 月完成。1995 年 4 月，技术编制工作小组集中开始对数据资料进行研究，同时研究国际上制表技术。在借鉴国际经验、充分听取国内有关专家及保险实践工作者等多方面意见的基础上，于同年 7 月底顺利完成了《中国人寿保险经验生命表（1990 – 1993）》的技术编制工作，整个技术编制工作历时四个月。英文名称为："China Life Insurance Mortality Table（1990 – 1993）"，简称：CL（1990 – 1993）。

1998~2003 年，随着人民生活水平、医疗水平的提高，以及保险公司个人保险业务核保制度的实施，寿险业务被保险人群体的死亡率发生了较大的变化；同时，全国保费收入年平均增长 25.17%，保险深度由 1.76% 升至 3.33%，保险密度由 114.84 元上升为 287.44 元，中国的寿险业取得了突飞猛进的发展。这些都使行业迫切需要一张能够反映新时期行业经验的生命表。与此同时，保险行业也已经在各方面具备了编制新生命表的条件。主要体现在三个方面：一是 2000 年来，各保险公司已积累了大量的保险业务数据资料；二是保险公司的经营管理水平有了很大的提高，国内各保险公司都自主设计开发或购买了电脑业务系统，提高了数据的质量，使行业内的业务数据调查成为可能；三是保险行业已积累了较多的死亡率分析经验，储备了相应的精算专业人才队伍。中国保险监督管理委员会于 2005 年 12 月 19 日正式公布第二代生命表即"中国人寿保险业经验生命表（2000～2003）"，于 2006 年 1 月 1 日起生效，为我国保险业第二套经验生命表。其英文名称为"China Life Insurance Mortality Table（2000－2003）"，简称：CL（2000－2003）。

从 2014 年起，由中国精算师协会开始编制人身保险业经验生命表（2010－2013），也就是第三代生命表。编制第三代生命表的背景是为了弥补第二代生命表的不足，主要体现在以下三方面：（1）从客户角度来看，当前市场寿险产品价格偏高，定价不够精细，客户需求增强产品吸引力。（2）从寿险公司角度来看，经济、医疗、环境的发展和变化使得人口死亡率水平发生变化。寿险公司的发展使得保险人群发生改变，较全民人口产生差异。目前寿险公司定价基础不足，难以开发适当产品满足客户需求。（3）从监管角度来看，亟须新的死亡率基础确保各公司准备金充足、产品定价适当。根据《国务院关于保险业改革发展的若干意见》要求，加强行业基础设施建设，保险机构也与卫生委、统计局、人社部等跨行业交流，为国家人口政策提供参考。

随着近 10 年我国寿险业快速增长，修订和编制一套新生命表的工作在行业内已经有了强烈的需求，并达成了广泛的共识。关于该版经验生命表的数据来源是 2010～2013 年间已经有效的保单与新生效的保单，以及相应的变更和理赔信息；2014 年 11 月至 2015 年 3 月进行了约五轮样本数据收集、检查；2015 年 3～4 月进行了两轮全国正式数据上报，集中进行数据清洗，通过 30 余项数据检查，将数据错误控制在 1‰ 以内。2016 年经原中国保险监督管理委员会发布通知，各人身保险公司开始使用第三代经验生命表。

（四）经验生命表的内容

所谓经验是指根据历史已有数据得到现有值，也就是指中国保险公司依据一段时期内被保险人实际的死亡统计资料编制的生命表，并随死亡率改善而适时更新调整。经验生命表广泛应用于寿险产品定价、现金价值计算、准备金评估、内含价值计算、风险管理等各个方面。通常意义上，一个国家的寿险业经验生命表的死亡率状况会优于国民生命表的死亡率状况，但也能一定程度上反映该国人均寿命情况。

1. 经验生命表 CL（1990—1993）

《中国人寿保险业经验生命表（1990—1993）》数据基于 1990～1993 年间的寿险业数据编制，中国人民银行于 1996 年 6 月 23 日正式公布使用，为新中国保险业第一版经验生命表。该版本经验生命表现已停用。

中国第一张寿险业经验生命表命名为"中国人寿保险业经验生命表（1990—1993）"，英文名称为："China Life Insurance Mortality Table（1990—1993）"，简称：CL（1990—1993）。其中，非养老金类业务用表三张，养老金类业务用表三张，共六张表，分别为：

（1）非养老金业务男表，简称：CL1（1990—1993）；

（2）非养老金业务女表，简称：CL2（1990—1993）；

（3）非养老金业务男女表，简称：CL3（1990—1993）；

（4）养老金业务男表，简称：CL4（1990—1993）；

（5）养老金业务女表，简称：CL5（1990—1993）；

（6）养老金业务男女表，简称：CL6（1990—1993）。

非养老金业务用表适用于不含养老金给付责任的普通寿险，养老金业务用表适用于养老金保险，包含养老金和普通寿险给付责任的综合保险，养老金保险责任使用养老金业务用表，其他保险责任使用非养老金业务用表。

2. 经验生命表 CL（2000—2003）

《中国人寿保险业经验生命表（2000—2003）》为我国目前正在使用中的寿险业经验生命表，中国保险监督管理委员会于 2005 年 12 月 19 日正式公布，于 2006 年 1 月 1 日起生效，为我国保险业第二版经验生命表。

中国第二张寿险业生命表命名为："中国人寿保险业经验生命表（2000—2003）"，英文名称为："China Life Insurance Mortality Table（2000—2003）"，简称：CL（2000—2003）。其中，非养老金业务表两张，养老金业务表两张，共四张表，分别是：

（1）非养老金业务男表，简称：CL1（2000—2003）；

（2）非养老金业务女表，简称：CL2（2000—2003）；

（3）养老金业务男表，简称：CL3（2000—2003）；

（4）养老金业务女表，简称：CL4（2000—2003）。

3. 经验生命表 CL（2010—2013）

2016 年 12 月 28 日，中国保监会正式发布了《中国人身保险业经验生命表（2010—2013）》，该生命表是对（2000—2003）的最新更新，是对国内寿险消费人群死亡率的最新反映。[①]中国第三张人身保险业经验生命表命名为"中国人身保险业经验生命表（2010—2013）"，英文名称为"China Life Insurance Mortality Table（2010—2013）"，简称：CL（2010—2013）。其中，非养老类业务一表两张，非养老类业务二表两张，养老类业务表两张，共六张表，分别是：

（1）非养老类业务一表（男）：CL1（2010—2013）；

（2）非养老类业务一表（女）：CL2（2010—2013）；

（3）非养老类业务二表（男）：CL3（2010—2013）；

（4）非养老类业务二表（女）：CL4（2010—2013）；

（5）养老类业务表（男）：CL5（2010—2013）；

（6）养老类业务表（女）：CL6（2010—2013）。

以上对第三代经验生命表整个制定流程有详细的阐述，由此看来，第三代生命表有了很大的改进，并符合整个人口发展特征，该生命表也为新时期研究长寿风险提供了一定的理论参考。下面以第三代生命表为例，列出其详细内容（见表 4 - 4）。

表 4 - 4　　　　　　中国人身保险业经验生命表（2010—2013）

年龄	非养老类业务一表		非养老类业务二表		养老类业务表	
	男（CL1）	女（CL2）	男（CL3）	女（CL4）	男（CL5）	女（CL6）
0	0.000867	0.00062	0.00062	0.000455	0.000566	0.000453
1	0.000615	0.000456	0.000465	0.000324	0.000386	0.000289
2	0.000445	0.000337	0.000353	0.000236	0.000268	0.000184
3	0.000339	0.000256	0.000278	0.00018	0.000196	0.000124
4	0.00028	0.000203	0.000229	0.000149	0.000158	0.000095
5	0.000251	0.00017	0.0002	0.000131	0.000141	0.000084
6	0.000237	0.000149	0.000182	0.000119	0.000132	0.000078
7	0.000233	0.000137	0.000172	0.00011	0.000129	0.000074

---

① 中国保险监督管理委员会，http://xizang.circ.gov.cn/web/site0/tab5168/info4054990.htm。

续表

年龄	非养老类业务一表		非养老类业务二表		养老类业务表	
	男（CL1）	女（CL2）	男（CL3）	女（CL4）	男（CL5）	女（CL6）
8	0.000238	0.000133	0.000171	0.000105	0.000131	0.000072
9	0.00025	0.000136	0.000177	0.000103	0.000137	0.000072
10	0.000269	0.000145	0.000187	0.000103	0.000146	0.000074
11	0.000293	0.000157	0.000202	0.000105	0.000157	0.000077
12	0.000319	0.000172	0.00022	0.000109	0.00017	0.00008
13	0.000347	0.000189	0.00024	0.000115	0.000184	0.000085
14	0.000375	0.000206	0.000261	0.000121	0.000197	0.00009
15	0.000402	0.000221	0.00028	0.000128	0.000208	0.000095
16	0.000427	0.000234	0.000298	0.000135	0.000219	0.0001
17	0.000449	0.000245	0.000315	0.000141	0.000227	0.000105
18	0.000469	0.000255	0.000331	0.000149	0.000235	0.00011
19	0.000489	0.000262	0.000346	0.000156	0.000241	0.000115
20	0.000508	0.000269	0.000361	0.000163	0.000248	0.00012
21	0.000527	0.000274	0.000376	0.00017	0.000256	0.000125
22	0.000547	0.000279	0.000392	0.000178	0.000264	0.000129
23	0.000568	0.000284	0.000409	0.000185	0.000273	0.000134
24	0.000591	0.000289	0.000428	0.000192	0.000284	0.000139
25	0.000615	0.000294	0.000448	0.0002	0.000297	0.000144
26	0.000644	0.0003	0.000471	0.000208	0.000314	0.000149
27	0.000675	0.000307	0.000497	0.000216	0.000333	0.000154
28	0.000711	0.000316	0.000526	0.000225	0.000354	0.00016
29	0.000751	0.000327	0.000558	0.000235	0.000379	0.000167
30	0.000797	0.00034	0.000595	0.000247	0.000407	0.000175
31	0.000847	0.000356	0.000635	0.000261	0.000438	0.000186
32	0.000903	0.000374	0.000681	0.000277	0.000472	0.000198
33	0.000966	0.000397	0.000732	0.000297	0.000509	0.000213
34	0.001035	0.000423	0.000788	0.000319	0.000549	0.000231
35	0.001111	0.000454	0.00085	0.000346	0.000592	0.000253
36	0.001196	0.000489	0.000919	0.000376	0.000639	0.000277

年龄	非养老类业务一表		非养老类业务二表		养老类业务表	
	男（CL1）	女（CL2）	男（CL3）	女（CL4）	男（CL5）	女（CL6）
37	0.00129	0.00053	0.000995	0.000411	0.00069	0.000305
38	0.001395	0.000577	0.001078	0.00045	0.000746	0.000337
39	0.001515	0.000631	0.00117	0.000494	0.000808	0.000372
40	0.001651	0.000692	0.00127	0.000542	0.000878	0.00041
41	0.001804	0.000762	0.00138	0.000595	0.000955	0.00045
42	0.001978	0.000841	0.0015	0.000653	0.001041	0.000494
43	0.002173	0.000929	0.001631	0.000715	0.001138	0.00054
44	0.002393	0.001028	0.001774	0.000783	0.001245	0.000589
45	0.002639	0.001137	0.001929	0.000857	0.001364	0.00064
46	0.002913	0.001259	0.002096	0.000935	0.001496	0.000693
47	0.003213	0.001392	0.002277	0.00102	0.001641	0.00075
48	0.003538	0.001537	0.002472	0.001112	0.001798	0.000811
49	0.003884	0.001692	0.002682	0.001212	0.001967	0.000877
50	0.004249	0.001859	0.002908	0.001321	0.002148	0.00095
51	0.004633	0.002037	0.00315	0.001439	0.00234	0.001031
52	0.005032	0.002226	0.003409	0.001568	0.002544	0.00112
53	0.005445	0.002424	0.003686	0.001709	0.002759	0.001219
54	0.005869	0.002634	0.003982	0.001861	0.002985	0.001329
55	0.006302	0.002853	0.004297	0.002027	0.003221	0.00145
56	0.006747	0.003085	0.004636	0.002208	0.003469	0.001585
57	0.007227	0.003342	0.004999	0.002403	0.003731	0.001736
58	0.00777	0.003638	0.005389	0.002613	0.004014	0.001905
59	0.008403	0.00399	0.005807	0.00284	0.004323	0.002097
60	0.009161	0.004414	0.006258	0.003088	0.00466	0.002315
61	0.010065	0.004923	0.006742	0.003366	0.005034	0.002561
62	0.011129	0.005529	0.007261	0.003684	0.005448	0.002836
63	0.01236	0.006244	0.007815	0.004055	0.005909	0.003137
64	0.013771	0.007078	0.008405	0.004495	0.006422	0.003468
65	0.015379	0.008045	0.009039	0.005016	0.006988	0.003835

年龄	非养老类业务一表		非养老类业务二表		养老类业务表	
	男（CL1）	女（CL2）	男（CL3）	女（CL4）	男（CL5）	女（CL6）
66	0.017212	0.009165	0.009738	0.005626	0.00761	0.004254
67	0.019304	0.01046	0.010538	0.006326	0.008292	0.00474
68	0.021691	0.011955	0.011496	0.007115	0.009046	0.005302
69	0.024411	0.013674	0.012686	0.008	0.009897	0.005943
70	0.027495	0.015643	0.014192	0.009007	0.010888	0.00666
71	0.030965	0.017887	0.016106	0.010185	0.01208	0.00746
72	0.034832	0.020432	0.018517	0.011606	0.01355	0.008369
73	0.039105	0.023303	0.02151	0.013353	0.015387	0.009436
74	0.043796	0.026528	0.025151	0.015508	0.017686	0.01073
75	0.048921	0.030137	0.02949	0.018134	0.020539	0.012332
76	0.054506	0.034165	0.034545	0.021268	0.024017	0.014315
77	0.060586	0.038653	0.04031	0.024916	0.028162	0.016734
78	0.067202	0.043648	0.046747	0.029062	0.032978	0.019619
79	0.0744	0.049205	0.053801	0.033674	0.038437	0.022971
80	0.08222	0.055385	0.061403	0.038718	0.044492	0.02677
81	0.0907	0.062254	0.069485	0.04416	0.051086	0.030989
82	0.099868	0.06988	0.077987	0.049977	0.058173	0.035598
83	0.109754	0.07832	0.086872	0.056157	0.065722	0.040576
84	0.120388	0.087611	0.09613	0.062695	0.073729	0.045915
85	0.131817	0.097754	0.105786	0.069596	0.082223	0.051616
86	0.144105	0.108704	0.1159	0.076863	0.091239	0.057646
87	0.157334	0.120371	0.126569	0.084501	0.1009	0.064084
88	0.171609	0.132638	0.137917	0.092504	0.111321	0.070942
89	0.187046	0.145395	0.150089	0.100864	0.122608	0.078241
90	0.203765	0.158572	0.163239	0.109567	0.13487	0.086003
91	0.221873	0.172172	0.177519	0.118605	0.148212	0.094249
92	0.241451	0.186294	0.193067	0.127985	0.162742	0.103002
93	0.262539	0.201129	0.209999	0.137743	0.178566	0.112281
94	0.285129	0.21694	0.228394	0.147962	0.195793	0.122109

年龄	非养老类业务一表		非养老类业务二表		养老类业务表	
	男（CL1）	女（CL2）	男（CL3）	女（CL4）	男（CL5）	女（CL6）
95	0.30916	0.234026	0.248299	0.158777	0.214499	0.13254
96	0.334529	0.252673	0.269718	0.17038	0.23465	0.143757
97	0.361101	0.273112	0.292621	0.18302	0.25618	0.155979
98	0.388727	0.295478	0.316951	0.196986	0.279025	0.169421
99	0.417257	0.319794	0.342628	0.212604	0.30312	0.184301
100	0.446544	0.345975	0.369561	0.230215	0.328401	0.200836
101	0.476447	0.373856	0.397652	0.250172	0.354803	0.219242
102	0.50683	0.403221	0.426801	0.272831	0.382261	0.239737
103	0.537558	0.433833	0.456906	0.298551	0.41071	0.262537
104	0.568497	0.465447	0.487867	0.327687	0.440086	0.287859
105	1	1	1	1	1	1

资料来源：中国保险监督管理委员会。

二、我国人口寿命数据来源

构造人口寿命指数的数据来源包括下面几种渠道。

（1）企业层面的数据。包括各个养老基金、年金供应商和保险公司针对特定人群的数据。这些数据是预测人口死亡率的最佳信息来源。其缺点首先在于这些数据通常是不公开的数据，尤其是针对竞争对手而言。其次，对那些中小型保险公司和养老基金来说，由于针对人群的数量比较少，所以统计误差比较大，尤其是对高龄人口，死亡率的测定也不准确。最后，数据的获得、记录与保存过程不可靠，如记录死亡事件常常会存在延迟的现象。

（2）行业层面的数据。即将全行业的数据汇总后得到的数据，这些数据可以在一定程度上克服上述缺陷。但这类数据的缺点是由于不同时间提供的数据可能是由不同公司提供，所以每一年都可能是不同的针对人群，这样就没有一个共同比较的基础。同时，这些数据也不是每一年都发布。

（3）官方统计调查数据。全国性的人口死亡数据可以公开获得，由于统计的是大量的人口群体，所以有较低的抽样误差，一般统计的历史时间比较长，有一套系统的、一致的数据收集、分析和出版程序。这类数据特别适合进行长期趋势预测。但也有一些缺点：第一，与企业层面的数据相比，数据的详细程度有所欠缺，特别是不能分解成不同社会阶层、生活方式、地理位置和健康状况的数据。第二，由于是综合数据，所以人口迁移问题被忽略掉。第三，同样存在数据收集不全面、不及时的问题，许多地方并没有从根本上意识到这类数据的重要性。第四，存在人口基础风险的问题，即公开的全国性综合死亡数据一般不会精确反映所研究的特定人群的死亡状况。

在我国，人口寿命数据的主要参考来源就是保监会发布的经验生命表。该生命表所用经验数据的98%以上来源于国内经营时间较长、数据量较大的六家寿险公司：中国人寿、平安、太平洋、新华、泰康和友邦。在《中国人寿保险业经验生命表（2000—2003）》编制过程中，采用了2000~2003年的1亿多条保单记录，占全行业同期保单数量的98%以上，数据量在各国生命表编制史上是创纪录的，大大提高了新生命表的可靠性。该生命表的特点是编制水平高，全面采用逐单计算法，编制组采用了两层次数据校验法，数据全部通过校验，确保了数据质量。并且在编制过程中行业参与度高，由保监会牵头，精算委员会协助，全行业共同参与，多家寿险公司投入了大量的资源。

随着人口经济的快速发展，生命表的数据准确性也需要更新换代，在第二代生命表的基础上，第三代经验生命表于2016年正式发布上线。第三代经验生命表（2010—2013年）问世于大数据、区块链、云技术等科技保险飞跃发展的背景下，在这种条件下，生命表的编制看似更加需要满足与时俱进的要求。首先，从数据上来说，制定该生命表涉及的数据总样本量达到3.4亿，估计覆盖人口1.8亿人；总赔案量达到185万宗，其中死亡赔款案接近120万元，重疾赔案60万元。并且在编制过程中所含有的产品种类多，高年龄段数据充足，这也符合我国长寿风险存在的大背景。保障类产品约有3.9亿元，主要包含定期、终身、重疾类产品，有效年龄约为80岁；两全类产品同样有3.9亿元，主要包括个险，有效年龄约为80岁；年金类产品约有1亿暴露数，用于编制第一章基于实际经验的养老金表，有效年龄约为74岁。该经验生命表是通过多角度、全方面地经验分析，如分地区来考虑，基于国家统计局颁布的行政区，划分为省市县；分职业，以国家职业分类大典为依据，分为8大类，380个细节；分出险原因，区分为5级，130类，大部分可与《卫生统计年鉴》对照。并分别按照寿险类公司成立四个子项目组，进行专题研究：（1）死因原因（泰康、国寿负责），处理理赔文字和程序清洗＋人工清洗；（2）趋势研究（太保、太平、友邦负责），趋势模型研究和趋势实证研究；（3）高年龄死亡率（新华、人保、中再负责），高年龄模型研究和修匀方法研究；（4）生命表资料库（平安、生命负责），各国各时期死亡率数据和在线资料库。

从官方统计调查数据的角度看，我国三项主要的人口数据包括人口普查、人口抽查和户籍登记数据。人口普查无所谓抽样误差，但会出现多报或漏报的问题。这就需要抽取一定比例人口进行复查，以确定其误差范围。抽样调查的允许误差都控制在极低水平。从现有资料看，抽样调查数据与人口普查数据吻合度相当高。户籍登记的人口总数、死亡人数、出生人数等数据，不是由专门的统计调查来的，而是行政部门负责管理的，从1949年以来年年都有，但可靠性远远不及前两类数据。

在我国可以查到的数据有《中国人口统计年鉴》《中国统计年鉴》和人口普查数据等。另外还有《中国卫生统计年鉴》、各地公安部门和劳动部门的数据、中国国家统计局编写的中国性别统计资料（1990~1995年）。从1988年~2006年《中国人口统计年鉴》中可以查到各年度的分年龄、分性别死亡人口，部分年份可以查到按月统计的死亡数据。从1989年开始还统计有按照城市、乡镇和农村的分年龄、性别的死亡数据。其中有些年份的数据缺失，如1990年、1991年、1993年、1994年、1996年和2001年等。

开发更加精确的死亡率预测模型，需要的死亡数据包括出生数据和迁移数据、性别年龄、婚姻状况、社会阶层、生活方式（如是否抽烟喝酒）、就业状况、健康状况、地理位置。目前这类数据基本上只能得到一部分，数据的获取与收集整理是最为繁杂的过程，由此可以看出 LifeMetrics 构建的困难与重要程度。

三、构造人口寿命指数的方法和模型[①]

（一）基本模型

1. 相关概念

根据以上对国际上现有的 LifeMetrics 内容和性质分析，其整个框架包括三个主要指标，分别为死亡率、中心死亡率和平均余命。这三个指标的主要含义及意义分别为：（1）平均余命，即平均未来剩余寿命，也就是所研究的

---

① 高全胜、伍旭、王赛：《人口寿命指数：指数构造及其长寿风险管理应用流程》，载于《保险研究》2011年第12期，第52~59页。

群体在未来所剩寿命的平均值。（2）死亡率，是指某一年龄的人在现在时刻存活而在下一年死亡的概率；在实际计算时，统计的死亡数据是在开放条件下的数据，存在迁移人口问题。（3）中心死亡率。在获取数据时，中心死亡率更容易获得，所以在实际计算时常常用中心死亡率来代替死亡率，被称为粗死亡率，用上个生日为某岁的人在一年内的死亡数/上个生日为某岁的人在一年中间时刻的总人数表示。根据我国 1949～2007 年的死亡率变化趋势，可以看出中心死亡率与死亡率相差并不大，因此在实践中两者常常可以相互替代。在获得以上三个指标过程中也需要注意以下说明。

实际同批人生命表的优缺点分析：需要纵向跟踪一批人从生到死的全部过程；不能说明现在某个时期的死亡水平；很难取得完整的原始材料，实际中一般不采用这种方法，在构造人口死亡率指数的相关指标时假设同批人生命表，从而把某一时期各个年龄的死亡水平当作同时出生的一批人在一生中经历各个年龄时的死亡水平看待，即可以描述某一时期处于不同年龄人群的死亡水平；反映了假定一批人按这一时期各年龄死亡水平度过一生时的生命过程。

2. 死亡率预测模型

未来死亡率主要有下面几种预测方法。

（1）趋势外推法。这种方法是利用死亡率的历史经验数据和死亡变化特征预测未来死亡率的变化趋势，该方法比较著名且经典的案例就是 Lee-Carter（1992）人口死亡率预测模型。该类模型依据年龄、死亡人数等指标，运用时间序列数据进行回归分析，体现人口死亡率随时间推移的变化，并认为这一改善趋势在未来还将得以维持。这种方法的缺点是没有注意到人类寿命的极限问题、医疗卫生条件的改善、环境变化以及死亡数据的可靠性问题。

（2）过程演算法。趋势外推法也可以成为内生变量法，而过程演算法指的是一种外生变量影响因素法，即研究那些能够影响死亡率水平变化的外界因素对死亡率的影响，并探究这种影响程度以及之间的因果关系。该方法类似于控制变量法，当其他因素不变时，一次改变某一个或几个风险因素，得到一个死亡率预测模型。同理，再改变其他因素，又可以得到新的预测模型。经过多次演算测试，最终找到拟合效果最佳的死亡率预测模型。

（3）相关模型预测法。这种方法是假设现在某个年龄人口的死亡率变化模式同另外已经掌握的更高年龄段死亡率模式是一样的。可以根据人口结构特征等来分析人口模型的相关参数，这种方法更加适合发展中国家的死亡预测。

（4）专家意见外推法。即根据专家提供的死亡发展路径进行预测。该方法是在不具备定量分析的前提下，综合行业内多个专家意见的方法，这种方法属于定性分析的范畴。

（5）流行病学的预测方法。考虑死亡人口的是否吸烟、社会经济状况、社会地位、特定疾病等死亡风险因子与死亡的关系，然后预测出各个死亡因子的未来趋势再预测死亡的未来趋势，该方法在美国被很多学者广泛应用，这也是因为美国的流行病研究比较成熟，可以用来研究死亡率因子。

在这些方法中，由于过程演算法是一个非常复杂的计算过程，而且对数据要求较高，考虑到目前我国人口死亡率相关统计经验数据缺乏，该种预测方法不适合在我国推行。专家意见法最致命缺点在于主观性强、误差太大，不适合当作主要的研究方法。基于以上分析，选择趋势外推法用于死亡率预测是一个较为理想的选择。在这些方法中，以随机死亡率预测模型的使用比较广泛（Cairns，Blake，Dowd et al.，2007）。基于随机死亡模型的人口寿命指数的基本模型为 Lee-Carter 模型（Lee and Carter，1992）。这是最简单的单因子模型，死亡率被假设为一个随机过程，死亡的年龄分布是确定型的，由历史数据进行校正。假设 $\beta_x^{(i)}$ 表示年龄 x 的效用系数，$\kappa_t^{(i)}$ 表示时间 t 的效应系数，$\gamma_{t-x}^{(i)}$ 表示群组效应系数。那么将 Lee-Carter 模型的基本形式可以表示为：

$$\ln(m_{x,t}) = \beta_x^{(1)} + \beta_x^{(2)} \kappa_t^{(2)}$$

和复杂的模型相比，简单模型不需要对参数进行仔细校正，而且容易知道模型是如何对参数进行反映的。其他模型包括：（1）Renshaw-Haberman（RH）模型；（2）Currie 模型；（3）样条模型；（4）Cairns，Blake and Dowd（CBD）模型。这些模型的区别主要体现在模型的复杂度、考察问题的不同侧面上。RH 预测模型是在 Lee-Carter 模型基础上给出年龄分组效应，Currie 模型则假设时间、年龄和分组效应相互独立，CBD 模型直接对死亡率进行建模，与前面模型的区别在于认为死亡率是年龄的随机过程，而不是时间的随机过程。样条模型是确定型与随机型模型的混合模型，该模型一直被英国使用，实际上是利用样条基进行拟合的过程，样条基通过立方样条来构造，然后利用回归的方法可以得到死亡率预测数值。这些模型的一个重大缺点是把死亡率或者人口寿命看成是单纯的时间序列数据，没有考虑人口生存的社会环境与个体特异性差异，这也是利用寿命矩阵构造人口寿命指数的一个缺陷，搜集更多的社会与经济数据，将目前的人口寿命指数构造方法与病因特异性法、流行病学预测方法相结合是寿命矩阵今后发展的一个重要方向。

（二）结果分析

在上面的模型中，只要输入数据就可以直接估计出来。对于我国的数据，已经有相关的利用原始的模型估计的结果，因此下面我们给出的是最为复杂的包括各种效应和因素的 logit 模型：

$$\log[\text{it}(q_{x,t})] = \kappa_t^{(1)} + \kappa_t^{(2)}(x - \bar{x}) + \kappa_t^{(3)}((x - \bar{x})^2 - \sigma_x^2) + \gamma_x^{(4)} \quad (4.1)$$

其中，σ_x^2 表示 $(x - \bar{x})^2$ 相对于年龄的平均值，目的是确定死亡率关于年龄的异方差性。该模型包括了群组效应，同时可以识别 logit 图的系统弯曲现象。

利用模型（4.1）计算我国的人口死亡率有关指标，使用的数据是 1995～2007 年我国分年龄的总体死亡率数据，年龄范围为 51～95 岁，选择这个年龄段一个原因是这是死亡率比较高、人口寿命集中的年龄段，95 岁以上的高龄老人人口数量少、死亡率高，其寿命与死亡率都需要特殊的建模与分析方法，同时其社会意义也相对较少；另外一个原因是这个时间段和年龄段的数据最完整、可靠。

从模型（4.1）求得的最终结果可以看出，在所考察纯粹的死亡率时间效应 $\kappa_t^{(2)}$ 在 1996 年达到最高，随后突然下降，然后再缓慢回升，出现一定的周期性波动迹象。如果加入这种波动性，得到的死亡率时间效应 $\kappa_t^{(3)}$ 显示出更加明显的异方差性和时间弯曲效应。这表明死亡异质性是研究中国人口寿命指数必须考虑的一种特性。

四、基于人口寿命指数的长寿风险管理

在人口老龄化背景下，通过借鉴国际上比较成熟的人口寿命指数构建机制来构造适合中国实际发展情况的寿命矩阵和人口寿命指数，这种指数能够更有效地进行长寿风险的量化评估与管理，尤其是在大数据背景下通过借力大数据等技术使得寿命指数的构建最有可能实现。通过借鉴国际经验，基于寿命矩阵和人口寿命指数的长寿风险的量化评估与管理的整个流程主要有以下几部分。

（1）研究长寿或死亡对风险暴露的影响。在进行长寿风险管理之前寿险需要量化风险，尤其是能够评估由于长寿或死亡所带来的风险暴露的价值。在量化长寿或死亡的风险暴露时主要是通过分析人口整体分布情况、死亡生存状况、生存人年数等重要函数来评估风险暴露与死亡率的关系。

（2）确定影响死亡或长寿风险的相关数据。国内数据缺失对相关研究有一定的局限性，对国内寿命矩阵和人口寿命指数的构建关键是大量经验数据的验证。那么此背景下，对数据的精确性、可获得性、获得方法、误差来源等数据方面的处置需要进一步探索研究。在国内，经验生命表数据是比较适用且成型的数据。在死亡率数据的处理过程中要注意死亡跳跃和高龄人群死亡率估计这两方面主要问题。死亡跳跃数据是在平滑的死亡数据上因突然事件导致的死亡率剧增；高龄死亡率是由于高龄样本数据比较少，出现统计误差等。

（3）预测未来死亡率和预期寿命。现有的各种死亡率参数预测模型比较成熟，基本上考虑了各种情景下的死亡率，分为静态死亡率模型和动态死亡率模型。在这些复杂模型的基础上能够进行精炼，设计比较简单的针对不同场景的死亡率预测模型。根据过去的数据和基于对未来的趋势的估计，这些模型可以模拟出死亡率的各种路径，并可以用压力测试的方法来评估预测的稳健性和可靠性。

（4）探讨长寿风险和死亡风险存在的各种影响。长寿风险和死亡风险的存在主要是对社会、保险公司及个人等三个主体的影响，尤其是对现阶段中国社会保障中使用的统筹账户，这属于确定收益型养老金计划或保险公司发行的年金业务等。因此现阶段比较重要的是通过构建寿命矩阵和长寿风险指数来评价养老基金对长寿风险的敏感性。通过敏感性的影响指标分析，再通过长寿风险数据结果对社会养老保障体系等主体提供相应的决策。

（5）评估长寿风险和死亡风险的管理方法。这实际上是对风险和收益的权衡问题，例如可以确定是否投资长寿风险，确定是否对冲这种风险。进行对冲处理，存在成本问题，但不做任何处置又存在潜在的风险暴露。同时还要评价剩余风险，包括人口基础风险和对冲滚动风险。

综上所述，通过借鉴国际上寿命矩阵和人口寿命指数的构建案例，探究一套适合我国实际需要的，并能在一定程度上帮助养老基金监控长寿风险并对其进行对冲的人口寿命指数至关重要。从理论上讲，要推动人口寿命衍生品市场的发展，标准化的指数是必不可少的。这些指数的存在能使人们更容易理解风险的价值，并且投资者能够据此确定交易。另外，长寿风险指数的构建对制定更加规范的风险管理框架，且有效管理长寿风险是一个长久有效机制。可以预计，寿命矩阵及人口寿命指数是迄今为止最为有效的长寿风险管理工具和服务手段。

第五章

我国长寿风险的识别
及其发展现状

作为一种社会保险险种，养老保险的地位与作用不容忽视，它能够使人民获得生活的保障，为社会安定做出贡献。我国的养老保险主要包含基本养老保险、企业补充养老保险、商业养老保险、个人储蓄性养老保险四个部分。其中，基本养老保险具有强制性，是一种由国家保证必须实施的一种保险；而其他三种保险都具有较强的灵活性，人们可以根据自己的意愿选择是否参加。长寿风险源于人口平均预期寿命的不确定性增加，因而无论是政府的养老保险制度，还是企业、保险公司及个人各主体只要其精算平衡中涉及人口平均预期寿命这一指标，必然会受到长寿风险的直接影响。本章主要研究我国政府、企业和个人各主体分别从对长寿风险的识别以及发展状况来阐述长寿风险给各行各业带来的直接性或间接性影响。

第一节　政府面临的长寿风险识别

我国政府提供的社会基本养老保险制度和机关事业单位养老保险计划中，若参保人员的实际平均寿命高于平均预期寿命，政府则需要承担更多的养老金支出，即将直接面临长寿风险。另外，政府也很有可能成为社会其他主体面临的长寿风险的最终承担者，例如，当保险公司及其他机构组织因长寿风险的存在影响其偿付能力，甚至因长寿风险的存在导致这类企业或保险公司的偿付能力不足，甚至有濒临破产或倒闭的可能，并且这些公司与机构对经济社会发展有巨大的影响，此时政府就需要对其"接盘"，从而成为长寿风险的主要承担者；如果个人因长寿风险使其生活陷入贫穷，政府也有责任通过相关社会救助或救济计划保障其最低生活水平。因此，我国政府面临的长寿风险主要来自社会基本养老保险制度、企业或个人转嫁来的长寿风险。

一、社会基本养老保险制度概述

我国现行的社会基本养老保险制度包括城镇职工基本养老保险制度和城乡居民基本养老保险制度两部分。因城镇职工占较大比例，并且具有一定的代表性，现以城镇职工为例阐述基本养老保险制度。

现行的城镇职工养老保险制度主要是在 1995 年颁布的《国务院关于深化企业职工交养老保险制度改革的通知》、1997 年颁布的《国务院关于建立统一的企业职工基本养老保险制度的决定》和 2005 年颁布的《国务院关于完善企业职工基本养老保险制度的决定的规定》的基础上逐步形成并完善。主要内容是不断扩大养老保险的覆盖面，即城镇各类企业职工、个体工商户和灵活就业人员都要参加企业职工基本养老保险。另外，降低个人缴费标准。从 2006 年 1 月 1 日起，个人账户的规模统一由本人缴纳工资的 11% 调整为 8%，到位缴费不再划入个人账户。加强基本养老保险基金的政教育监管，实行收支两条线管理，严禁挤占挪用。改革养老保险的计发办法，即采用"新人新制度、老人老办法、中人逐步过渡"的方式。按照新的基本养老金计发办法，参保人员每多缴一年，养老金中的基础部分增发一个百分点，上不封顶，能够形成"多工作、多缴费、多得养老金"的激励约束机制。

二、长寿风险的识别和发展现状①

我国城镇职工基本养老保险制度中的社会统筹部分按照规定实行现收现付制，这种制度能够实现代际之间的收入再分配，从而使相关风险可以在代际间进行转移。同时我国基本的社会养老金的给付是待遇确定型（DB 型），即参加者的基础养老金的发放标准基于工资年限，而不取决于个人积累的资产价值。然而，随着人口平均预期寿命的增加，为某一特定年龄提供的特定数量的养老金越来越多。根据我国第六次人口普查数据，2010 年全国人口平均预期寿命为 74.83 岁，而 2000 年全国人口的平均预期寿命为 71.4 岁，10

① 郭金龙等：《长寿风险及其管理的理论和实证分析》，经济管理出版社 2017 年版。

年提高了 3.43 岁。根据清华大学 2018 年发布的《国人养老准备报告》，根据国务院老龄办公布的数据，2017 年中国 60 周岁及以上的人口数量已达到 2.41 亿人，占全国总人口的 17.3%。按照目前的增长速度，预计到 2020 年，中国老年人口将达到 2.5 亿人。随着退休人口平均预期寿命的增加，与之相关的基础养老金给付金总额也随之增加。由于实行现收现付制，这部分额外的养老金给付金额，即聚合长寿风险可以在代际间进行分散，只要这个制度可以持续运行，理论上政府并不会承担这部分的聚合长寿风险。但是，目前我国在人口平均预期寿命增加的同时伴随着人口生育率的下降，根据国家统计局发布的数据，2017 年我国出生人口 1723 万人，人口出生率为 1.243%；2016 年我国出生人口为 1786 万人，2017 年出生人口数量较 2016 年有所下降。另外，老年人口的快速增长与 20 世纪 50 年代的高出生率有关。随着时间推移，"生育潮"时期出生的人群已逐步进入老龄期，同时"计划生育"政策对人口结构的影响也开始逐步凸显。可以预计未来中国老龄化程度，将继续加深。那么，这种老龄化程度逐渐加深的情形，使得现收现付制的可持续性运行风险逐渐增大。换句话说，现收现付制的养老保险制度能否可持续运行的关键因素是人口老龄结构，而它取决于人口平均预期寿命和人口生育率。人口生育率不仅决定注入年龄金字塔的新生一代的规模，而且会影响不同年龄人口群体之间的比例关系；人口平均预期寿命则仅影响年龄金字塔的塔顶。从而相较于人口平均预期寿命而言，人口生育率对人口年龄结构的影响更大，因此社会统筹部分受到人口老龄化的影响更加直接和明显。

我国城镇职工基本养老保险的个人账户部分在制度设计之初就明确规定个人账户实行缴费确定型的完全积累制（即 DC 型）。根据制度设计，个人账户积累的资产在退休以后按照 2005 年颁布的计发月数规定来计发，并且个人账户中个人资金的剩余部分可以在参加者死亡后继续继承，即参加者若提前意外死亡，其个人账户资产的余额可以按照遗嘱继承；若参加者的实际寿命高于规定的计发月数，那么不足部分将由城镇职工基本养老保险制度中的社会统筹基金当期支付。也就是说，在现行城镇职工基本养老保险制度的制度设计中，个人账户并不是一个独立的封闭系统，也没有按照大数法则分散风险以达到自我平衡，它更多的类似于一个"个人强制储蓄，政府提供最终兜底"的养老金系统。低于制度设计人口平均预期寿命的参加者的个人账户资产余额可以继承，而高于制度设计人口平均预期寿命的参加者所需养老金将由社会统筹基金全额补助。但是随着我国人口平均预期寿命的增加，该制度在未来必然出现一个需要额外支付的资金缺口，即长寿风险敞口。这个长寿风险敞口将由社会统筹基金无偿兜底，因此政府最终承担社会养老保险制度下的个人账户产生的长寿风险。目前，我国现行的计发月数标准为2005年制定，在不考虑投资收益率的影响下，若参加者60岁退休，其个人账户累计金额支付139个月，约11.58年，即可以支付到参加者71.58岁。根据国家卫健委发布的《2017年我国卫生健康事业发展统计公报》报告显示，2017年，中国人均预期寿命由2016年的76.5岁提高到76.7岁，未来这一数值还会进一步提高。当然，考虑到个人账户资金投资收益因素，可支付养老金的实际月数会有所增加，但仍会滞后于人口平均预期寿命的增长速度。因此，如果政府不对个人账户中的长寿风险进行有效管理，个人账户中需额外支付的资金缺口会逐步扩大，即政府面临的这部分长寿风险会越来越严重。

三、长寿风险的实证分析

从上述长寿风险的识别和发展现状分析可知，我国政府面临的长寿风险主要源于城镇职工基本养老保险制度和机关事业单位养老保险制度中的个人账户部分，由于城镇职工基本养老保险制度中的个人账户受长寿风险的影响最为直接和重大，同时数据相对容易收集与分析，因此本部分以城镇职工基本养老保险制度中的个人账户中的长寿风险的评估为例进行定量分析，从而探讨长寿风险对我国政府的社会养老保险制度的影响。

（一）假设条件

一是城镇职工基本养老保险的个人账户按照制度设计是基于精算平衡进行计算与运行的。本部分忽略职工伤残、失业、提前退休等因素的影响，并假设参加者一直存活并缴费至法定退休年龄。

二是本节假定参加者一工作就开始参加城镇职工基本养老保险并在统一年龄退休。现行养老保险费用缴费都是参加者按月进行缴纳，但是基于模型的简化，这里假设参加者按年于年初缴纳一次并持续至统一退休年龄，每年的养老保险费用等于参加者年平均工资与法定缴费比例的乘积。

三是为了避免劳动者未来的生活水平因通货膨胀影响而明显下降，本节假定参加者的年平均工资自参加工作起每年遵循固定比例增长，且这个增长比例为扣除通货膨胀率的实际增长比例。

四是由于个人账户收支平衡模型的构建需要以个人账户为实账同时实现

保值增值为重要前提，因此本节假定个人账户自设立之初就一直实账运行，同时资金实现了保值增值目的，其投资收益率为扣除了通货膨胀率后的实际投资收益率，且与记账利率相等，而且为了简化计算并不考虑个人账户的费用。

五是本节假设在不考虑养老金给付水平和工资水平变化的前提下，参加者领取的个人账户养老金于每年初按固定金额发放一次，即个人账户养老金替代率[①]为 p 且保持不变。

（二）模型构建

假设城镇职工基本养老保险制度参加者一开始工作的年龄均为 a 岁，即参加者在 a 岁工作时就参加城镇职工基本养老保险制度；并假定这些参加者的统一退休年龄均为 b 岁；参加工作第一年的年平均工资收入为 I_a；缴费率为 c；年缴费额为 c_a；个人账户资金的投资收益率为 i；年平均实际工资收入的增长率为 g，则：参加者在工作第一年，即参加者在 a 岁时的年缴费金额为 $c_a = cI_a$，那么以投资收益率 i 复利累积到退休时的价值为 $S_a = c_a(1+i)^{b-a} = cI_a(1+i)^{b-a}$；在工作第二年，即参加者在 $a+1$ 岁时的缴费金额为 $c_{a+1} = cI_{a+1} = cI_a(1+g)$，那么以投资收益率 i 复利累积到退休时的价值为 $S_{a+1} = c_{a+1}(1+i)^{b-a-1} = cI_a(1+g)(1+i)^{b-a-1}$；在工作第三年，即参加者在 $a+2$ 岁时的缴费金额为 $c_{a+2} = cI_{a+2} = cI_a(1+g)^2$，那么以投资收益率 i 复利累积到退休时的价值为 $S_{a+2} = c_{a+2}(1+i)^{b-a-2} = cI_a(1+g)^2(1+i)^{b-a-2}$；以此类推，在最后一次缴费，即退休前一年，参加者 $b-1$ 岁时的缴费金额为 $c_{b-1} = cI_{b-1} = cI_a(1+g)^{b-a-1}$，那么以投资收益率 i 复利累积到退休时的价值为 $S_{b-1} = c_{b-1}(1+i) = cI_a(1+g)^{b-a-1}(1+i)$。因此，参加者到退休时的全部养老基金累积年末终值为：

$$
\begin{aligned}
(FV)_b &= S_a + S_{a+1} + S_{a+2} + \cdots + S_{b-1} \\
&= cI_a(1+i)^{b-a} + cI_a(1+g)(1+i)^{b-a-1} + cI_a(1+g)^2(1+i)^{b-a-2} \\
&\quad + \cdots + cI_a(1+g)^{b-a-1}(1+i) \\
&= cI_a \frac{(1+i)\left[(1+i)^{b-a} - (1+g)^{b-a}\right]}{i-g}
\end{aligned} \tag{5.1}
$$

[①] 养老金替代率，是指劳动者退休时的养老金领取水平与退休前工资收入水平之间的比率。它是衡量劳动者退休前后生活保障水平差异的基本指标之一，是一个国家或地区养老保险制度体系的重要组成部分，是反映退休人员生活水平的经济指标和社会指标。

假设个人账户养老金替代率为 p，且在退休期内保持不变；参加者在 ω 岁死亡，即参加者的预期寿命为 ω 岁，则退休后 t 岁（$b \leq t \leq \omega$）时领取的养老金在退休时刻 b 岁的现值为 $P_b = s\left[I_a(1+g)^{b-a-1}\right] \times \dfrac{1}{(1+i)^{t-b}}$。前面已经假设参加者在退休后的养老金领取水平是固定常数，那么参加者从 b 岁退休至 ω 岁死亡时领的养老金总额在退休时刻 b 的现值为：

$$(PV)_b = P_b + P_{b+1} + \cdots + P_{\omega-1} = sI_a(1+g)^{b-a-1}\frac{(1+i)^{\omega-b}-1}{i(1+i)^{\omega-b-1}}$$

由于个人账户实行完全积累制，为了实现个人账户的收支精算平衡，参加者在退休时刻 b 全部缴费的累积终值等于退休后领取的所有养老金在退休时刻 b 的现值，即 $(FV)_b = (PV)_b$，则：

$$cI_a\frac{(1+i)\left[(1+i)^{b-a}-(1+g)^{b-a}\right]}{i-g} = sI_a(1+g)^{b-a-1}\frac{(1+i)^{\omega-b}-1}{i(1+i)^{\omega-b-1}}$$

假设个人账户每年支付的固定养老金金额为 m，即 $m = sI_a(1+g)^{b-a-1}$，基于个人账户资金精算平衡原理，设养老金计发月数为 θ，则有：

$$\theta = \frac{(FV)_b}{m} \times 12 = \frac{(PV)_b}{m} \times 12 = \frac{\left[I_a s(1+g)^{b-a-1}\dfrac{(1+i)^{\omega-b}-1}{i(1+i)^{\omega-b-1}}\right]}{m} \times 12$$

$$= \frac{(1+i)^{\omega-b}-1}{i(1+i)^{\omega-b-1}} \times 12 = 12\,\frac{(1+i)^{\omega-b}-1}{i(1+i)^{\omega-b-1}} \tag{5.2}$$

因此，从式（5.2）可以看出，养老金计发月数 θ 受到投资收益率 i、预期寿命 ω 以及退休年龄 b 的直接影响。若计发月数确定，在一定的投资收益率水平 i 和退休年龄 b 的假设下，可以得到制度设计时的假定的平均预期寿命 $\bar{\omega}$，若实际平均预期寿命 ω 等于制度设计时假定的平均预期寿命 $\bar{\omega}$，现行的城镇职工基本养老保险个人账户就能够实现基金平衡，然而实际平均预期寿命 ω 高于制度设计时假定的平均预期寿命 $\bar{\omega}$，且其他条件不变，那么个人账户就会面临所积累财富不足的风险，即存在长寿风险。

假设长寿风险给代表性个人的个人账户造成的缺口为 ϕ，则有：

$$\phi = (\omega - \bar{\omega})m = (\omega - \bar{\omega}) \times 12 \times \frac{(FV)_b}{\theta}$$

$$= 12 \times (\omega - \bar{\omega}) \times \frac{cI_a(1+i)\left[(1+i)^{b-a}-(1+g)^{b-a}\right]}{m(i-g)}$$

这里模型的构建基于"代表性个人"的重要假设前提，那么城镇职工基本养老保险个人账户所面临的长寿风险敞口即为多个"代表性个人"面临的长寿风险敞口总和。

（三）数值分析

现行城镇职工基本养老保险制度主要是由 2015 年颁布的《国务院关于完善企业职工基本养老保险制度的决定》确定，因此本部分选取 2005 年作为"代表性个人"的初始年份，其他参数均在此基础上进行合理估计。

（1）投资收益率 i。从 2001 年至今的社会保障基金历年投资收益情况分析，我国社会保障基金的投资收益率波动较大，且平均收益率不高。个人账户资金一直采用记账利率，通常为一年期存款利率或是同期国债利率。从表 5 - 1 可看出，我国一年期存款利率并不高，约围绕着 3% 波动，某些年份都低于通货膨胀率，因此个人账户资金的投资收益率也不会太高，并且波动性也比较大，为了简化模型，也鉴于我国社会保障基金投资渠道将进一步拓宽以及资本市场将进一步完善，个人账户资金的投资收益率也会逐渐上升，因此假定个人账户的投资收益率为 5%。

表 5 - 1   我国社会保障基金历年投资收益情况（2001 ~ 2017 年）

年份	投资收益额（亿元）	投资收益率（%）	通货膨胀率（%）
2001	7.42	1.73	0.70
2002	19.77	2.59	- 0.80
2003	44.71	3.56	1.20
2004	36.72	2.61	3.90
2005	71.22	4.16	1.80
2006	619.79	29.01	1.50
2007	1453.50	43.19	4.80
2008	- 393.72	- 6.79	5.90
2009	850.43	16.12	- 0.70
2010	321.22	4.23	3.30
2011	74.60	0.86	5.40
2012	654.35	7.10	2.60
2013	685.87	6.20	3.20
2014	1424.60	11.69	2.00

续表

年份	投资收益额（亿元）	投资收益率（%）	通货膨胀率（%）
2015	2294.78	15.19	1.40
2016	319.40	1.73	2.00
2017	1846.14	9.68	7.50
平均投资收益	607.69	8.99（平均）	2.69（平均）

注：（1）平均投资收益额在各年投资收益额之和基础上作了以下调整：①2008 年首次执行新会计准则调减以前年度收益 261.48 亿元；②2010 年股权投资基金会计政策变更调增以前年度收益 2.84 亿元；③实业投资以前年度收益调整，调增以前年度收益 1.12 亿元。（2）年均收益率为 2001～2017 年各年度收益率的算术平均值。（3）年均通货膨胀率为 2001～2007 各年度通货膨胀率的算术平均值。

资料来源：数据来源于全国社会保障基金理事会。

（2）年平均工资收入的实际增长率 g。职工工资收入的增长率直接与我国经济发展速度有密切相关。那么随着我国经济进入新常态，根据 2005～2017 年《中国统计年鉴》中关于 GDP 的增长率，可以对 GDP 增长率的较长期目标预计控制在 5%～7%，因此未来年均工资收入实际增长率 g 设定为 6%。

（3）缴费率 c。根据 2005 年颁布的《国务院关于完善企业职工基本养老保险制度的决定》，缴费率 c 规定为 8%。

（4）起始年平均工资收入 I_a。由于现行的城镇职工基本养老保险制度是由 2005 年发布的，因此本部分将 2005 年作为模型计算的起始年。根据《2006 年中国统计年鉴》选取 2005 年城镇单位在岗职工年平均工资作为起始年参加者年平均工资收入，即 I_a 定为 18364 元。

（5）参加者的初始年龄 a。《中华人民共和国社会保险法》第五十八条规定，"用人单位应当自用工之日起三十日内为其职工向社会保险经办机构申请办理社会保险登记"，因此参加者自开始工作起就必须参加社会基本养老保险制度。2004 年，劳动保障部社会保险研究所对北京、上海、大连、成都和西安五个城市的参加者初始年龄作抽样调查，其结果显示为 16 岁，并预测未来初始工作年龄将有所增加。这也是基于近年来我国大众受教育程度的普遍提高，本部分选取大学毕业的平均年龄 22 岁作为参加者的初始年龄。

（6）统一退休年龄 b 和计发月数 θ。根据《国务院办公厅关于进一步做好国有企业下岗职工基本生活保障和企业离退休人员养老金发放工作有关问题的通知》、劳动和社会保障部于 1999 年 3 月 9 日发布的《关于制止和纠正违反国家规定办理企业职工提前退休有关问题的通知》要求：国家法定的企业职工退休年龄是男年满 60 周岁，女工人年满 50 周岁，女干部年满 55 周岁。从事井下、高温、高空、特别繁重体力劳动或其他有害身体健康工作的，退休年龄男年满 55 周岁，女年满 45 周岁，因病或非因工致残，由医院证明并经劳动鉴定委员会确认完全丧失劳动能力的，退休年龄为男年满 50 周岁，女年满 45 周岁。尽管我国法定退休年龄存在推迟的大趋势，但是推迟退休年龄牵涉极多，不会在短时间内大幅提高法定退休年龄，而且平均实际退休年龄的增加将会更加缓慢。因此本研究仍将退休年龄统一设为 $b = 60$ 岁，且计发月数 θ 根据现行规定为 139 个月。

（7）平均预期寿命。通常平均预期寿命的选取有两种方式：一种方式是以刚出生人口作为观察对象确定的零岁人口平均预期寿命；另一种方式是以退休人口作为观察对象确定的平均预期寿命，即根据退休时的平均预期余命加上退休年龄。两种不同的选取方式存在一定差异。以一名 2010 年退休的 60 岁男性参加者为例，根据《全国人口生命表（男性）（2009 年 11 月 1 日至 2010 年 10 月 31 日）》死亡率数据计算，此时零岁人口的平均预期寿命为 75.35 岁，而 60 岁的平均预期余命是 19.73 岁，即此时 60 岁人口的平均预期寿命为 79.73 岁，显然第二种方式的取值比第一种方式多了 4.38 岁。由于第一种方式较为简单并便于理解，政府通常以此来衡量社会经济的发展。现根据很多学者的研究，采用较多的是经过改进的 Lee-Carter 模型（1992），并预测 2050 年我国零岁人口平均预期寿命将达到 81.7 岁，那么本部分假定平均预期寿命为 82 岁。

（四）模型结果

根据以上对各参数的分析以及赋值，得到如表 5-2 所示参数值。

表 5-2 城镇职工基本养老保险中个人账户的基本参数设置

参数	i（%）	g（%）	c（%）	I_a（元）	a（岁）	b（岁）	ω（岁）	θ（月）
设定值	5	6	8	18364	22	60	82	139

将以上参数分别带入式（5.1），通过计算可得到以下结果。即参加者到退休时的个人账户养老金累积终值为：

$$(FV)_b = cI_a \frac{(1+i)\left[(1+i)^{b-a} - (1+g)^{b-a}\right]}{i-g}$$

$$= 0.08 \times 18364 \times \frac{(1+0.05)\left[(1+0.05)^{60-22} - (1+0.06)^{60-22}\right]}{0.05-0.06}$$

$$= 427104.5952（元）$$

参加者每年可领取的固定养老金为：

$$m = \left[\frac{(FV)_b}{\theta}\right] \times 12 = \left[\frac{427104.5952}{139}\right] \times 12 = 36872.3392 \ （元）$$

基于个人账户精算平衡原理，且计发月数为固定数值，个人账户在制度设定时假定的平均预期寿命可由式（5.3）推导出。

根据式 $\theta = 12\frac{(1+i)^{\omega-b}-1}{i(1+i)^{\omega-b-1}}$，其中 $\theta = 139$，$i = 0.05$，$b = 60$，求得制度下的人口平均期望寿命 $\overline{\omega} = 76.4$ 岁。那么，长寿风险给个人账户造成的资金缺口为：

$$\phi = (\omega - \overline{\omega})m = (82 - 76.4) \times 36872.3392 = 206485.0995（元）\quad（5.3）$$

综上所述，本部分通过构建城镇职工基本养老保险制度个人账户的精算平衡模型，在上面（1）～（6）假设条件下，基于合理的参数设定，评估了长寿风险对城镇职工基本养老保险制度中个人账户造成的影响，得出目前长寿风险对个人账户造成的资金缺口大约为21万元。进一步说，由于城镇职工基本养老保险制度中个人账户存在的长寿风险缺口为多个代表性个人存在的长寿风险敞口总和，那么整个城镇职工基本养老保险制度中个人账户将由于长寿风险的存在而现巨大的缺口问题。

第二节　企业与保险公司面临的长寿风险识别

一、企业面临的长寿风险的识别

（一）基本概述

我国企业提供的退休金计划主要是企业年金计划。根据原劳动保障部《企业年金试行办法》的有关规定，企业年金是指企业及其职工在依法参加基本养老保险的基础上，自愿建立的补充养老保险制度。它是多层次养老保险体系（由基本养老保险、企业年金和个人储蓄性养老保险三个部分组成）的"第二支柱"。在实行现代社会保险制度的国家中，企业年金已经成为一种较为普遍实行的企业补充养老金计划，又称为"企业退休金计划"或"职业养老金计划"，并且成为所在国养老保险制度的重要组成部分。企业年金属于补充养老保障范畴，不具有国家强制性，而是由国家宏观指导、企业内部决策执行。从年金制度设计模式看，它对于提高退休职工的养老金水平，保障劳动者晚年生活水平能够发挥重要作用，同时也有利于企业更好地吸引人才、留住人才，促进资本市场发展。

（二）运行模式

企业年金可分为缴费确定型（即 DC 计划）和待遇确定型（即 DB 计划）两种类型。

1. 缴费确定型年金（DC 计划）

缴费确定型年金也称为个人账户方式，指的是通过建立个人账户，由企业和职工本人定期按一定比例支付保险费用，该账户的资金积累规模以及投资收益总财富都属于职工本人，可以在其退休时按照养老金的形式来支付。其基本特征是：（1）简便易行，透明度较高；（2）缴费水平可以根据企业经济状况作适当调整；（3）企业与职工缴纳的保险费免予征税，其投资收入予以减免税优惠；（4）职工个人承担有关投资风险，企业原则上不负担超过定期缴费以外的保险金给付义务。

2. 待遇确定型年金（DB 计划）

也称养老金确定计划。指雇员退休时，按照在该企业工作年限的长短，从经办机构领取相当于其在业期间工资收入一定比例的养老金。参加 DB 计划的雇员退休时，领取的养老金待遇与雇员的工资收入高低和雇员工作年限有关。具体计算公式是：雇员养老金 = 若干年的平均工资 × 系数 × 工作年限（若干年的平均工资是计发养老金的基数，可以是退休前 1 年的工资，也可以是 2 ~ 5 年的平均工资；系数是根据工作年限的长短来确定的）。其基本特征是：（1）通过确定一定的收入替代率，保障职工获得稳定的企业年金；（2）基金的积累规模和水平随工资增长幅度进行调整；（3）企业承担因无法预测的社会经济变化引起的企业年金收入波动风险；（4）一般规定有享有资格和条件，大部分规定工作必须满 10 年，达不到则不能享受，达到条件的，每年领取到的养老金额还有最低限额和最高限额的规定；（5）该计划中的养老金，雇员退休前不能支取，流动后也不能转移，退休前或退休后死亡的，不再向家属提供，但给付家属一定数额的一次性抚恤金。

（三）发展现状

自 1991 年国家首次提出有条件的企业自愿为职工建立补充养老保险（即

企业年金的前身）至 2004 年正式推出企业年金试行办法等具体规章，期间政策密集出台，但实际发展却较为缓慢。2004 年颁布的《企业年金试行办法》和《企业年金基金管理暂行办法》正式建立了我国的企业年金制度，并开始推行年金市场化管理，实行以信托制为核心的企业年金制度。2006 年，企业年金资金真正开始进入市场进行投资运作。2007 年，监管部门正式开始进行收益率情况统计。相比国外上百年的历史，中国的企业年金制度仅有二十多年的发展历程，尽管中国的企业年金制度在创建初期充分利用后发优势，吸取了国外发展的经验教训，但其因中国特有的政治、经济、文化、社会背景而具有独特性。具体表现为：中国政府明确规定企业年金制度在依法参加基本养老保险并履行缴费义务的基础上自愿建立，并未强制要求；企业年金计划统一实行缴费确定型模式（DC 计划），以个人账户方式积累，账户中的资金具有私人产权性质和继承性，即这部分资金其他方不得侵占与挪用，而且员工需要在达到国家法定退休年龄后方可领取。企业年金计划通过市场化方式进行管理，可以将老年保障风险分散到更大范围的养老金类别，促进企业发展和资本市场发展，但是需要相应的制度条件和环境与之配合。中国企业年金发展基本情况如表 5-3 所示。根据调研数据显示，截至 2016 年底，全国企业年金基金累计达到 11074 亿元，较 2015 年增加 1549 亿元，增长率 16%，继续保持稳定发展态势；参加企业数增长到 76298 家，增加 844 家，增长率仅为 1.1%；参加职工数增长到 2325 万人，增加 9 万人，增长率仅为 0.3%。

表 5-3 　　　　　　　中国企业年金发展基本情况（2008~2016 年）

年份	2008	2009	2010	2011	2012	2013	2014	2015	2016
基金规模（亿元）	1277	1975	2809	3570	4821	6034	7689	9525	11074
参加员工数（万人）	424	458	563	748	1847	2056	2293	2316	2325

资料来源：郑秉文，《中国养老金发展报告（2017）》，经济管理出版社 2017 年版。

（四）长寿风险识别分析

我国企业年金实行缴费确定制，并以个人账户方式进行完全积累，账户中的资金具有私人产权性质和继承性。尽管企业年金由企业提供，但企业只是在参加者退休前的工作期间按照规定缴纳一定费用，一旦参加者退休，企业就不再承担缴费义务，同时也不必对参加者企业年金计划中的个人账户有可能面临的资产不足问题负责。当企业年金计划参加者的平均预期寿命增加，导致企业年金计划产生聚合长寿风险时，企业并不会承担长寿风险造成的损失，而是由企业年金计划的参加者承担。综上所述，我国的企业没有面临长寿风险，而是企业中员工个人账户面临的长寿风险。

二、保险公司面临的长寿风险的识别

（一）基本概述

商业养老保险能够在基本养老保险的基础上为人们提供更好更完善的生活保障，实际上是社会养老保险的一种补充方式，通过商业化的手段使人们的老年生活更加具有质量，具有自愿性和普遍适用性。商业养老保险是指被保险人通过缴纳一定的保险费来获取未来若干年后可以定期领取的养老年金，它可以提高养老保障水平，具备储备和投资功能。商业养老保险灵活性强、投保过程清晰、稳定性高、品种丰富，商业养老保险必将成为保障人民生活水平的中流砥柱。商业养老年金保险是寿险产品的一种特殊形式，一般是由投保人按期缴付保费，在保险期间内，被保险人从特定年度开始，在每一生存年度都可以领取一定数额的养老金，主要是为投保人在退休时提供收入。从产品形态看，它实际上是一种年金保险产品。

目前市场上的商业养老保险产品种类很多，从保险期间看，有定期养老保险和终身养老保险，从领取方式看，有一次性领取和生存状态下每年领取两种方式，部分养老保险产品还有保证领取的条款，即在保证领取的期间内，不论被保险人生存还是死亡，都可以每年领取养老金。另外很多产品在保险利益中还加入了满期生存金、身故保险金、公司分红等。

首先，商业养老保险是由商业保险公司经营的、被保险人自愿投保的一种长期寿险产品，是社会养老保险的补充。因此，商业年金保险具有养老保险的一般性特点：保险期间长、保险金额高。这是由年金保险的保险利益决定的，被保险人从特定年度开始可以每年领取养老金直至终身，因此保险期间都在 20 年以上；而被保险人若想领取的养老金水平较高，就需要缴付高额的保费，相应的保险金额也会很高。

其次，与社会养老保险不同，商业养老保险还具有相对灵活的养老金领取期和自由选择的养老金金额：社会养老保险的养老金只能从法定的退休年龄开始领取（男性为 60 岁，女性为 55 岁），而商业养老保险则有多种选择（大部分产品有 50 岁、55 岁、60 岁、65 岁四个时间可供选择）。同时商业养老产品的保险金额和养老金水平也可以灵活选择，被保险人可以根据自己的需要和退休前的收入水平确定保险金额，相应的保费和养老金也会与保险金额同比变动。长寿风险对商业养老保险的影响主要在于定价和责任准备金两个方面。

商业养老保险根据对象的不同可分为团体和个人养老保险。团体养老保险是企业集中为员工提供养老保障的一种养老方式，企业会根据员工的实际需求和企业的实际情况为员工购买养老保险，使企业员工老年生活得到保障，让企业员工放心、安心地为企业的发展壮大贡献自己的一分力量，团体养老保险在社会养老保险体系中处于第二个层次。个人养老保险是指个人为了保障自身的老年生活，根据自身的需求和实际经济能力而进行购买养老保险的一种方式，在社会养老保险体系中处于第三个层次。

团体商业养老保险是由企业购买的一种养老年金保险产品。我国的团体商业养老保险发展历史较短，最早的一份团体商业养老年金保险始于 20 世纪80 年代。在 2004 年《企业年金试行办法》正式颁布后，团体商业养老年金保险与企业年金才正式区别开来。由于企业年金享有一定的税收优惠政策，一些企业更愿意用企业年金形式来替代团体养老年金保险，致使团体养老年金保险的业务规模逐年下降，加之各家商业保险公司调整发展策略以适应企业年金的倾向增强，使得目前我国团体商业养老年金保险发展极为艰难，市场份额不断萎缩。2013 年，团体商业养老年金保险占人身保险原保费的比重仅为 0.5%。

另外，个人商业养老年金保险是由个人或家庭自愿购买的一种养老年金保险产品。它能够为购买者在退休后提供收入保障，目前在老龄化问题较早出现的欧美国家已经获得较大成功。我国最早的个人商业养老年金保险始于1982 年，其发展相对滞后。自 1991 年国务院颁布的《关于企业职工养老保险制度改革的决定》中首次提及将个人商业养老年金保险作为职业养老保险，1997 年国务院颁布的《关于建立统一的企业职工基本养老保险制度的决定》中明确发挥商业保险的补充作用，以及 2004 年保险业对外全面开放以来，我国的个人商业养老年金保险进入加速发展阶段。另外，随着老龄化速度的加剧，人们对未来老年生活也逐渐担忧起来，所以养老意识也在增强。

随着养老意识的增强，对个人商业年金保险产品的需求也在逐渐增加，表 5-4 是近些年来个人商业养老年金保险发展现状。

表 5-4　　团体商业和个人商业养老年金保险发展现状（2001~2016 年）

年份	人身保险原保费收入（亿元）	团体商业养老年金保险收入（亿元）	团体商业养老年金保险占人身保险原保费的比重（%）	个人商业养老年金保险收入（亿元）	个人商业养老年金保险占人身保险原保费的比重（%）
2001	1288	153	11.90	163	12.60
2002	2074	234	11.30	147	7.10
2003	2669	315	11.80	167	6.20
2004	2851	418	14.70	182	6.40
2005	3247	595	18.30	183	5.60
2006	3593	389	10.80	237	6.60
2007	4463	343	7.70	339	7.60
2008	7447	396	5.30	541	7.26
2009	8261	270	3.30	801	9.70
2010	10632	325	3.10	890	8.40
2011	9721	37	0.40	1040	10.70
2012	10157	92	0.90	1227	12.10
2013	11010	59	0.50	1533	13.90
2014	12690	61	0.48	1677	13.22
2015	15861	87	0.55	1789	11.28
2016	21693	89	0.41	2409	11.06

资料来源：《中国保险年鉴》，原中国保险监督管理委员会。

（二）商业养老保险的长寿风险识别分析

对商业养老保险的经营者来说，长寿风险是指由于人类死亡率的下降，导致的其在同等条件下的支付金额变多以及由于人类预期寿命的延长所导致的养老金给付次数增加所引起的支付者的成本上升的风险，最终对其正常经营产生严重威胁的风险。商业年金保险产品的定价主要是基于死亡率假设、死亡率趋势假设和预定利率假设这三个关键假设，并依赖于给定的生命表进行精算平衡。年金保险产品多为一定期间内定期给付，如果当死亡率下降导致预期寿命增加，就意味着保单进入给付期后，保险公司需要支付年金的时间更长，从而支付的金额更多。其中，长寿风险对终身年金的影响最为明显。我国的商业年金保险产品具有以下特点：第一，多数保单的给付金额保持不变，仅少数产品的年金给付随时间递增；第二，产品的给付期大多是 80 周岁以上。根据 2010 年我国第六次人口普查数据可知，我国人口平均预期寿命已达到 74.83 岁，即多数年金保险产品的给付期高于人口平均预期寿命，因此死亡率的非预期下降会影响年金产品的未来给付承诺。

三、长寿风险的量化模型分析

由于我国企业提供的企业年金计划产生的长寿风险将由计划参加者全部承担，从而不需要量化长寿风险对企业产生的影响，因此本部分只考虑保险公司面临的长寿风险的量化模型。

（一）模型构建

由于长寿风险的存在，商业保险公司对年金类产品的预期支付年限在不断增加，进而导致年金类保险产品对公司的整体运行有一定的影响。本部分根据简单精算模型评估死亡率下降导致的预期寿命增加对年金类保险产品产生的影响，继而对保险公司整体运行的影响。

用于测度长寿风险的连续型终身生存年金精算现值，表达式如下式所示：

$$_n|a_x = \sum_{t=n+1}^{\infty} {_t}p_x \cdot v^t = \sum_{t=n+1}^{\infty} (1 - {_t}q_x) \cdot v^t$$

其中，$_n|a_x$ 表示年龄为 x 岁的投保人购买年金金额为 1，并于 n 年后延期支付的终身年金精算现值；$_t p_x$ 表示年龄为 x 岁的投保人在 t 年内生存的概率，即 x 岁投保人生存至 $x+t$ 岁的概率；$_t q_x$ 表示年龄为 x 岁的投保人在 t 年内死亡的概率，即 x 岁投保人在 $x+t$ 岁之前死亡的概率；v 表示利率贴现因子，且 $v = 1/1 + i$，i 为终身年金产品的预定利率。此外：

$$_t q_x = 1 - {_t}p_x = 1 - (1 - q_x)(1 - q_{x+1})\cdots(1 - q_{x+t-1})$$

如果年龄为 x 岁的投保人购买年金金额为 1，并于 n 年后延期支付的终身年金产品，当投保人的预期寿命增加，即相对于原有生命表，其实际死亡率有所下降，那么终身年金产品的精算现值就会提高，然而投保人并不需要缴纳额外的保险费用，从而这部分死差损失将由保险公司承担。通常保险业的生命表并不会频繁进行编制，事实上我国生命表的更新周期大概为 10 年左右，那么通过基于不同生命表的终身年金产品精算现值比较，可以较为直观地反映长寿风险对终身年金产品带来的影响。其量化公式可以表示为：

$$\phi = {}_n\bar{a}_x - {}_n a_x$$

其中，ϕ 为长寿风险对以年龄为 x 岁购买年金金额为 1 的终身年金产品的影响值，${}_n a_x$ 与 ${}_n\bar{a}_x$ 是基于不同生命表的终身年金产品的精算现值。

（二）模型参数设定

1. 预定利率 i 参数设定

在我国寿险业起步之初，保险费率的制定就实现了市场化运作，由寿险公司根据市场与自身状况自行设定。但 20 世纪 90 年代前期，银行的存款利率居高不下，1996 年高达 9.18%，寿险的预定利率与之匹配，同样高达 9% 以上；加之当时保险公司普遍采用以追求保费规模为中心的粗放经营方式，盲目追求保费规模扩大，致使高预定利率保单发展迅猛。然而 1996 年以后，中央银行为了控制风险连续调低利息，但由于保单的长期性特征以及保险公司仍继续销售高预定利率保单以求扩大保费规模，由降息引发的利差损问题越来越严重，甚至影响了保险公司的偿付能力，最终有可能导致保险公司破产或被兼并，抑或整个保险业的混乱。鉴于当时保险市场蕴含的巨大利差风险，原中国保监会于 1999 年公布了《关于调整寿险保单预定利率的紧急通知》，规定寿险产品预定利率不能高于 2.5%。自此，我国的保险费率进入严格监管时代，随后 14 年中国的寿险保单预定利率基本维持在 2.5% 左右。普通型寿险产品的低性价比迫使寿险公司开发保障程度不高，但理财效应明显的新型寿险产品比较多。同时，随着金融监管环境的放松，其他金融行业大力发展理财和资产管理业务，加剧了保险业的竞争。尽管中国保监会近年来密集出台投资新政，拓宽保险资金的运用范围，意在提高投资收益率；但是受限制的预定利率始终是提升保险产品的竞争力和吸引力的关键阻碍因素，并在很大程度上压制了保险需求，甚至使保险业发展偏离保险的本质。2013 年 8 月，中国保监会正式发布了《关于普通型人身保险费率政策改革有关事项的通知》，普通型人身保险预定利率不再受限于 2.5% 的上限规定，而是由保险公司根据审慎原则自行决定，但是法定责任准备金的评估利率不得高于保单预定利率和 3.5% 二者的最小者。此外，2014 年 8 月公布的《国务院关于保险业改革发展的若干意见》中也提出"全面深化寿险费率市场化改革"，再次体现了寿险费率市场化改革的决心与方向。因此，本研究在参数设定时，基本情况设定为利率 $i = 2.5\%$，为了研究不同费率监管环境下长寿风险对终身年金保险产品的影响，同时对利率 1.5% 和 3.5% 进行敏感性分析。

2. 死亡率数据来源分析

我国保险业经验生命表最早可以追溯至 1947 年英国标准人寿编制的第一张中国生命表；中华人民共和国成立后，国内保险业引进并借用了日本全会社的第二回生命表和第三回生命表；直至 1995 年，我国才编制出第一张真正意义上反映我国被保险人群死亡率的经验生命表——《中国人寿保险业经验生命表 (1990 - 1993)》；随着人民生活水平、医疗水平的提高，寿险业务被保险人群体的死亡率发生了较大变化，因此在 2005 年编制出了第二张经验生命表——《中国人寿保险业经验生命表 (2000 - 2003)》；最近的一张经验生命表是在 2016 年编制的——《中国人寿保险业经验生命表 (2010 - 2013)》。我国行业生命表按照业内惯例大概每 10 年修正一次，可以推测生命表在编制过程中已考虑到前后 10 年期间死亡率的变化情况。目前我国年金保险产品定价采用的是《中国人寿保险业经验生命表 (2000 - 2003)》中的养老金业务男表和女表，第三套经验生命表还未开始试行，因此本研究基于第二套经验生命表，而利用第一套和第三套经验生命表的相关数据来探究死亡率的变化对保费定价的影响（见表 5 - 5）。

表 5 - 5　生命表 (1990 - 1993) 和生命表 (2000 - 2003) 的对比分析

类别	生命表 (2000 - 2003)	生命表 (1990 - 1993)
观察期间	2000～2003 年	1990～1993 年
样本数	4200 万件	800 万件
险种	长期个人寿险业务	团险业务
所涉及公司	中国人寿、平安保险、新华人寿、太平洋人寿、泰康人寿、友邦人寿	中国人民保险公司
数据收集方式	公司的业务数据系统	手工整理后录入系统
养老金业务零岁时人口平均预期寿命	男性：79.7 岁 女性：83.7 岁	男性：74.9 岁 女性：79.0 岁

由第四章列出的生命表可以看出，生命表养老金男表（1990～1993年）和生命表养老金男表（2000～2003年）中死亡率在30～96岁有所下降，因此该年龄区间人口的预期余命有所增加；但在96岁之后，死亡率则有所上升，说明96岁之后的男性高龄人口随着时间推移反而预期余命减少。在30～97岁，两张生命表预期余命之差随年龄增加而下降，即在这个年龄区间内，随着年龄的增加，人口预期余命变化幅度下降。由生命表养老金女表（1990～1993年）和生命表养老金女表（2000～2003年）中死亡率在30～98岁有所下降，因此该年龄区间人口的预期余命有所增加；但在98岁之后，死亡率则有所上升，说明98岁之后的女性高龄人口随着时间推移预期余命反而减少。在30～98岁，两张生命表预期余命之差随年龄增加反而下降，即在这个年龄区间内，随着年龄的增加，人口的预期余命变化幅度下降。

（三）数值分析与结果分析

商业养老年金保险同时具备寿险保障和养老规划的双重功能，是社会基本养老保险制度和企业年金计划的有效补充。它既可以在一定程度上缓解政府在社会基本养老保险上的财政压力，又可以为企业年金计划提供发起和运营服务。本部分将主要利用情景分析法分析当死亡率明显下降时，养老保险产品纯保费的变化。

基本情景0：死亡率采用《中国人寿保险业经验生命表（2000—2003）》中的养老金业务表数据，预定利率为2.5%；

情景1：死亡率采用《中国人寿保险业经验生命表（1990—1993）》中的养老金业务表数据，预定利率不变；

情景2：死亡率采用《中国人寿保险业经验生命表（2010—2013）》中的养老金业务表数据，预定利率不变。

其中基本情景0可以模拟保险公司在养老保险产品定价时的情况，情景1和情景2可以模拟现在的保险公司面临不同死亡率状况的实际情况。

设定相应的参数后，利用《中国人寿保险业经验生命表（CL2000－2003）男》《中国人寿保险业经验生命表（CL1990－1993）男》以及《中国人寿保险业经验生命表（CL2010－2013）男》可以计算出三种情景下的均衡纯保费，如图5－1所示。该图反映了净保费收入与死亡率的变化有一定的关系，该图体现的是寿险类保险产品，即随着死亡率的下降，保费也相应地下降，这说明保险公司需要根据经验生命表的死亡率变化做相应的保费调整。

但是这没有显示对未来死亡率的预测，还是很难预测未来的净保费情形，因此下文将进一步说明不同场景下的净保费变化。

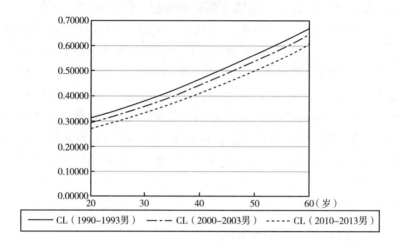

图 5-1　不同经验生命表下的净保费变化

现假设案例（a）：40 岁的男性投保人给自己购买了一份商业养老保险，保险期间为终身，保费分 10 年缴纳，保险利益为被保险人从 60 岁开始每年领取 10000 元养老金，若被保险人在 60 岁前死亡，保险公司退回被保险人已交的保费（不计利息）。案例（b）：为女性投保人，其他条件与案例（a）相同。

基本情景 0：死亡率采用《中国人寿保险业经验生命表（2000—2003）》中的养老金业务表数据，预定利率为 3%；

现时情景 1：死亡率采用预测值中 2013 年时的水平，预定利率不变；

未来情景 2：死亡率采用预测值中 2020 年时的水平，预定利率不变；

未来情景 3：死亡率采用预测值中 2030 年时的水平，预定利率不变。

其中基本情景 0 可以模拟保险公司在养老保险产品定价时的情况，现实情景 1 可以模拟现在的保险公司面临的实际情况，未来情景 2 和未来情景 3 可以模拟 2020 年和 2030 年时保险公司将面临的实际情况。

因为《中国人寿保险业经验生命表（2000—2003）》中假设 $l_0 = 1000000$，因此在死亡率预测值中也假设 $l_0 = 1000000$，可以得到 2013 年、2020 年和 2030 年含有换算函数的生命表，分别记为生命表 2013、生命表 2020 和生命表 2030。利用《中国人寿保险业经验生命表（2000—2003）》、生命表 2013、生命表 2020 和生命表 2030 可以计算出四种情景下的均衡纯保费，如表 5-6 所示。

表 5 - 6　　　　　　　　不同情景下的均衡纯保费对比表　　　　　　　单位: 元

案例1	情景0	情景1	情景2
均衡已赚保费	10124.69	9688.84	10464.52
案例2	情景0	情景1	情景2
均衡已赚保费	11062.11	10819.77	11306.63

从表 5 - 6 可以看出, 以 2013 年死亡率计算的均衡纯保费略低于按照《中国人寿保险业经验生命表 (2000—2003)》计算的水平, 当死亡率降低到 2020 年预测值水平时, 该养老保险的均衡纯保费比《中国人寿保险业经验生命表 (2000—2003)》下的水平略高, 但是到 2030 年, 由于死亡率降低幅度较大, 均衡纯保费也有较大提升, 其中男性的均衡纯保费变化十分明显, 比基本情景上涨了 13.76%; 女性的均衡纯保费上涨幅度稍小, 为 7.92%。在这里需要说明: 本文的两个案例中, 没有加入保证给付的保险利益, 因为可以预计, 长寿风险对在保证给付期间的养老金给付是没有影响的, 而只对非保证期内的给付产生影响, 这种影响与本书中的两个案例是相同的。

根据保险公司经营的原则, 保费收入必须满足以下两个条件: (1) 能够为保险公司的预期支付和管理成本提供资金; (2) 能够产生一定的利润, 以补偿销售保险所必需的资金成本。从上面计算的结果可以发现, 一方面, 长寿风险会导致商业养老保险的均衡纯保费增加, 而均衡纯保费是由等价原则计算得到的, 因此, 均衡纯保费增加就意味着养老保险在未来的预期给付增加 (其实, 长寿风险也会导致保险费用的精算现值增加, 因为保单的实际持续时间比预计的长, 保险公司要花费更多的保单管理费用, 不过这部分在总保费中的占比较小, 该处不再单独分析这部分的变化)。另一方面, 保险公司获得的利润主要来自死差益和利差益, 其中, 死差益就是指预定死亡率与实际死亡率的差距所产生的利润。在养老保险产品中, 保险公司的预定死亡率一般会低于当时的实际死亡率, 就像案例中现时情景 1 的情况一样, 所收到的保费会略大于实际给付, 由此产生利润空间。但是长寿风险会导致实际死亡率与前期预定死亡率持平甚至低于预定死亡率, 就如未来情景 2 和未来情景 3 那样, 保险公司收到的保费比实际水平要低, 这样保险公司就无法获得死差益, 甚至还会产生死差损。

第三节 个人面临的长寿风险识别

对个体而言，长寿风险指的是由于寿命超过其预期所带来的生活水平下降的风险。个人面临的长寿风险主要源自个人的死亡年龄无法准确估测，从而在超预期的生存年限中无财富可用。这种个人面临的长寿风险其实很早就已存在，之所以未在 20 世纪之前引起关注主要是因为过去较长时期内人们的寿命较低且预期寿命增加极为缓慢，同时通过传统的风险管理方式如风险自留等能够得到有效管理。据《中国老龄事业发展报告（2013）》统计：2013 年我国老年人口达到 2.02 亿人，老龄化水平高达 14.8%，劳动年龄（16～59 岁）人口从 2011 年的峰值 9.40 亿人下降到 2013 年的 9.36 亿人，劳动力供需格局开始发生转变。2025 年之前，老年人口将以 100 万人/年的速度增长。老龄化的同时，随着社会和经济的发展、医学的进步，以及人们生活方式的转变和健康意识的提高，人均寿命的提高已成为全世界普遍发展趋势。2000 年，我国人口的预期寿命为 71.40 岁，比 1990 年的 68.55 岁增加了 2.85 岁。截至 2010 年，我国男性人口平均预期寿命为 72.38 岁，比 2000 年提高 2.75 岁；女性为 77.37 岁，提高 4.04 岁。卫生部前部长陈竺表示，2020 年中国人口的平均期望寿命有望达到 77 岁，达到中等发达国家的水平。按照国际老龄化的标准，我国已经进入老年人口增长高峰期，仅 2000～2009 年，农村 80 岁以上高龄老年人由 900 万人增加到 1100 万人，占农村老年人总数比例也由 9.8% 增长到 11.3%，预计到 2045 年，这一比例将超过 22%。对个人而言，由于长寿风险的存在，青年时期的积蓄可能不足以应付这种年老时的长期生活开销，并且随着个人享受晚年生活的时长加大，由于其医疗支出的比重越来越高，也会加大长寿风险。我国目前的养老还是主要依赖于家庭的形式，随着我国的国民长期受到计划生育这一国策和国民整体观念的进一步转变与影响，我国人口出生率持续走低，家庭结构出现了颠覆式的变化。长寿风险对于年老者的养老保障而言是存在较大不确定性的。

作为一般社会个体，其养老金投资与消费的选择很大程度上是由预期寿命估计决定。当预期寿命与实际寿命恰好一致时，养老金投资与消费实现平衡；而更为常见的情形是养老金难以支持存活期间的养老支出或死亡后养老金仍有结余，个人养老面临危机或者未能充分享受老年福利。由于个人很难完全准确地估计未来寿命的变化，往往不能获得最优选择。另外，我国还面临着家庭规模变小、个人储蓄下降的趋势，使得通过家庭、个人储蓄、社会保险管理长寿风险的有效性降低，个人面临的长寿风险存在愈加严重的趋势。

一、农村居民个人面临的长寿风险识别

（一）基本概述

1. 收入与资产状况

2012 年农村居民实际人均可支配收入是 1978 年的 10.69 倍，年平均增长率为 7.39%。城乡居民实际人均可支配收入的相对收入差距一直在增加。尽管城镇居民和农村居民的实际人均可支配收入年平均增速相差不大，但是两者之间的绝对额差值在 2012 年已达 2511.5 元，城乡居民实际人均可支配收入之比一直在增加，表明我国城乡居民个人的收入差距越来越大。根据西南财经大学 2012 年发布的《中国家庭金融调查报告》显示：中国家庭金融资产平均为 6.38 万元；但农村家庭金融资产平均为 3.10 万元，不到城市家庭平均金融资产的 1/2。

2. 老年人口收入状况和就业状况

根据历年中国城乡老年人生活状况调查的数据，老年人人均年收入从 2000 年的 1561 元增加到 2005 年的 2970 元和 2010 年的 4756 元，10 年的平均年增长率达 8.8%。从人均收入的结构分析，家庭转移占比下降最为明显，其他来源和公共转移占比则提升明显；市场的占比连续下降，从 2000 年的 40.9% 降到 2010 年的 32%；养老保障占比连年上升，2000 年仅为 10.7%，2010 年已达 18.7%。老年人继续务农的比例为 44.3%，务工与做生意的占 8.6%。农村拥有自己产权住房的老年人口为 71.2%，住房属于子女的老年人口为 26.5%，租公房的为 0.2%，租私房的为 0.4%，其他占 1.8%。

3. 健康状况

居民健康状况是反映一个国家或地区经济与社会发展卫生保健水平和人口素质的重要指标。良好的健康状况既是社会经济发展的基础，也是社会经济发展的重要目标。当前农民身体健康情况不容忽视，他们所承担的农业生产任务关系到国家的兴衰。农业丰收就会促进百业兴旺，国家强盛。农业要发展，农民身体健康是重中之重。而长期以来，村民对于疾病认识不强，缺乏卫生意识和防病意识，特别是农村妇女，由于对健康知识不强，使她们对妇科疾病的认识不够，也不懂得日常的卫生保健。然而，一些妇科疾病往往

都是潜伏在人体当中，呈隐性状态。对基本卫生保健知识的了解是村民急需解决的问题。

农村老年人口的健康水平呈下降趋势。健康状况为很差和较差的人口比例从 2006 年 26.5% 增加到 2010 年的 28.5%；健康状况一般的人口比例基本不变，为 50% 左右。同时根据《2010 年中国城乡老年人口状况追踪调查情况》显示，2010 年农村失能的老年人为 775 万，占农村老年人调查人口总数的 7.8%；自理困难的老年人为 1847 万，占农村老年人调查人口总数的 18.6%；认为自己日常生活需要照料的老年人中 79 周岁及以下的占 14.4%，80 周岁及以上的为 39.9%（见表 5-7）。

表 5-7 农村老年人口健康状况调查结果 单位:%

年份	很差	较差	一般	较好	很好
2006	5.8	20.7	50.4	19.2	3.9
2010	6.0	22.5	50.5	17.7	3.3

资料来源：《2010 年中国城乡老年人口状况追踪调查情况》；全国老龄办网站，http://www.cncaprc.gov.cn/。

（二）居民个人的长寿风险识别分析

10 年的时间，农村居民人口平均预期寿命从 2000 年的 70.32 岁增长到 2010 年的 74.45 岁，增长幅度达 5.13 岁，其中女性人口平均预期寿命高于男性，增加幅度也大于男性。长寿风险影响最为直接的是老年人口，即年老以后的健康状况、收入状况是影响长寿风险大小的关键因素。而未来我国社会经济发展的潜力巨大，人口平均预期寿命的增长空间仍然客观。据 2012 年联合国人口司的预测，我国人口平均预期寿命在 2015~2020 年将达到 76 岁，2095~2100 年进一步增加到 85.3 岁。尽管近年来农村居民的收入逐年上升，但与城镇居民的收入水平仍然相差很大，同时其生活成本也在逐年上升，若未来健康状况恶化和家庭经济保障功能下降，致使其收入降低，那么农村居民个人将会面临较大的长寿风险。

（三）农村居民个人面临的长寿风险评估

1. 影响长寿风险的主要因素

（1）城乡居民基本养老保险制度的替代率。养老金替代率是老年人口养老金与某种特定收入之比，国际上一般使用该指标来测度基本养老保险为老年人口提供的养老保障是否充分。新型农村社会养老保险全国人均领取养老金水平在 2010 年为 105.89 元（2010 年按照相关规定，其最低领取的养老金金额应为每年 660 元，但在制度实施之初就存在大量新增人口）；在 2011 年，最低养老金金额上升为 658.71 元，占农村居民家庭人均纯收入的 9.44%；2012 年最低养老金金额进一步提高，达到 859.15 元，占农村居民家庭人均纯收入的 10.85%。尽管最低养老金金额增长的速度很快，但其绝对额却偏低，并不能保障农村居民个人年老后的基本生活支出。换言之，城乡居民基本养老保险制度的替代率仍然较低。

（2）农村社会救助和扶贫等的资金收入。社会救助是指国家和社会对依靠自身努力难以满足其生存基本需求的公民给予物质服务和帮助。目前我国农村社会救助项目范围不断扩大，我国政府先后制定了大量的关于农村社会救助的法律法规，主要有 2003 年《关于实施农村医疗救助的意见》、2006 年《农村五保供养工作条例》、2007 年《关于在全国建立农村最低生活保障的通知》以及 2011 年《国家自然灾害救助应急预案》。目前我国农村社会救助项目包括五保供养、最低生活保障、自然灾害救助以及医疗救助、教育救助、司法救助等。我国农村社会救助最基本也是最重要的制度是 2007 年在全国范围内建立的。根据民政部公布的《2013 年社会服务发展统计公报》数据显示，2013 年农村低保资金仅为 866.9 亿元，农村五保供养资金为 172.3 亿元，加之各种财政资金在实际使用中也存在一定的执行障碍，农村社会的社会救助、扶贫等资金缺乏程度更为严重。

（3）农村居民中老年人的自养能力。农村老年人自养能力就是指农村老年人利用自身资源或通过参与各种活动（主要指劳动）以满足自身需求的能力。自养能力主要包括经济致富能力、生活自理能力、心理自立能力、社会参与能力四种能力。其中，经济致富能力关系到老年人生活质量的经济，处于基础地位。把提高农村老年人自养能力作为解决农村养老问题的一项战略性举措是由我国人口老龄化特点和农村老年人特点决定的。当前农村老年人养老主要是子女赡养和老年人自养，社会支持较弱。随着家庭小型化、敬老文化的淡化、中青年外出打工人员的增多、农民增收水平提高放缓，子女的赡养能力在相当一段时期内不可能有很大提高，甚至有相对弱化的可能。而随着老年人身体素质的逐步增强、老年人科技文化水平的不断提高、农业生产劳动强度的减弱、农业税费的减免、社会支持力度的加大，老年人自养能力将会逐步提高，如果有外界的有力支持，甚至部分老年人的自养能力会有质的飞跃，基本实现自我养老。从当前农村老年人的需求来看，由于受经济收入、苦难经历和传统文化的影响，其突出特点是物质需求较低：能温饱、能有地方住、得了一般病能得到治疗就很满足；精神需要较高：希望子女尊敬自己，自己活得有尊严，自己能有事做。农村老年人不像城镇老年人，城镇老年人退休以后，退出生产领域；而农村老年人一直从事农业生产，往往直到完全丧失劳动力为止。然而，目前农村居民个人在年老以后的生活多数依赖于子女的经济供养，由于代际之间的经济存在严重不平等，老年人获得赡养费用远低于其用于子女供养的费用。因此，目前农村居民个人在年老以后的自养能力较低。

（4）家庭和土地的经济保障功能。尽管农村土地提供的保障是低层次的，仅仅只能维持最基本的生存需要，但土地承担起社会保障的功能既是一种历史选择的结果，也是广大农民无奈的选择。中国的社会保障制度从未真正将农民纳入保障的范围之内。因此，农民只有牢牢把小块土地握在手中，才能拥有起码的保障。然而这种低水平的保障显示出越来越多的弊端，不利于农村发展和社会稳定。土地提供的较低的保障难以应对农村人口老龄化的问题。21 世纪是人口老龄化的时代。中国于 1999 年就进入了老龄化社会，老龄人口占全球老年人口总量的 1/5。而且中国老龄化出现城乡显著倒置的特点，较城市而言，农村老龄化程度更高，老龄问题压力更大。2000 年，农村老年人口为 8557 万人，占老年人口总数的 65.82%，农村老龄化程度比城镇高 1.24 个百分点。随着农村计划生育政策的实施，农村家庭规模日渐缩小，类型日趋核心化。这样农村养老的负担就日益加重。农村养老还主要依靠土地保障为主的传统农家养老方式，绝大部分地区尚未建立社会养老保险制度，农村新型合作医疗制度目前还处在试点阶段，农民的养老、医疗都缺乏必要的社会保障。随着城镇化进程的加快，农民失去土地后，土地对农民的一系列作用也会消失，尽管农民可以获得一部分征地补偿费用，但是这部分费用通常不高且为一次性发放，若失地农民无法较好适应城市生活方式，享受与城市居民同等的社会保障，他们年老以后的生活状况将令人担忧，也更容易面临长寿风险。

2. 定性评估

从农村居民基本状况以及影响长寿风险的主要因素分析，农民居民中老年人 2010 年的人均收入仅为 4756 元，其中 32% 通过市场挣得、12.8% 通过家庭转移、18.7% 通过养老保障获得。按照目前的消费水平，这些资金已不足以维持基本生活需求，目前农村居民个人较城镇居民个人面临更大的长寿风险。而且，农村老年人口的健康状况开始恶化，由此产生的医疗费用支出也会相应增加。另外，我国现有的城乡居民基本养老保险制度提供的养老金较低，加上家庭、土地经济保障功能的弱化，未来农村居民个人将会面临越来越严重的长寿风险。

二、城镇居民个人面临的长寿风险识别

（一）基本概述

1. 收入与资产状况

我国的户籍制度造就了特殊的二元结构体制，随着城乡二元结构体制的长期运行，城镇与农村的社会经济生活状况存在显著差异，因此需对城镇居民个人和农村居民个人进行独立分析。西南财经大学中国家庭金融调查与研究中心于2012年5月13日发布了全国首份《中国家庭金融调查报告》，相关数据显示："中国家庭金融资产平均为6.38万元，其中城市家庭金融资产平均为11.20万元、农村家庭金融资产平均为3.10万元；城乡之间的家庭金融资产差异极为明显；同时家庭金融资产分布同样不均，银行存款占比为57.75%，所占比例仍然最高，现金占比为17.93%、股票占比为15.45%，其他金融资产中所占最高的为基金达到4.09%。"

2. 老年人口收入状况和就业状况

根据历年《中国城乡老年人生活状况追踪调查情况》的数据显示，老年人人均收入从2000年的7392元增加到2005年的11963元和2010年的17892元，10年间的平均年增长率达14.2%。从老年人口就业状况分析，城镇老年人2.3%离休，72.1%退休，0.5%仍在工作，21.3%从未正规就业，其他占3.8%，其中女性老年人从未正规就业的比例比男性高23个百分点，城镇再就业占7.2%。

从人均收入结构来看，养老保障收入占比近年来连续上升，2010年达到86.8%；其他来源、家庭转移、公共转移及市场挣得占比基本都在下降，其中家庭转移占比下降最为明显，2000年占比为8.8%，而2010年仅为3.1%。老年人的主要收入是从政府领取养老金、退休金，家庭抚养率超过了40%。2012年老年人口情况调查显示，社会养老保障的覆盖范围在城市与农村分别达到了84.7%、34.6%，平均收入分别为17892元、4756元。

3. 健康状况

如表5-8所示，根据《2006年中国城乡老年人口状况追踪调查情况》

和《2010 年中国城乡老年人口状况追踪调查情况》数据可知，城镇老年人口的健康状况并无明显变化，健康一般的人口比例占半数以上；但 2010 年城镇失能的老年人口为 438 万人，占城镇老年人调查人口总数的 5.5%；自理苦难的老年人口为 971 万人，占城镇老年人调查人口总数的 12.4%；认为自己日常生活需要照料的老年人口中 79 周岁及以下的占 14.4%，80 周岁及以上的为 39.9%。

表 5 - 8　　　　　　　城镇老年人口健康状况调查表　　　　　　单位:%

年份	很差	较差	一般	较好	很好
2006	4.2	15.6	52.3	22.9	5.0
2010	4.0	15.1	53.0	23.2	4.7

资料来源：《2010 年中国城乡老年人口状况追踪调查情况》；全国老龄办网站；http://www.cncaprc.gov.cn/。

（二）城镇居民个人长寿风险识别分析

根据我国第五次和第六次人口普查数据可知，十年间城市居民人口平均预期寿命从 75.47 岁增加到 81.39 岁，增加幅度达 5.92 岁，男性人口平均预期寿命的增加幅度大于女性；而城镇居民人口平均预期寿命从 74.77 岁增加到 79.09 岁，人口平均预期寿命和增加值都略低于城市居民；不论是城市居民还是城镇居民，女性人口平均预期寿命均高于男性。

长寿风险影响最为直接的是老年人口，即年老以后的健康状况、收入状况是影响长寿风险大小的关键因素。随着我国经济社会的持续发展，城镇居民人口平均预期寿命仍有望增加。尽管目前城镇居民的收入在逐年提高，但是其生活成本也在逐年上升，同时目前城镇居民老年人口收入严重依赖于养老保障，若未来健康状况恶化或养老保障提供的收入降低，并且个人金融资产管理能力不强，那么城镇居民个人将会面临较大的长寿风险。

（三）城镇居民个人面临的长寿风险评估

由于个体存在较大的不确定性，通过定量方式分析城镇居民个人面临的长寿风险存在较大的难度，因此本部分仅对城镇居民个人面临的长寿风险进行定性评估，简略分析我国城镇居民个人目前所面临的长寿风险状况并进行合理的评估。

1. 影响长寿风险的主要因素

（1）城镇职工基本养老保险制度的替代率。我国城镇职工基本养老保险制度是在当时社会福利制度变革的大背景下建立的，从而其制度的替代率比较高。我国基本养老保险的目标替代率在60%左右，同时世界银行建议如果退休后生活水平与退休前相当，养老金的替代率需要达到70%以上，而现实情况来看，我国基本养老保险的替代率却是在不断下降的，目前大约只有40%左右，并不能满足退休群体的养老需求，而企业年金覆盖范围非常小，第三支柱的商业养老保险又尚未成型，因此我国养老体系的保障力度比较有限。尤其是在城乡居民基本养老保险方面，由于这类群体大多没有企业年金的覆盖，以2016年的个人缴费额和未实际领取的参保人数来计算，人均年个人缴费额仅仅为200元，可见在未来保障方面也无法得到满足。但是随着党的十八大将我国社会保障体系的改革方针确立为"保基本"，城镇职工基本养老保险制度的替代率存在进一步下降的趋势。

（2）城镇居民收入结构与消费理念。随着经济的不断发展，我国目前城镇居民的收入也随之不断提高。根据研究发现，1980～2015年，我国人均可支配收入已经整整增长了55倍，从最初的人均支配387元上升到目前的2.5万元。并且城镇居民的人均收入长期处于平稳增长的态势，其主要还是因为我国实行的改革开放政策的优势作用。值得我们注意的是，首先，随着城镇居民人均可支配收入的不断增加，人们的生活水平也得到了提高，但随之而来的一个重要问题是贫富差距的增大。随着改革开放政策的实施，城镇居民的收入差距不断增加，其中最为明显的就是不同阶层的收入差距存在较大的差异。其次，改革开放以来，不同行业间的收入差距也在不断增大，不同行业间的收入差距已经从2000年的1.98倍，增长到现在的2.86倍。最后，不同地区间的收入差距也在不断扩大，我国东部沿海城市因为是改革开放的桥头堡，人均收入的涨幅是最大的。因此，我国城镇居民可支配收入的差异是多种原因造成的。

随着改革开放政策的不断实施，人们的日常生活水平不断提高，城镇居民的消费理念也在不断变化。随之产生的攀比心理、品牌心理也严重影响着人们的消费，从而造成消费结构的变化不能被准确掌握，就拿日常的就餐来说，最近这些年，人们的外出就餐比例比前些年高出很多，因此消费理念也是影响消费结构变化的一个重要因素。随着城镇居民消费水平的不断提高，对于日常的住房需要也在不断加大，目前住房消费是仅次于食品消费的第二大消费方向。伴随着我国房地产发展的黄金十年，人们对于住房消费支出也在不断增加，并且人均住房面积以及房屋居住的品质都得到了明显的提升。

（3）家庭经济保障功能。随着剩余率的下降、家庭规模的缩小、社会生存压力的逐步增大以及传统赡养老人观念的淡化，家庭养老方式正在不断受到冲击，其保障功能已逐步弱化。我国的人口计划生育政策尽管有效控制了人口规模的整张，使家庭规模变小，呈现一种"421"的家庭结构。这种家庭结构不仅会给独生子女在个性品质、行为心理等培养方面带来不利影响，而且会使第二代独生子女夫妇的抚养负担增加，进而给处于代际顶端的四位老人带来较大的长寿风险。

2. 定性评估

从城镇居民基本状况以及影响长寿风险的主要因素分析，城镇居民中老年人 2010 年的收入为 17892 元，其中 86.8% 通过养老保障、6.8% 通过市场挣得、3.1% 通过家庭转移获得。老年人的收入在 2010 年大约为每月 1500 元，以现有消费水平分析，在健康状况一般的情况下，能勉强维持基本生活。

根据以上数据分析，2010 年城市居民在 60 岁的预期余命为 22.25 岁，存活至 80 岁的概率有 59.73%；城镇居民 60 岁时预期余命为 14.04 岁，存活至 80 岁的概率有 51.63%。随着年龄的增加，身体健康状况和机能状况开始恶化，老年人从市场挣得的收入会大幅度下降。城镇居民收入的来源主要是城镇职工基本养老保险，现行城镇职工基本养老保险制度的替代率仍为 50%，从而城镇居民面临的长寿风险较小。但是一旦未来城镇职工基本养老保险制度改革导致替代率下降，并且居民消费理念的转变以及家庭结构的变化，城镇居民个人将会面临越来越严重的长寿风险。

第六章

我国长寿风险管理机制
及现状分析

第一节　政府对长寿风险的管理策略

一、政府对长寿风险的主要管理方式

（一）风险自留

风险自留即政府以其自由资金承担长寿风险造成的经济损失。风险自留是政府应对长寿风险的基本方式，也是各国政府在长寿风险发展的最初阶段运用较为普遍的方式。但这种风险管理的前提条件是：（1）政府面临的长寿风险较小且可控；（2）政府拥有足够的财政资金用于弥补风险自留带来的经济损失。从我国政府面对的长寿风险现状分析可知，目前城镇职工基本养老保险制度的个人账户和城乡居民基本养老保险制度的个人账户存在大约五年的资金缺口。并且城乡居民基本养老保险制度中的基础养老金部分、改革后机关事业单位养老保险制度的个人账户以及社会救助制度也将随着人们预期寿命的增加产生越来越大的长寿风险缺口。我国政府在未来将面对越来越大的资金缺口，即政府将面临越来越严重的长寿风险，为此政府会用风险自留的方式管理长寿风险，即政府通过加大财政资金收入、筹集社会捐款资金等多种方式弥补长寿风险带来的资金缺口。

我国政府面临的长寿风险主要源于社会基本养老保险制度和社会救济制度等，这些都是社会保障体系的重要组成部分，也是政府不可推卸的责任，因此政府有义务承担这些风险。然而随着人口老龄化进程的加快以及

社会抚养比逐渐加重，这部分的资金支出份额越来越大，政府是否有足够的、持续的财政资金，是能否运用风险自留方式的关键。从目前世界其他国家政府的实践可知，政府完全自留这些长寿风险从长远来看并不能实现；而且风险自留是一种被动的长寿风险管理方式，不能有效管理政府面临的长寿风险。

（二）风险控制

风险控制即政府通过调整社会基本养老保险制度参数、提高养老保险资金收益率以及改革现有社会基本养老保险制度等方式控制政府面临的长寿风险，降低因长寿风险导致的巨大损失。政府通过调整社会基本养老保险制度参数的风险控制方式管理长寿风险亦是目前各国政府普遍运用的方式，也是我国政府改革现有基本养老保险制度的基本趋势。有序的、逐步的制度参数调整既能够管理长寿风险又能够避免制度改革引发的社会过度反应。政府在面对因长寿风险带来的巨大的资金缺口时采用的方式主要有以下几种。

1. 调整社会基本养老保险制度参数

缴费率、退休年龄以及计发月数是基本养老保险制度中个人账户精算平衡的内生变量，政府通常可以运用行政手段对其进行调整，但是需要满足个人账户一定替代率的前提，以达到基本养老保险制度的基本保障目标。我国个人账户按月领取的养老金并不是根据一定的工资比例发放，而是根据退休时个人账户所积累的资金总额除以计发月数确定。在其他参数不变的情况下，若单独提高计发月数，则个人账户按月领取的养老金将减少，从而导致个人账户的长寿风险缺口将逐渐缩小，但这同时会造成个人账户替代率的下降。而政府如果单独提高缴费率或延迟退休年龄，在计发月数不变的情况下，个人账户按月领取的养老金会增加，那么个人账户的长寿风险缺口也会增加。

我国人口平均预期寿命的增加和居民身体健康状况的提升从生理上表明我国人口具有更长年限的劳动能力。那么适当延迟退休年龄也对个人比较有利：一方面，劳动者的在职工资收入普遍高于其养老金收入，因此延迟退休年龄能够提高个人的整体收入；另一方面，个人缴费期限的延长会增加实行完全积累制的个人账户资金，自然也提高了退休后的个人账户养老金收入。通过这样的分析可在一定程度上减轻民众对推迟退休年龄的抵触。尽管推迟退休年龄在理论上具有一定可行性，但必须与其他因素综合考虑才能实行。另外，计发月数的确定取决于投资收益率、预期寿命以及退休年龄，并与退休年龄、投资收益率成反比，与预期寿命成正比。多年来，我国的退休年龄一直未变，投资收益率随着金融市场的发展有所提高，但预期寿命却大幅增加，因此推迟退休年龄的同时提升计发月数具有很大的可行性。但是，我国目前个人账户的缴费率已较高，因此政府提高缴费率的同时提高计发月数会遇到相当大的阻碍，可行性较小。

2. 提高个人账户资金的投资收益率

我国个人账户资金按照规定是以记账利率进行积累。只要个人账户资金的投资收益率高于记账利率，政府就能从个人账户资金的投资运作中获取一定的投资收益。在目前个人账户资金的记账利率仅为2% ~ 3%的实际情况下，个人账户资金的实际投资收益率越高，所获得的投资收益额就越高，从而政府可以使用这部分额外的投资收益额弥补因为长寿风险带来的账户缺口，而不必动用财政资金。

目前，我国个人账户资金由社会保障基金理事会进行管理，但社会保障基金理事会在我国仍具有政府机构性质，从而在保值增值的目标中更为关注养老资金的保值，即资金的安全性。这种理念会优先政府的投资行为，所以政府的整个投资行为表现得比较保守，致使资金的投资收益率与其他金融机构的资金运作水平相比偏低。随着相关政策的实施以及投资渠道的不断扩大，政府可将个人账户资金转移给专门的金融机构进行投资运作，并设定最低投资收益率以降低个人账户资金的投资风险，这也在一定程度上通过专业的投资机构来投资运作资金，提高了政府个人账户资金的投资收益率。总而言之，政府通过提高资金收益率以达到控制长寿风险的目的具有相当大的可行性。

3. 改革制度设计

党的十八届中央委员会第五次会议明确强调，养老金制度改革的首要目标是建立更加公平公正且更可持续发展的社会保障制度，覆盖范围要涉及全民，要着力将基础养老金从省级统筹逐步发展到全国统筹，通过将部分国有资本转投到社会保障事业中来以增加社保基金的实力。构建我国国民基础养老金制度就是为了实现公平公正保全民的目而设想的，是在现有养老金制度之上构建的一种由国家财政全权负担的普惠式的养老金制度。在我国基本养老金制度最初的设计中，个人账户虽然是社会基本养老制度的重要组成部分，但类似于一种储蓄行为，具有一定的继承性，这也在很大程度上提高了全民缴费的积极性。对于参加者个人来说，其个人账户应该达到精算平衡，即个人所缴资金的积累值等于从个人账户所领取的养老金总额。但由于计发月数的确定是基于个人账户总体精算平衡所得的平均值，从而隐含了个人账户中参加者之间可以互助的重要假设，然而个人账户的继承性又禁止这种互助假设。换言之，当制度参加者的实际寿命低于制度设计的平均预期寿命，制度参加者自身个人账户的剩余资金可由其继承人依法继承，并不会滞留与个人账户用于总体精算平衡；当制度参加者的实际寿命高于制度设计的平均预期寿命，那么制度参加者在领取完自身个人账户的所有积累资金外，根据我国的有关规定，还可以继续领取养老金，而这部分资金目前由社会统筹资金支付，从而导致个人账户并不是一个封闭系统，自然无法达到总体精算平衡。因此，取消个人账户的可继承性能够实现个人账户中长寿和短寿的制度参加者之间的互助，进而降低个人账户中的长寿风险。如果取消个人账户的可继承性，即将本身具有私人性质的个人账户转换为能够实现公共性质个人账户，其所遇到的阻碍必然相当巨大，因而在我国目前环境下取消个人账户可继承性的可行性极低。

二、政府管理长寿风险的现状和原因

从政府面临的长寿风险评估分析可见，在现行计发月数下，城镇职工基本养老保险制度和城乡居民基本养老保险制度中的个人账户积累额都只够支付大约 15 年的养老金。根据以上分析，随着我国人口预期寿命的逐渐增加，养老资金缺口将逐渐增加。并且在现行制度下，城镇职工基本养老保险制度的个人账户、城乡居民基本养老保险制度所面临的长寿风险会随着人口平均预期寿命的增加而越发严重。尽管长寿风险对城镇职工基本养老保险制度的个人账户、城乡居民基本养老保险制度甚至是社会救助制度的影响不可小视，并最终可能给政府带来巨大的经济负担，但是迄今为止，我国政府并未单独就长寿风险进行专门的研究和管理，除了运用风险自留方式来应对以外并无其他应对措施。

政府面临的聚合长寿风险是一种长期积累形成的重要风险，但在我国人口老龄化进程快速推进的背景下，政府更为关注人口老龄化带来的直接影响，关注社会基本养老保险制度特别是城镇职工基本养老保险制度的隐形负债与转轨成本。同时，由于我国长寿风险及其管理的理论研究至今还不够完善和成熟，致使政府也并未充分认识所面临的长寿风险，自然也未专门针对长寿风险问题采取合理措施，导致目前长寿风险的管理方式基本以风险自留为主，长寿风险未得到有效管理。

第二节　保险公司对长寿风险的管理策略

　　长寿风险的定量分析结果显示，长寿风险会给我国商业养老保险带来巨大的冲击效应。同时，鉴于长寿风险自身的系统性、人类死亡率降低及预期寿命增加的不可控性，长寿风险不可放任，否则整个商业保险行业必然会受到巨大的影响。当下，商业养老保险是防范与解决长寿风险的重要工具之一，在我国人口老龄化程度逐渐加深的背景下，商业养老保险的长寿风险分析成为广大学者关注的焦点。根据目前保险公司存在的长寿风险应对办法的特点将其分为四类，分别为动态法、风险转移法、风险对冲法以及风险分散法。

一、保险公司对长寿风险的主要管理方式

（一）动态法

　　目前具有动态特征的应对长寿风险的方法的代表便是动态死亡率定价法。动态死亡率定价法的本质就是基于动态的死亡率进行定价。具体的做法就是依照动态生命表进行保险产品的定价。动态生命表中具体的死亡率水平由年龄和时间两个因素共同决定。这样的话保险公司的定价直接与死亡率的变化挂钩，是最有效的解决长寿风险的方法。这个方法的好处在于，直接将商业养老保险的定价以及商业养老保险的长寿风险分析给付与死亡率绑定在一起，从而彻底地消除了长寿风险。

　　缺点在于，首先，动态死亡率定价法完全依靠死亡率的预测数据，因此死亡率的预测偏差便会带来定价的偏差。若是死亡率预测的偏高，则会造成商业保险公司的巨大损失；若是死亡率预测的偏低，则会引起产品定价过高，从而影响其销量。并且我们知道商品的价格一般情况是要保持稳定增长的，若采用动态死亡率定价法，会造成商品价格的波动。消费者出于投机心理，很有可能会采取观望的态度，这样是非常不利于商业保险公司的发展的。其次，由于养老保险的周期比较长，我们在定价时，需要整个年龄段的死亡率情况，因此我们需要预测出未来很多年份的死亡率数值。但是一方面是由于我国现有的历史死亡率数据不足，另一方面是由于预测的周期越长，死亡率的预测偏差值便会越大。综合这两个方面都说明了该方法的不足之处。最后，

生命表的编制需要耗费巨大的人力、物力以及财力。若采用动态死亡率定价法，则生命表便需要随时更新，这会大大提高运营成本，甚至有可能会出现该运营成本超出长寿风险所带来的损失的情况，会得不偿失。

综上所述，该方法存在很多不足之处，在实际应用中是难以开展的，但是可以为我们今后的长寿风险的管理提供一个思考。

（二）风险转移法

再保险是商业养老保险公司进行长寿风险转移的代表性方法。其本质就是个人通过购买保险方式将风险进行转移，而保险公司再通过合同或者其他方式将风险转移出去。原保险人相当于同时兼顾了保险人与投保人的双重身份，将部分风险、责任转向再保险人。再保险能够分散保险公司的风险、降低保险公司的营业费用、拓展再保险公司的业务并能够降低成本等。

将年金类业务的长寿风险转移给再保险公司可以降低保险公司的风险集中度。分出公司的责任占总保险金额的固定比例形式为比例保险，保险金额赔款及保险费都是按一定比例分配的，而对于非比例保险，则分入的公司只有当原保险金额超出约定的额度时，才会进行赔付。不论是比例保险还是非比例保险，再保险市场接收长寿风险的能力是十分有限的。一是长寿风险的涉及范围比较广，影响比较大，要提供大量资本给再保险公司提出了很高的要求；二是再保险公司也需要将风险转移或者自身消化。因此，通过再保险市场来消除长寿风险其所面临的问题跟商业保险公司本质上是一致的，都不能很好地消除长寿风险，不是长久之计。

（三）风险对冲法

在金融学中，风险对冲是通过构建合理证券或产品抵消或降低组合所承受风险的一种风险管理策略。保险公司的寿险产品和年金产品的死亡率风险大约对称，若死亡率提高，寿险保单部分的额外给付接近年金保单给付减少的部分；若死亡率比预期降低，则寿险保单给付减少的部分接近年金保单给付增加的部分。风险对冲根据其可以化解掉的风险程度可以划分为部分对冲与完全对冲。若是新购买资产的风险与原有资产所对应的风险是呈完全负相关的，也就是一一对应，可以完全进行抵消，这种情况就称为完全对冲。若是新购买资产的风险与原有资产的风险是部分相关的，也就是只可以抵消一部分，就是部分对冲。在实际的应用中，很少有资产能够实现完全对冲，大部分都是部分对冲，也就是说企业要承担一定的风险。但与此同时，风险对应着收益，只有承担了一定的风险才能获得一定的收益，企业也更愿意去接受部分对冲，因为完全对冲就意味着没有风险。没有风险也就自然没有对应的收益。而所谓的对冲策略其实就是去选取一个恰当的平衡点。在部分对冲风险中，企业愿意承受的风险处于哪一个位置，就是企业可以承担的风险上限。若是最后的风险超出了企业可以承受的上限，则多余的部分就需要进行消除。若是没有超出其上限，则不需要进行风险对冲，也就不需要对冲策略了。因而在实际的应用中，企业在进行风险对冲时，会通过产品的组合设计来实现相应的对冲策略。具体应用到长寿风险中就是利用精算知识构建一种终身寿险产品，也就是等同于商业养老保险当中对未来进行给付的保费。通过保险产品的组合搭配来实现长寿风险的对冲，就是一份保单中的损失会在另一份保单中弥补回来。这种组合搭配可以很好地实现长寿风险的对冲。

随着国家对保险业不断重视以及经济发展水平的提高，越来越多的风险管理和保险专家以及业界人员呼吁保险业应该回归保障和风险管理的本质。从长寿风险管理的角度分析，运用自然对冲的方式管理长寿风险，增加具有保障功能的寿险产品的比例，既有助于保险公司管理长寿风险，也有助于促使整个保险业回归保障的本质功能，更有助于促进保险业结构转型、提高保险业长期竞争力。

（四）风险分散法

该类方法的典型特征就是将风险分散出去，化整为零，使更多的人参与进来从而实现长寿风险的分散，由此子保险公司本身所承担的风险便会大大的降低。

长寿风险证券化是利用资本市场实现风险转移的一项重要技术，该项技术始于20世纪中期。通过将长寿风险进行证券化处理，保险公司可以非常便捷的将风险进行转移，而且这种方法非常有效。首先，长寿风险证券化的实质是通过对长寿风险的证券化处理将长寿风险转移到资本市场，并且利用了金融市场上常用的关于死亡率指数的一些衍生工具。该方法明显优于其他的长寿风险管理方法，因为该方法一方面可以实现风险更有效的化解，另一方面为资本市场提供了一项新的投资产品，对于保险公司和投资者来讲都是一件好事，可以更好地规避一些风险。并且，它能够在时间上与长寿风险很好地进行匹配。可以说，长寿风险证券化的产生给资本市场带来了一缕春风，它既给投资者提供了一个全新的投资项目，又使保险基金人开辟了一个全新的运作渠道。目前，长寿风险证券化已经在多个金融机构和多个国家开始运作，相关的证券化产品也逐渐趋于多元化，未来将会有更多的产品供大家去选择投资。

还有一种也是跟死亡率情况紧密关联的证券，即死亡率巨灾债券。该债券的设计目的是为了避免死亡率较大幅度的提升。具体的运行步骤为：首先设定一个死亡率的变化范围，若是在该范围的下限以下，则无任何变化，亦不会引发相应的作用机制。若是在该范围的上限以上，则该债券的到期价值为零。其次是死亡率范围值的具体设定。现在既有的设定模式是采用基于五个发达国家的死亡率历史经验数据计算得出的相应的死亡率指数作为基准。以该基准的30%作为死亡率变化的下限，基准的50%作为死亡率变化的上限。死亡率在该范围之内进行变动，随着死亡率的升高，债券的到期价值会呈线性的降低趋势。实际上，死亡率巨灾债券以防止死亡率大幅度上升为目的，与长寿风险正好相反，并不是证券化产品，但是它的设计原理可以应用到控制长寿风险的产品中去。正是因为受到死亡率巨灾债券的启发，长寿债券才得以应运而生。

保险公司通过资本市场转移长寿风险是一种技术性要求极高的风险管理方式。这种证券化产品需要足够的经验数据、成熟的资本市场、完善的法律监管环境以及精算专业等人才，目前在我国发展的并不是很成熟，需要进一步完善各类条件。

二、保险公司管理长寿风险的现状和原因

长寿风险对于保险公司而言，可以视为一种死差损，在保险公司进行保险产品定价时，就必须考虑这种风险，但限于死亡率预测的难度与精确度，保险公司也难以有效管理这种风险。现阶段，我国保险公司并未对长寿风险进行专门管理，未出现针对长寿风险的再保险交易以及其他长寿风险衍生产品交易，保险公司更多的是将长寿风险作为一种普通的风险，主要是运用风险自留方式和风险控制方式加以管理。

保险公司对长寿风险管理的现状的主要原因主要有以下几方面。

1. 保险公司面临的长寿风险总体较小

尽管我国保险业发展极为迅速，但保险公司养老类年金保险业务发展较为缓慢，所占份额较少，因此整体上保险公司所面临的长寿风险并不是很严重。我国个人商业养老年金保险保费收入占人身保险原保费收入的比重一直

比较低，2013 年仅为 13.9% 。随着人们的预期寿命增加以及人们的养老意识增强，这类养老类年金产品会随之增加，保险公司面临的长寿风险也会逐渐增加。

2. 保险公司的年金类产品定价偏高，期限偏长

目前养老年金类保险产品在各家保险公司发行得并不多，导致这类产品在市场上比较稀缺，加之现在对年金类保险产品的需求逐渐增加，导致我国保险公司的年金类产品的价格相对过高，因此我国保险公司的年金类产品发展十分缓慢。另外，保险公司为了更好地控制风险已在价格中附加了一定的安全值。由此，尽管长寿风险对终身年金保险会产生重大影响，但保险公司现有的保险产品价格已弥补部分损失，保险公司运用其他风险管理方式积极管理长寿风险的压力不大。

3. 长寿风险的监管不足

国外关于长寿风险的研究已经有一些时间了，而在我国只是近几年才开始意识到长寿风险的重要价值，开始将长寿风险作为影响保险公司定价等一个重要的保险风险。而关于长寿风险的量化机制等还不是很成熟，例如，对于死亡率的量化我国目前仅有三套经验生命年表，这会造成我国商业保险在定价时存在严重的滞后性。这种滞后会影响对长寿风险的监控和管理，所以，现阶段长寿风险的监管还不是很完善。另外，关于长寿风险的管理措施，现阶段保险公司主要采取的方法是基于现有的经验生命表中的死亡率调整因子进行调节。但是，这种死亡率调节因子是由保险公司自行设立的，没有相关机构对其统一监管，这样会造成保险公司出于盈利的目的而调高死亡率，间接加大长寿风险。

第三节　个人对长寿风险的管理策略

一、个人对长寿风险的主要管理方式

（一）风险控制

风险控制即个人为了维持退休后的正常生活水平，可以通过提高资产管理能力或提高年老以后收入水平来弥补老年后资金的不足，以达到降低长寿风险发生概率或减少长寿风险造成损失的目的。个人长寿风险管理从本质上是个人在生命周期内合理配置所积累财富的行为。若个人在超预期的生存年限中拥有足够的财富，那么他将不会面临长寿风险。为了达到这个目的，个人可以在年轻具有工作能力时积累足够多的财富，提高资产管理能力，实现资产的增值保值；也可在年老后继续工作以提高年老以后的收入水平。个人实现资产保值增值主要以有效资产管理为目的，根据数据显示，我国居民家庭金融资产大部分以无风险资产为主，将财富存到银行的比例高达 50%。个人通过银行存款方式投资储蓄并不会有效实现资金的增值保值。但是居民个人可以通过资本市场、房地产市场等投资市场增加收益。但是我们的传统思想是以保守稳健性为主，所以增加一些高风险、高收益的投资项目并不完全可行，这种方式在短时间内实现的效果也不会很明显。

（二）风险转移

1. 购买年金类保险产品

在我国，随着经济发展、生活水平的提高，人们在满足物质生活需求外，逐渐意识到未来生活的保障问题，所以人们的保险意识在不断增强。人们意识到自己未来寿命会不断延长，因而会考虑购买相关的保险产品来转移这种长寿带来的风险。个人往往根据自己的需要向保险公司购买年金类保险产品，能够有效配置自己的财富，可以说这种方式使投保人具有一定的风险转移的主动性。因此，在购买了这类年金产品后，个人将自身的长寿风险转移给保险公司，用从保险公司得到的年金给付来支撑其退休后的生活。因此，购买年金类保险产品是个人有效管理长寿风险的重要工具。影响个人购买年金类保险产品的主要因素有生存风险、风险偏好、年金管理费用等，这些因素在一定程度上影响了个人购买年金保险类产品的意愿。

2. 住房反向抵押养老保险

对于长寿风险的有效转移，近些年来发展了住房反向抵押养老保险。该种产品也是为了应对长寿风险的到来给未来养老带来的经济压力和资源的消耗，通过将住房作为一种抵押品获取一定的养老金额给付。住房反向抵押贷款是随着经济阶段的不断深化而产生的一项混合型的交叉业务，由于我国的地理位置、文化传统、政策环境、土地制度的特殊性，在发展该项业务时存在有一定的障碍和风险性。这些风险中，寿命长短风险、房价波动风险、利率不稳定风险、逆向选择和道德风险以及流动性风险等是每个国家都要面对的共性风险。另外，人们传统思想一直是有房子就有依靠，房子是固定资产，是能够为儿女留下来的财富，所以并不能接受通过住房反向抵押养老保险转移长寿风险。因此，住房反向抵押这一产品一上市，就引来很多讨论，其发展起来存在较大阻碍，目前分析其可行性并不是很大，且实施范围也比较局限。

二、个人管理长寿风险的现状和原因

根据个人对长寿风险的管理策略分析，目前我国无论是城镇居民还是农村居民个人都会面临越来越严重的长寿风险，主要原因有以下几方面。

1. 未充分认识到长寿风险并过度依赖政府

对城镇居民个人而言，更长的寿命是一个共同的追求，但是人们往往忽略长寿也会给其自身带来年老以后资金短缺的风险。同时，长寿风险是一种长期积累形成的重大风险，管理这种风险的应对措施一般需要实施多年以后才可见效，并且如果补救行动出现拖延，这一问题将更难得到有效解决。另外，养老靠政府的思维将会给政府养老资金带来很大的压力。

2. 个人长寿风险管理能力不强

个人管理长寿风险的方式多为风险自留，主要依靠个人储蓄、家庭成员供养。我国民众特别是农村居民，受传统的保守思想影响较深，认为经济生活中的互助性比较强。但是随着长寿风险的加大，这些方式不足以有效管理个人面临的长寿风险。而且由于农村居民个人对金融保险知识以及风险管理知识的了解远远不足，个人管理长寿风险的意识较低，致使其管理长寿风险的能力极弱。

3. 对商业保险认识不足

尽管商业保险在我国发展极为迅速，但是我国居民无论是城镇居民还是农村居民，对商业养老年金保险产品的认识存在明显不足，致使个人通过年金保险产品对长寿风险进行管理的意识较弱。另外，商业年金类保险产品的收益率较其他金融资产相对较低的现状也在很大程度上降低了居民个人购买商业年金保险产品的意愿。所以，这类商业年金类保险的市场销售份额一直较低。

4. 保险产品缺乏吸引力

从商业年金保险产品角度分析，我国保险产品结构过于单一，产品同质化比较严重。尽管我国基本每家保险公司都销售不同形式的商业年金保险产品，但是这些产品在费率、保障范围方面十分类似，无法满足个人多样化的保险需求。尤其是城镇居民和农村居民所拥有财富有很大差别，另外生活方式也不同，所以同类年金类保险产品不具有一定的针对性，其所提供的风险管理方式与居民个人的保险需求并不匹配。

第七章

基于长寿风险的资本市场
产品的创新与应用

长寿风险并不是一种简单的金融风险，而是一种新型的、影响广泛且日益严重的社会风险。长寿风险是系统性风险，是整个经济社会所面临的风险。由于长寿风险的持续期过长和未来死亡率难以预测以及再保险公司对长寿风险容纳能力有限（再保险公司必须按照规定为未来给付提取准备金）等原因，所以通过传统的风险管理手段（如风险自留、再保险等）并不能有效对冲该类风险。康明斯等（Cummins et al.，2009）认为传统再保险公司提供风险分散和风险管理产品，但通常不将这些工具中固有的风险转移到资本市场，而是将其保留在资产负债表上。在内部多元化和再保险后，保险公司和再保险公司仍然面临未分散的剩余风险，这可能导致由于随机波动而意外产生的高损失。因此，机构不可能持有足够的资本来消除由于不利的投资结果而在不利条件下筹集外部资本的可能性。也就是说在减少信息不对称和价格偏好问题下，资本市场比保险市场更有效。当风险相关时，传统的再保险模式开始崩溃，对再保险公司的不对称风险有显著的影响，相对于再保险公司的股本资本来说，这种风险很大。再保险公司和资本市场之间的信息不对称，代理成本和其他市场摩擦成本也增加了资本成本。在这些条件下，再保险的价格就会很高，而且保险的供应可能受到限制。

第一节　长寿风险证券化的基本运行机制

长寿风险证券化实质是在资本市场构造发行与长寿风险相关的金融产品及衍生品，产品收益与死亡率或生存率挂钩，将长寿风险转移到资本市场上。长寿风险证券化既可提供额外的市场容量、足够的流动性与透明度，还能够减少信息不对称等优点。因此，长寿风险证券化的这种低成本且有效的风险管理方式得到众多学者、机构的关注与研究。

针对于长寿风险证券化的风险管理策略，国内外学者提出了有效的运行机制。布莱克和伯罗斯（Blake and Burrows，2001）第一次提出可以利用长寿债券来对冲长寿风险，并且该长寿债券的未来息票给付依赖于某个死亡率指数，还提出长寿债券使养老金的供给成为公共部门和私营部门之间的共同责任。由此，关于长寿风险和专门为对冲长寿风险设计的资本市场工具的文章越来越多。到 2003 年底，瑞士再保险公司（Swiss Re）成功发行了死亡率相关证券，该证券的发行是为了对冲超过其业务规定的死亡率。从这时开始，关于死亡债券作为在资本市场上转移死亡风险的工具越来越普遍。到 2004 年 11 月，欧洲投资银行（EIB）发行了专门对冲长寿风险的长寿债券，即专门为养老金计划或年金提供者设计的用来对冲由于死亡率的改善带来的超额支付损失。但是，该长寿债券由于需求不足发行失败。对具体失败原因，林等（Lin et al.，2008）在《巨灾死亡率风险定价》一文中进行了详细分析，认为由于非合理定价并未吸引需求方。科里和康明斯（Cowley and Cummins，2005）从贷款支持证券结构入手，讨论了人寿和年金证券化，并讨论了人寿保险证券化几种主要类型的运作机制；林和考克斯（Lin and Cox，2006）提出了一般长寿债券的主要运作机制并且通过王氏变换给证券化产品定价；布莱克等（2012）对长寿债券进行了深入的讨论，指出设计长寿债券需考虑的因素，并提出零息票长寿债券、经典长寿债券、本金有风险的长寿生存债券、反向长寿生存债券、抵押长寿债券等多种不同形式的长寿债券。2010 年，瑞士再保险公司在成功发行死亡债券后，又成功发行了长寿债券；紧接着，2012 年，Aegon 集团通过荷兰银行也成功发行了长寿债券。长寿风险证券化是指通过构造和发行死亡率联结证券，将长寿风险转移到资本市场，并使长寿风险证券在资本市场上交易，实现长寿风险的分割和标准化。长寿风险证券化为资本市场上的投资者提供了新的选择，有利于降低资本市场的风险。长寿风险证券化主要分为长寿风险债券、死亡率互换、死亡率期权、死亡率期货、q—远期以及 Buy-outs/Buy-ins 年金产品等几种形式。

一、巨灾死亡率债券

寿险行业支付由于飓风、流感、地震及一些其他自然或人为灾难造成的巨大的人口死亡时金融方面的能力有限。世界上第一类寿险方面的巨灾证券化是由瑞士再保险公司发行的死亡率债券。为了拓展支付巨灾性死亡率损失的能力，瑞士再保险公司（瑞士再保险公司是瑞士最大的专业再保险公司，是仅次于慕尼黑再保险公司的第二大国际再保险公司）通过发行第一只死亡率债券从机构投资者那里获得四亿美元。瑞士再死亡率债券是基于美国、英国、法国、意大利和瑞士五个国家的普通人口的死亡率指数构造而成的。该债券的发行在融资四亿美元的同时转移了死亡率风险，成为寿险类风险证券化具有开创意义的尝试。

（一）巨灾死亡率债券的运行结构

瑞士再保险公司首先发行了死亡率债券，通过基于指数的极端死亡率证券化，将人寿风险首次转移到资本市场。此后，其他死亡率债券也得以成功发行，不过被转移的风险份额较低。2003 年，瑞士再保险公司建立了一个特殊目的机构（Special Purpose Vehicle，SPV）——维塔有限责任公司（Vita Capital Ltd），由该机构发行了 2.5 亿美元的死亡率指数债券，并保留了提供另外 1.5 亿美元发行的权利。该债券的期限是三年（2003.12.30—2007.1.1），并且被标准普尔评为"A^+"，被穆迪投资服务公司评为"A3"。该债券用来转移瑞士再保险公司巨灾事件的极端死亡率风险，这是世界上第一支死亡率债券，是寿险风险证券化史上具有开创意义的尝试。该债券的面值为 4 亿美元，投资者按季度得到息票（Coupon），息票率（Coupon Rate）是三个月的伦敦同业拆借利率（London Inter bank offerecl Rate，LIBOR）上浮 135 个基本点。同时维塔有限公司还进行了一个互换交易，将瑞士再保险的固定费率支付与 LIBOR 互换。作为向维塔有限公司支付保费的回报，瑞士再保险得到一个在 SPV 收益上的看涨期权。该期权用死亡率指数定义触发条件，该死亡率债券的具体运行机制如图 7 - 1 所示。

该死亡率债券的本金是无保证的，其返还依赖于五个国家（美国、英国、法国、意大利和瑞士）的死亡率指数。并且设定 2002 年的死亡率为参考基准，当发行期间（2004 年、2005 年、2006 年）实际死亡率指数不超过该基准水平的 1.3 倍时，本金全额返还；死亡率指数每增加 0.01，本金返还减少 5%。如果死亡率指数超过了该基准的 1.3 倍，投资者的资本金就会损失掉一部分；如果死亡率指数超过该基准的 1.5 倍，则投资者的资本金几乎全部损失掉。不过据摩根斯坦利报告显示这种极端死亡率情况大概平均每 25 年才出现一次。所以，投资者在一般情况下是获利丰厚的，因此投资者非常倾向于对这类债券的投资（Morgan Stanley，2003）。

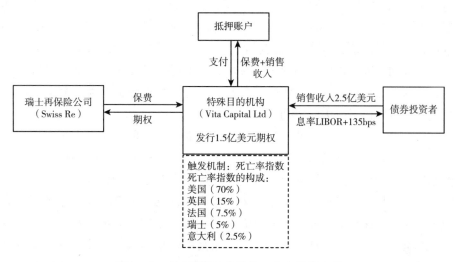

图7-1　瑞士再保险公司的死亡率债券交易

该死亡率债券的触发机制是死亡率指数基于美国、英国、法国、瑞士和意大利五个国家人口死亡率加权平均来定义的。t 时刻的死亡率指数设为 q_t，如果该死亡率指数 q_t （$t = 2004$，2005，2006）超过基准死亡率水平（2002年的实际死亡率水平）q_0，向投资者支付的资本报酬将减少。下式详细描述了在 t 时刻资本损失情况（$loss_t$），即：

$$
loss_t = \begin{cases} 0 & \text{if } q_t \leq 1.3q_0 \\ 1 - \dfrac{1.5q_0 - q_t}{0.2q_0} & \text{if } 1.3q_0 < q_t \leq 1.5q_0 \\ 1 & \text{if } q_t > 1.5q_0 \end{cases}
$$

因此，在该债券到期时支付给投资者的总回报应该是：

Payment at Maturity

$$
= 400000000 \times \begin{cases} 100\% - \displaystyle\sum_{t=2004}^{2006} loss_t & \text{if } \displaystyle\sum_{t=2004}^{2006} loss_t < 100\% \\ 0 & \text{if } \displaystyle\sum_{t=2004}^{2006} loss_t \geq 100\% \end{cases}
$$

比尔德和科拉罗西（Beelders and Colarossi，2004）用极值理论对该债券进行估值，对死亡率进行广义帕累托分布假设。通过计算，预测死亡率指数超过130%的可能性在33个基本点，而大于150%的概率在15个基本点，期望损失最高在22个基本点，这大大低于债券定价中支付给投资者的135个基本点，因此，该债券被认为对投资者十分有利。从市场反应来看，投资者对这种债券的确表现出极大的兴趣，对债券的主要投资者（年金基金机构）来说，该债券既提供了高利息收入，又是一个有丰厚回报的对冲长寿风险的工具，其发行取得了巨大的成功。

瑞士再保险公司发行的死亡率债券具有非常重要的意义。它第一次直接关注死亡率风险，并尝试了用证券化的方法替代转移寿险风险的传统的转分保方法。瑞士再保险公司的交易将成为寿险证券化发展过程中的一个新起点。由于这种交易只转移寿险保单中的死亡率风险，与涉及寿险保单业务所有的现金的交易相比更简单和更容易理解。也正是由于它的简单性和透明性，该交易没有通过第三方保证就获得了一个很高的信用等级。对投资者的支付也是对瑞士再保险公司的支付基于大众人口死亡率，而不是某个特定的寿险公司的实际死亡率经验，所以可以降低投资者的道德暴露风险。当然，反过来看，支付不由公司的实际死亡率情况和实际的赔付率情况决定，将给发行方的寿险公司带来很大的基差暴露风险，即寿险公司实际的死亡率经验可能要比指数反映出来的要坏很多。因此，一般认为死亡率关联债券交易更适合那些规模很大的、在多个国家经营的跨国寿险公司或业务遍布多个地区的跨国再保险公司开展。

（二）巨灾死亡率债券的现金流分析

传统的寿险公司通过给客户提供某些特定的保险产品建立一些资产和负债项，并将这些风险保留在资产负债表中，通过筹集的资本金来承担风险。这样不仅造成相关市场不透明，增加了资本金的成本和代理成本，寿险公司也难以承受巨灾引起巨额索赔。通过死亡率证券化，将最终的风险从寿险公司的资产负债表中剥离，转移给资本市场的投资者，成为投资者投资组合的一部分。该死亡率债券的组织形式及现金流向如图7-2所示。

其中，巨灾死亡率风险证券化的整个交易过程主要涉及投保人、寿险公司、特殊目的机构以及投资者。投保人与寿险公司签订保险合同，保险人与特殊目的机构（SPV）签订再保险合同，SPV与投资者签订证券交易合同，每个箭头表示相应合同的现金流向，现金流发生的时间和金额有所不同，合同的生效时间、终止时间不同，损失事件也不一样。主要有以下几方面的交易。

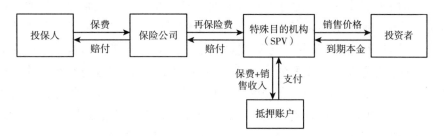

图 7 – 2　死亡率债券的交易方与现金流

1. 投保人与保险公司

投保人与保险公司签订保险合同，投保人按合同规定缴纳保费。保险公司自合同生效之日起，提供相应的保险保障，如果在保险期限内发生约定保险事故，保险人按照保险合同规定支付相应的赔偿。巨灾事件引起众多被保险人身故或伤残等，而寿险公司短期内难以筹集巨额资金予以赔付，即产生了死亡率风险的暴露。

2. 保险公司与 SPV

保险公司与 SPV 签订的合同通常称为再保险合同，按合同规定，保险公司向 SPV 缴纳一定费用，实际相当于其购买了一个看涨期权。该期权用死亡率指数定义触发条件，当实际死亡率超过合同约定值时即为保险事故发生，就提供相应的补偿，否则合同满期终止。而保险公司得到的支持和补偿，从而解决了偿付能力不足的问题。

3. SPV 与投资者

SPV 与投资者签订的证券交易合同，预期现金流与死亡率指数相关联，具有很大的不确定性。如果合同中定义的巨灾事故没有发生，或保险人未行使买入期权，利息收入将高于纯粹债券，否则，得不到任何利息，部分本金甚至全部本金都可能丧失。当将剩余的资金偿还投资人后，整个风险证券化交易结束。通过这一运作方式，保险人即寿险公司的风险损失能够得到完全或足够的保险，投保人也因此得到完全或足够的保障，投资人承担了保险风险，其好处是得到了较高的风险报酬，并进一步分散了投资组合的总体风险。

4. SPV 与抵押账户

SPV 是特殊目的机构，并不以投资营利为目的，通常其将获得的保费与销售债券的收入存入到一个抵押账户中，获得稳定的收益，通常指无风险利率。特殊目的机构通常是一个机构设置完整并且与债券发行人不存在任何隶属关系的机构。最大特点在于它能单独把资产的资信能力从企业总体的资信能力中分解出来，并仅依托于信用指标中最客观的部分进行融资，即"破产隔离"，屏蔽了由于寿险公司原始受益人的破产对投资者的影响。在经营保险风险证券化业务时最重要的一点就是要将对保险人的债务与其自身的债务进行分离。在债券到期前，若没有发生预先规定的触发事件，将在债券到期时，按照合同的约定向投资者支付本息；如果在债券到期前发生了巨灾损失，则会先行理赔给寿险公司，然后将剩余资金支付给投资者。支付额度依赖于具体债券类型和债券的触发机制。

（三）巨灾死亡率债券的定价机制

传统的固定收入证券及其衍生产品可以运用即期收益曲线和无套利分析方法进行定价，即著名的资本资产定价模型（CAPM 模型）。由于资本资产定价模型基于完全市场假设，认为标的物的市场风险价值正比于标的物与整个市场之间收益的瞬态相关性。当标的物与市场整体收益不相关时，其风险价值为 0。然而死亡率关联债券的触发指数与市场整体收益的相关性是很小的。但是，它的变化却会引起巨大的风险费用。因此，无套利均衡分析方法不再适用，并且认为利用弗里德伯格和韦伯（Friedberg and Webb，2005）提出的利用 CAPM 资本资产定价方法来定价死亡率关联的债券会出现很大的误差。所以，长寿风险和死亡率指数衍生产品目前的市场是不完全市场，无套利分析方法不再适用。由此，相关学者运用三类主要方法对长寿风险及死亡率指数衍生产品进行定价。

（1）瞬时夏普（Sharpe）比率。夏普比率是在开放式基金中被广泛运用的风险调整方法，它是一个可以同时对收益与风险加以综合考虑的指标，反映了单位风险基金净值增长率超过无风险收益率的程度。夏普比率越大，说明基金单位风险所获得的风险回报越高。夏普比率在资产收益率服从正态分布的情况下是非常有效的。但对于单一的债券发行却不能直接使用传统的夏普比率，因为资产收益率存在尖峰厚尾的现象。

（2）风险中性（Risk-Neutral）。根据金融经济学理论，在一个非完全证券市场，假设不存在套利机会，则至少存在一种风险测度可以用于确定证券的公平价格，该测度称为风险中性测度 Q，与实际概率测度 P 相对应。前面已经提到过，很多学者将风险中性方法应用于死亡率指数衍生证券定价的研究。

（3）王（Wang）转换。Wang（2000，2002，2004）将概率分布转换的

方法用于金融和保险风险的定价，提出一类新的转换，即 Wang 转换，并与 CAPM 模型、Black-Scholes 期权定价公式进行比较分析，得出 Wang 转换可以复制 CAPM 模型和 Black-Scholes 期权定价公式的结论。林和考克斯（Lin and Cox，2005）首先运用 Wang 转换对生存债券进行了定价，得出了长寿风险的市场价格；考克斯、林和王（Cox，Lin and Wang，2006）通过研究瑞士再保险公司发行的生存债券和死亡风险的定价，表明该方法可用于死亡率指数衍生证券的定价。

王（1996，2000，2001，2002）提出一种将金融理论和保险定价理论结合起来定价风险的方法，并将此方法利用在不完全市场上。Wang 转换方法通过价格的贴现价值转换了基础资产的分布。该转换有很多优点，例如由于该方法涵盖了对基础资产的资本资产定价模型（CAPM）和金融衍生产品的 Black-Scholes 公式定价模型，因此它表达起来更具清晰且更具有经济意义。Wang 转换方法的具体表达结构如下所示。

考虑在 T 时刻的一个随机给付 X，如果累积分布函数为 $F(x)$，那么根据下式，通过风险 λ 的市场价格来定义这种转换或"扭曲"的分布函数 $F_X^*(x)$，即：

$$F_X^*(x) = \Phi\left[\Phi^{-1}(F_X(x)) + \lambda\right]$$

其中，$\Phi(x)$ 是一个标准正态分布的分布函数，$F_X^*(x)$ 称为函数 $F_X(x)$ 的单因素 Wang 转换。在保险市场中，在 Wang 转换公式中的风险溢价 λ 表示的是市场系统性风险水平与公司具体的不能对冲掉的风险。本质上来看，通过转换，X 的价格等价于通过转换分布获得的贴现期望值。

单元素的 Wang 转换机制假设实际的分布是已知的。然而实际上只能在有限的数据基础上去估计概率分布，所以，就存在参数的不确定性问题。为了进一步解释这些，Wang（2002）又提出了双因素的 Wang 转换机制，即：

$$F_X^*(x) = Q\left[\Phi^{-1}(F_X(x)) + \lambda\right]$$

其中，$Q(x)$ 表示一个自由度为 k 的 t 分布，其概率密度 $f(t;k)$，即：

$$f(t;k) = \frac{1}{\sqrt{2\pi}}c_k\left[1 + \frac{t^2}{k}\right]^{-(0.5k+1)}, (-\infty < t < \infty)$$

其中，$c_k = \sqrt{\dfrac{2}{k}}\dfrac{\Gamma((k+1)/2)}{\Gamma(k/2)}$。令 $F(y)$ 为参数不确定性调整前由经验估计

得出的概率分布，Wang（2004）用 t 分布进行参数不确定性调整和 Wang 转换进行风险调整相结合，从而得到双因素 Wang 转换模型，即：

$$F^*(y) = Q\big[\Phi^{-1}(F(y)) + \lambda\big]$$

双因素转换模型不仅考虑了概率变换，也对参数进行了不确定性调整，其目的是用来测度巨灾债券和长寿债券的风险溢价。对于风险溢价 λ 的确定往往是通过寿险和年金市场数据获得的，所以一个寿险或年金合同在 T 时刻的支付为 X 在初始时刻的价格，为利用转换分布得到的期望贴现值，因此定价公式为：

$$v_T E^*(X) = v_T \int x \mathrm{d}F^*(x)$$

其中，v_T 是在初始时刻基于无风险债券利率获得的贴现因子。因此，对于一个承担着 X 支付责任的保险公司的累积分布函数为 $F(x)$，则 Wang 转换产生了一个风险调整分布函数 $F^*(x)$。那么基于分布函数 $F^*(x)$ 获得的期望贴现值 $v_T E^*(X)$，表示该支付 X 在初始时刻的价格。王（1996，2000，2001，2002，2004）阐述了该方法的效用，并且近几年来该方法在金融和保险领域都是非常典型的方法，得到了很多学者的认可。

巨灾是小概率大损失的保险事件，显著特点是突发性和破坏性，其造成的巨额财产损失和严重人员伤亡冲击着保险业的偿付能力，不断加大保险公司的破产概率。财产保险公司受其影响最为直接，巨额赔付已导致多家财产保险公司接连破产。随着巨灾事件的不断升级，人口死亡率也随之骤然上升，这使寿险公司面临沉重的偿付压力。证券化作为一种金融创新理念已被财产保险公司所关注和运用。近年来，关于证券化在分散寿险类公司死亡率风险的讨论和尝试也逐渐升温。

二、长寿风险债券

（一）长寿风险债券的运行结构

2014 年 11 月，由法国巴黎银行（BNP）设计，欧洲投资银行（EIB）发行了第一个长寿债券。该债券的市场价值为 5.4 亿英镑，票息为 5000 英镑，期限为 25 年。与该息票相关的生存指数是英国和威尔士 2003 年 65 岁的男士。百慕大再保险公司根据实际的英国和威尔士 2003 年 65 岁的男士的死亡率状况向 EIB 每年给付浮动息票。EIB 根据英国政府精算部门的 2002 年对死亡率作出的预测，再根据百慕大再保险公司内部对这些预测的调整每年给付固定的息票给百慕大再保险公司。债券的价格按照 LIBOR 减去 35 个基本点进行贴现。该长寿债券的具体交易过程如图 7 – 3 所示。

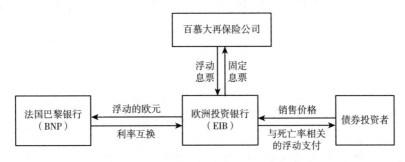

图 7 – 3 长寿风险债券运行结构

资料来源：http：//www. artemis. bm/。

长寿风险债券的整个交易过程如上图所示，其中涉及发起人（法国巴黎银行）、特殊目的机构 SPV（欧洲投资银行）以及债券投资者。简单来说，证券化过程就是把发起人承担的特定风险转移给投资者。一方面，SPV 与发起人签订再保险合同，获得保费收入，通过发行证券提供一定的保险保障；另一方面，SPV 向投资者发行和此类风险指数相关的债权，获得来自投资者的资金支付。SPV 把这部分资金存到一个信托账户中，这类账户风险很小，评级很高的资产，如购买国债或直接存入银行等。

投资者的息票或者给付利息来源于 SPV 信托账户产生的利息以及签订保险合同收取的保费。如果风险事件发生导致保险公司赔付责任发生，SPV 根据事先约定从信托账户中取出现金赔付给保险公司；如果风险事件在保险期限内未发生，信托账户的资金直接给付投资者的投资本金和利息。因此，投资者承担着这类具体事件发生的风险，同时获得一定的投资收益。一旦该类风险事件发生，投资者损失投资资金；而发起公司会收到投资者的资金来支付投保人的损失。

（二）长寿债券的现金流变动

长寿债券的构造与巨灾死亡率债券相似，但也有所不同。两种债券都要通过特殊目的机构 SPV 进行交易。寿险公司或再保险公司向 SPV 购买再保险，SPV 再向投资者发行债券，并且该长寿债券的给付与生存指数有一定联系。如果保险期限内生存指数高于一定程度时，即用发行债券的所得优先向寿险公司或再保险公司进行赔付，剩余资金为债券持有人发放息票。另外，巨灾死亡率债券期限较短，因为其对冲的是短期内可能发生的巨灾损失风险。而长寿风险是随着时间延长逐渐加强的，这个过程可能要很长一段时期，所以长寿债券的期限较长。图7－4所示为长寿债券的各交易方与现金流变化。

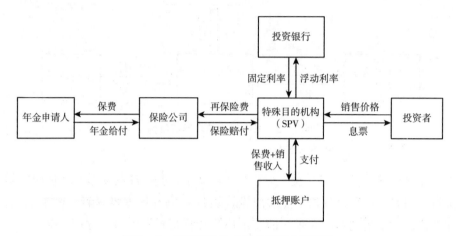

图7－4　长寿债券的交易方与现金流变化

图7－4描述了长寿债券各个交易方的现金流变动。其中，保险公司以固定年金形式向SPV支付再保险费，特殊目的机构SPV以浮动年金形式向保险公司进行赔付。同样，投资者的资金以固定息票债券方式流向，再与浮动息票债券互换从而流向投资者，使长寿风险得到分散。这里，浮动的年金给付和浮动息票都是与生存指数相联系的。SPV将销售的债券收入以及从保险公司收取的保费存入无风险账户中，该无风险利率的投资回报与再保险费之和作为投资长寿债券的利息支付给投资者。投资者所得到的本息和的大小取决于所购买的债券的类型以及实际死亡率指数。

SPV与投资银行进行一个互换交易，因此它能支付浮动利率给投资者，并向寿险公司收取一定的费用。所收取的费用根据不同的证券化目的可以是固定保费，也可以是为了长寿风险而缴纳的一组保单下等于预期死亡率成本的费用。在债券到期前，若没有发生预先规定的触发事件，SPV将在债券到期时，按照合同的约定向投资者支付本息；相反，如果在债券到期前发生了触发事件，SPV则会先行理赔给寿险公司，然后将剩余资金支付给投资者。并且，支付额度依赖于具体债券类型和债券的触发机制。

例如，一个保险公司向年龄为 x 的 l_x 个年金申请人支付即付年金，并且每人每年 1000 元。设 l_{x+t} 是 t 时刻时存活人数。保险公司在 0 时刻支付保费 P 从 SPV 购买了保险合同。该保险合同规定了一个触发水平 X_t，SPV 向保险公司实际支付的是超过该触发水平的给付（这就是保险合同中的免赔额）。t 时刻，保险公司需向年金申请人支付总数为 $1000l_{x+t}$。如果该支付总数超过了触发水平，SPV 需要履行保险赔付责任，向保险公司支付一定的金额，但是该金额有最大限制。规定该最大值为年金给付的一定倍数，即 $1000C$。因此，保险公司在 $t = 1, 2, \cdots, T$ 时刻从 SPV 获得的支付如下所示：

$$B_t = \begin{cases} 1000C, & \text{如果 } l_{x+t} > X_t + C \\ 1000(l_{x+t} - X_t), & \text{如果 } X_t < l_{x+t} > X_t + C \\ 0, & \text{如果 } l_{x+t} \leq X_t \end{cases}$$

因此，保险公司净现金流为支付给年金申请人员的总额减从 SPV 获得的保险赔偿金额，即：

$$1000l_{x+t} - B_t = \begin{cases} 1000(l_{x+t} - C), & \text{如果 } l_{x+t} > X_t + C \\ 1000X_t, & \text{如果 } X_t < l_{x+t} > X_t + C \\ 1000l_{x+t}, & \text{如果 } l_{x+t} \leq X_t \end{cases}$$

值得注意一点的是，该过程是没有基础风险的，因为该死亡率债券涵盖的风险都是相同风险。

那么 SPV 支付给投资者的金额为：

$$D_t = \begin{cases} 0, & \text{如果 } l_{x+t} > X_t + C \\ 1000C - B_t, & \text{如果 } X_t < l_{x+t} > X_t + C \\ 1000C, & \text{如果 } l_{x+t} \leq X_t \end{cases}$$

其中，D_t 是 SPV 向投资者支付的票息，V 表示死亡率债券的市场价格，则 SPV 总的流出现金流为 $B_t + D_t = 1000C$。

如果，SPV 的总现金流入 $P + V$ 不小于将等额金额投入无风险债券所需要支付的价格 W，则 SPV 会发行该死亡债券，即：

$$P + V \geq W = 1000Fd(0, T) + \sum_{k=1}^{T} 1000Cd(0, k)$$

其中，$d(0, k)$ 为折现因子。如果 SPV 获得的保费和销售死亡债券获得的总收入是充足的，SPV 会在债券市场上购买相关债券，并且使该债券的本息现金流满足支付保险公司和投资者的给付责任，即 SPV 每年获得该相关债券的本息和 1000C，然后支付保险公司 B_t，支付投资者 D_t。

三、死亡率互换（Swap）

（一）死亡率互换的运行结构

长寿风险证券化的另一重要形式——死亡率互换，指的是合同双方约定基于未来至少一个死亡率或生存率及其指数结果来交换现金流的合约。较之长寿债券，死亡率互换具有交易成本低、形式灵活、易对冲等优势，有利于参与人改变长寿风险暴露状态和控制基差风险，但同时也面临流动性风险和交易对手的信用风险。林和考克斯（Lin and Cox，2005）提出了死亡率互换交易机制的结构，如图 7 - 5 所示。

图 7 - 5　死亡率互换运行结构

如图 7 - 5 所示，保险公司向特殊目的机构 SPV 每年固定给付 X，当出现保险合同约定的事故时，特殊目的机构（SPV）向保险公司支付一定金额 B_t；投资者向 SPV 每年固定给付 y；作为回报，特殊目的机构（SPV）每年又向投资者支付一定的息票 D_t。

多德等（Dowd et al.，2006）在此基础上对上述死亡率互换有进一步探讨。2007 年 4 月瑞士再保险公司和英国友诚保险的寿险部进行了第一次公开实质意义上的长寿风险互换交易。2008 年 2 月第一笔资本市场中的长寿风险互换交易则发生在英国保险公司 Lucida 和 JP 摩根之间。伯瑞和安博妮（Barrieu and Albertini，2009）详细论述了死亡率互换，包括 JP 摩根 2008 年已执行的互换合约。

（二）死亡率互换的现金流变动

假设不存在交易对手风险，死亡率互换合同的等价式可以描述为：

$$P = x \sum_{k=1}^{T} d(0,k)$$

其中，保险公司在 0 时刻的支付 P 可以由每年的支付 x 代替；每年保险公司向 SPV 支付 x 且获得一个浮动的保险给付 B_t，$t = 1$，2，$\cdots$，T。对于保险公司来说，用一个固定的支付换取浮动的互换产品，避免了其风险。

类似于长寿债券，投资者支付 V 购买死亡率债券，为了获得相同的息票，他们每年支付固定的 y，即：

$$y \sum_{k=1}^{T} d(0,k) + 1000Fd(0,T) = \sum_{k=1}^{T} E^*[D_t]d(0,k) + 1000Fd(0,T)$$

因此有：

$$y \sum_{k=1}^{T} d(0,k) = \sum_{k=1}^{T} E^*[D_t]d(0,k)$$

所以，每年 SPV 获得 $x + y$ 的现金流，能够应付支付 $B_t + D_t$ 的责任。另外，死亡率互换中年金保险公司承担着基差风险。若保单池真实生存率高于市场同期水平，年金保险公司则不能对冲所有长寿风险。因此，如何对基差风险进行有效的测量和控制对长寿互换市场的发展十分重要。斯威婷（Sweeting，2007）在给互换定价时考虑了基差风险，并认为当标的保单的被保寿命不小于市场指数相关人群的寿命时，基差风险将很小。

四、死 亡 率 期 货

死亡率期货是长寿风险证券化的另一个重要形式，指的是寿险公司通过买卖死亡率期货产品来弥补超过预期的赔付损失。寿险公司在承保的同时购入与保额等份的合同，一旦损失大于预期，期货合同的市场价格就随之上升，寿险公司可以从出售特有的期货合同的盈利中弥补赔款增大的损失；一旦损失小于预期，则期货上的损失可以从承保盈利中加以弥补，寿险公司的赔付因此可以稳定在预期的水平上，不会使寿险公司的财务稳定性受到冲击。

五、死 亡 率 期 权

和死亡率期货非常相似的一种长寿风险证券化的另一种形式，指的是寿险公司在承保的同时可购入与保额等份的看跌期权，如果保险事故发生，那么死亡率看跌期权处于实值状态，寿险公司就享受其权利执行看跌期权弥补赔付损失；如果保险事故不发生，寿险看跌期权就处于虚值状态，那么寿险公司可以从承保收益或投资收益来弥补期权费。这样就不会使寿险公司的财务稳定性受到超过预期的冲击。凯恩斯、布莱克和多德（Cairns，Blake and Dowd，2006）介绍了生存底和生存顶、柜台交易期权和内嵌期权、生存互换期权等形式的生存期权。

六、q—远期

（一）q—远期的运行机制和结构流程

q—远期期合约是基于 LifeMetrics 死亡率指数的远期协议，约定在合约到期时依据指定人群的实际死亡率来交换合约签署时约定的某个固定死亡率。其名称中的"q"来源于保险精算模型中常用于表示死亡率水平的符号 q。库格兰等（2007）首次提出了 q—远期合约这一重要概念。此前，布莱克等（2006）曾提出过一次性支付的死亡率互换，其思想便是 q—远期合约的基础。2008 年，JP 摩根和英国养老基金 Lucida 将其运用于实践，成为世界上首次在资本市场上实现真实交易的、以对冲死亡率风险的新型金融衍生工具。

q—远期是一种基于预期死亡率和真实死亡率之间的差额进行现金流交换的长寿风险证券化工具。换句话说，q—远期是一种固定死亡率和到期时的真实死亡率之间的零息交换。为了市场流动性的需求，在早期，流动性可以集中在有限数量的标准合同上。JP 摩根提出了基于 LifeMetrics 指数的 q—远期衍生品，具体流程如图 7 - 6 所示。

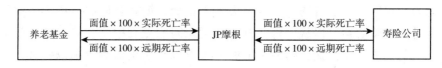

图 7 - 6 q—远期结构流程

在公平市场中，固定死亡率在合约交易中定义为特定研究人群的"远期死亡率"。如果 q—远期定价合理，那么在交易开始是没有任何支付的，但是，在合同到期时，双方支付净现金流。一个投资组合的 q—远期提供养老金负债价值对冲。换句话说，它使得养老金负债在未来某个时刻在应对死亡率变动时仍是平稳的。随着实际死亡率的下降，对冲组合的价值将增加。通过仔细校准套期保值组合，它可以提供一个有效的养老金负债的对冲。

q—远期合约是国际保险市场上新兴的基于死亡率风险的金融衍生工具，

能够帮助保险公司有效地应对长寿风险和极端死亡率风险。与普通生存互换相比，q—远期合约具有灵活性大、拓展性强、透明性高和成本低等优点。作为金融市场中最基本工具之一，q—远期合约有很大的市场发展空间，在其基础上可以灵活地发展出 q 买权与 q 卖权，以及 q—远期合约期权。作为一种新型的寿险风险管理工具，q—远期合约对我国寿险公司的风险管理具有参考意义。

综合以上所述，那么 q—远期合约的基本特征总结如下几条：

（1）利益分享互利互惠的对等精神；

（2）固定现金流与浮动现金流的交换；

（3）基于市场公开的死亡率指数；

（4）同为表外业务；

（5）均是零和博弈；

（6）交易双方身份：JP 摩根发起主导；

（7）现金流交换频率：到期日一次性现金流交换；

（8）风险对冲程度：建立 q—远期合约的组合可实现完全对冲。

（二）基于长寿风险的 q—远期合约

基于 2006 年 12 月 31 日 JP 摩根和 XYZ 养老基金签署的 q—远期合约交易为例，来说明 q—合约到期日时的偿付情况以及对冲长寿风险的整个运行机制。从表 7 – 1 可知，JP 摩根为固定利率支付方，承诺在到期日向养老基金 XYZ 支付固定的现金额（面值 $\times 100 \times 1.2\%$），以换取 XYZ 养老基金（即浮动利率的支付方）届时基于到期日 LifeMetrics 死亡率指数计算而来的赔付金额（面值 $\times 100 \times$ 实际死亡率）。

表 7 – 1　　　　　　JP 摩根与养老基金的 q—远期合约

项目	明细	项目	明细
名义面值	5000	到期日	2016 年 12 月 31 日
死亡率参考年	2015 年	固定死亡率	1.20%
固定死亡率支付方	JP 摩根	固定交换金	6000 = 面值 $\times 100 \times$ 固定死亡率
浮动死亡率支付方	XYZ 养老基金	浮动交换金	面值 $\times 100 \times$ 实际死亡率
实际死亡率	英格兰/威尔士 65 岁男性死亡率	交割金额	净现金流 = 固定交换金 – 浮动交换金

上述实例的偿付依赖于交易所事先规定的名义面值，以及到期时实际死亡率和约定固定死亡率之间的差额。如果长寿风险发生，即在到期日实际死亡率水平低于固定死亡率，尽管 XYZ 养老基金的年金偿付压力增加，但却能够从 JP 摩根支付的净偿付金额中部分对冲缓解。例如，当实际死亡率为 1.00% 时（小于固定死亡率 1.20%），JP 摩根向 XYZ 养老基金支付 1000 万英镑的净偿付额。与之相似，当实际死亡率为 1.10% 时，XYZ 养老基金可以收到 JP 摩根 500 万英镑的净偿付额。

养老基金通过 q—远期合约对长寿风险进行对冲。一般来说，另 $q_{fixed}(T)$ 为双方约定的在 q—远期合约初始时刻至到期时刻 T 的"固定死亡率"，$q_{fixed}(T)$ 为到期时实际的死亡率水平，B 是名义面值，则 q—远期合约在 T 时的净偿付额（Net Payoff Amount，NPA）由下式计算得到：

$$NPA(T) = B \times \left[q_{realised}(T) - q_{fixed}(T) \right]$$

其中，当 $NPA(T)$ 为正时，由养老基金 XYZ 向 JP 摩根支付净现金流；反之当 $NPA(T)$ 为负时，由 JP 摩根向养老基金 XYZ 支付净现金流。当 $q_{realised}(T) = q_{fixed}(T)$ 时，此时 q—远期合约的净现金流为 0。这样，当到期日实际死亡率水平低于固定死亡率时，即长寿风险发生时，此时养老基金的年金负债额净增加，但却能够由 q—远期合约上获得的收益所补偿。

（三）q—远期合约的定价机制

q—远期期合约定价的合理性是其能够在金融市场顺利发行的关键因素。只有正确地反映互换双方在现金流交换过程中的收益与风险，投资银行和保险公司才愿意根据各自的风险偏好，对死亡率风险进行对冲或投资，从而形成有效的市场需求。传统的金融工具可以采用资本资产定价模型和无套利方法进行定价。但由于 q—远期期合约市场的不完全性，这两种方法并不适用于其定价。本部分使用目前学术界颇具影响力的风险中性（risk neutral）定价方法为例来说明 q—远期期合约的定价机制。风险中性定价的基本思想为：在不完全证券市场中，若不存在套利机会，也至少存在一种风险中性测度 Q 能够对证券进行公平定价。在风险中性测度的基础上，便能使用最大似然估计法对死亡率时间序列模型中的各个参数进行风险中性调整，进而在风险中性假设前提下计算出证券的市场价值。

最早，米列夫斯基和普罗米斯洛（2001）与凯恩塞特（Cairnset，2006a）等尝试使用风险中性定价法对死亡率风险进行了定价。随后，邓（Deng，

2012）等针对死亡率时间序列存在的非对称跳跃特征，提出用双指数跳跃分布（double exponential jump diffusion，DEJD）来刻画死亡率的这一特征。在此基础上，他们也采用风险中性定价方法对 q—远期期合约进行定价，并推导出以下相当简捷的定价解析式。当整体死亡率时间序列 k_t 服从双指数跳跃分布时，可用如下随机微分方程表述：

$$dk_t = \alpha dt + \sigma dW_t + d\left(\sum_{i=1}^{N_{(t)}} V_i - 1\right)$$

其中，W_t 为标准布朗运动；$N_{(t)}$ 是带跳的泊松过程（跳跃频率设为 λ）；α 和 σ 分别是寿命时间序列 k_t 的漂移指数和波动率；V_i 为服从独立同分布的非负随机变量。同时，若令 $Y = \log(V)$，则 Y 服从不对称的双指数分布，也就是：

$$f_Y(y) = p\eta_1 e^{-\eta_1 y}\big|_{\{y \geq 0\}} + q\eta_2 e^{-\eta_2 y}\big|_{\{y < 0\}}$$

其中，η_1，$\eta_2 > 0$，p，$q \geq 0$，$p + q = 1$。p，q 分别表示死亡率向上和向下跳跃的频率分别为 $p\lambda$ 和 $q\lambda$。η_1、η_2 分别描述了死亡率向上和向下的跳跃幅度，由于指数分布的期望值为参数的倒数（$1/\eta_1$ 和 $1/\eta_2$），因此，η_1、η_2 越大表示跳跃的幅度越小。对跳跃过程采取上述描述方式具有两方面的优势，一是在相同指数分布下仅仅通过不同参数即可简捷地刻画出死亡率的跳跃；二是能够有效刻画出实际死亡率跳跃非对称性的特点。

在风险中性定价原则下，整体死亡率分布可转化为：

$$dk_t = (\alpha^* - \lambda^* \gamma^*)dt + \sigma^* dW_t^* + d\left(\sum_{i=1}^{N_{(t)}^*}(V_i^* - 1)\right)$$

$$\text{且 } \gamma^* = E^*(V^*) - 1 = \frac{p\eta_1}{\eta_1^* - 1} + \frac{q\eta_2}{\eta_2^* - 1} - 1$$

右上角表 $*$ 表示经过风险中性调整后的各参数。简化上式并进行离散化处理可得：

$$k_t = k_0 + \left(\alpha^* - \frac{1}{2}\sigma^{*2} - \lambda^* \gamma^*\right)t + \sigma^* W^* + \sum_{i=1}^{N_{(t)}^*} Y_i^*$$

由整体人口死亡率分布 k_t 的函数可推出，对于任意参数 θ，于是有：

$$E^*(e^{\theta k_t}) = e^{\theta k_0} e^{F(\theta)t}$$

其中，$F(\theta) = \left(\alpha^* - \dfrac{1}{2}\sigma^{*2} - \lambda^* \gamma^* \right)\theta + \dfrac{1}{2}\sigma^{*2}\theta^2 + \lambda^* \left(\dfrac{p^* \eta_1^*}{\eta_1^* - \theta} + \dfrac{q^* \eta_2^*}{\eta_2^* + \theta} - 1 \right)$

上述分析已完成对人口整体死亡率的时间分布序列 k_t 的刻画。接下来考虑到不同年龄组别的死亡率的随机分布时，一般主要借鉴经典的 Lee-Carter 模型（1992）进行分析。该模型认为，可将人口整体按照年龄进行分组，各个年龄组别的死亡率 $\mu_{x,t}$ 可由人口整体死亡率 k_t 推算而来，整个过程如下所示：

$$\ln(\mu_{x,t}) = a_x + b_x k_t + \varepsilon_{x,t}$$

或者用指数形式可表述为：

$$\mu_{x,t} = e^{a_x + b_x k_t + \varepsilon_{x,t}}$$

其中，x 表示不同年龄组别，t 表示时间序列。a_x 和 b_x 描述各个年龄组别的死亡率分布特征，分别表示 x 年龄组别的死亡率漂移效应以及对人口整体死亡率时间序列 k_t 的反应程度；$\varepsilon_{x,t}$ 为残差。

假设 $\theta = b_x$，可以得到 x 年龄组别死亡率 $\mu_{x,t}$ 的期望为：

$$E^*(\mu_{x,t}) = \exp\left[\alpha_x + b_x k_t + \left(\alpha^* - \dfrac{1}{2}\sigma^{*2} - \lambda^* \gamma^* \right) b_x t \right.$$
$$\left. + \dfrac{1}{2}\sigma^{*2}b_x^2 t + \lambda^* t \left(\dfrac{p^* \eta_1^*}{\eta_1^* - b_x} + \dfrac{q^* \eta_2^*}{\eta_2^* + b_x} - 1 \right) \right]$$

在参数 $\{\lambda^*, p^*; \eta_1^*, \eta_2^*; \alpha^*, \sigma^*\}$ 的基础上，便能够计算出 DEJD 模型下的对第 x 年龄组别死亡率风险进行对冲的 q—远期期合约的"固定死亡率"，这比通过模拟方法预测未来死亡率路径的定价方法要更加便捷和方便。

进一步地，要计算对多个年龄组别死亡率风险进行对冲的 q—远期的"固定死亡率"，只需用各年龄组别在风险组合中所占的比重 W_x 对上式进行权重调整即可，具体表示如下：

$$E^*(\mu_{x,t}) = \sum_x W_x \times E^*(\mu_{x,t})$$
$$= \exp\left[\alpha_x + b_x k_t + \left(\alpha^* - \dfrac{1}{2}\sigma^{*2} - \lambda^* \gamma^* \right) b_x t \right.$$
$$\left. + \dfrac{1}{2}\sigma^{*2}b_x^2 t + \lambda^* t \left(\dfrac{p^* \eta_1^*}{\eta_1^* - b_x} + \dfrac{q^* \eta_2^*}{\eta_2^* + b_x} - 1 \right) \right]$$

值得注意的是，根据现在市场上的基于长寿风险的 q—远期交易来看，

J. P. 摩根为承担死亡率风险需要获得一定的风险补偿。因此在现实交易中，J. P. 摩根向养老基金支付的实际"固定死亡率"将小于用上述根据死亡率时间序列模型计算的死亡率的理论期望水平 $E(\mu_{x,t})$，其差额为 J. P. 摩根在该交易中所要索取的风险溢价。

七、Buy-outs 与 Buy-ins 产品

（一）Buy-outs 与 Buy-ins 产品的背景和发展

近些年，随着资本市场发展低迷、利率持续下降、长寿风险凸显及相关监管政策的实施，很多国家的确定给付（defined benefit，DB）型养老金计划面临着严重的赤字问题。据美国最大的养老基金协会（ICI）统计，截至 2015 年底美国的 DB 养老金赤字已增至 35% 的水平。根据《中国劳动保障发展报告（2016）》，我国养老基金缺口也愈发严重，已从 2007 年的 10957 亿增加到 2014 年的 35973 亿。并且，在未来这种缺口会越来越严重，严重影响退休人员的养老问题。

如何有效减少 DB 养老金赤字，即如何有效管理养老金计划风险，一直是很多学者对养老金去风险化的研究难点。阿姆兰·罗伊（ROY A.）指出 DB 养老金计划主要面临人口和市场变动的两大风险，其中，市场风险包括期望收益率风险、利率风险以及通货膨胀风险；人口风险主要包括长寿风险以及和人们选择相关的风险。且这两大风险都是系统性风险，是整个经济社会所面临的风险。另外，布尔（Bauer）提出长寿风险是所谓的系统性风险，并不能通过普通的转移风险的方式进行对冲。因此，现在越来越多的 DB 计划发起人通过将风险转移给第三方来对冲自身所承担的风险，如长寿对冲、购买 Buy-ins 与 Buy-outs 年金产品等。林一佳等（2013）认为长寿对冲转移的仅是极端长寿风险以及部分养老金风险，并未使养老金去风险化得到有效实现；而 Buy-ins 与 Buy-outs 年金产品转移长寿风险外还有一系列市场风险，如投资风险、信用风险等。另外，林一佳等认为 Buy-outs 使公司的养老金负债从公司账单中全部转出，Buy-outs 为公司在风险容忍度内提供了更多有效投资，能有效提高公司价值。

英国著名的养老金咨询服务机构（Lane Clark & Peacock，LCP）首次提出通过 Buy-ins 与 Buy-outs 工具将 DB 发起人承担的风险转移到第三方（保险公司）。截至 2015 年，Buy-ins 与 Buy-outs 的成交额已突破 120 亿美元，占据

了利用长寿对冲工具转移风险交易额的50%，这对于对冲养老金风险是一个重大突破[①]。Buy-ins 与 buy-out 工具起源于英国，近几年在美国发展比较迅速，如美国的通用公司（General）、信诚保险公司（Prudential）等已发行了200多亿美元的 Buy-ins 与 Buy-outs 年金产品。随着交易机制的成熟，双方交易价格竞争逐渐增大，这引起养老金受托人或发起人极大重视。

确定一个合理的交易价格是 Buy-ins 与 Buy-outs 能够在市场上有效运行的前提。本书主要基于林一佳等（2015）提出的 Buy-ins 与 Buy-outs 定价方式作进一步改进，在对信用风险定价时考虑了随机动态过程，并且利用 BMS 期权定价模型（Black – Scholes – Merton），对 Buy-ins 的信用风险定价。

（二）Buy-ins 与 Buy-outs 结构与运行原理

1. Buy-ins 与 Buy-outs 的概述

Buy-ins 与 Buy-outs 年金产品由英国养老保险机构（Pension Insurance Corporation，PIC）首次提出，其与长寿风险对冲（如远期合约、长寿债券以及长寿互换等）策略一样，用来对冲 DB 养老金计划发起人所承担的风险。

在一个 DB 养老金计划中，Buy-outs 工具把养老计划发起人所拥有的资产与承担的负债一同转嫁给保险公司，使发起人能够完全解除资产回报与负债偿还的不确定性风险。因此，可以说 Buy-outs 能够转移养老金计划中全部的人口风险和市场风险。保险单是以原养老计划会员的个人名义签写的。Buy-ins 类似于 Buy-outs，使得养老金计划中长寿风险得以转移，但通货膨胀风险和不确定的资产回报的风险仍留在养老金计划中。

2. Buy-ins 与 Buy-outs 的运行结构

如图 7 – 7 所示，Buy-ins 与 Buy-outs 交易过程均涉及三方：DB 养老计划发起人（一般指的是养老机构或保险公司年金提供者）、保险公司（Buy-ins 与 Buy-outs 发行方）、养老计划成员（参与养老金给付的成员）。

首先看 Buy-ins 的结构及具体运行过程。DB 养老计划和养老计划成员（养老金领取者）签订一份养老计划合同，在一定期限内，养老计划按合同约定支付该计划成员一定养老金。养老计划发起人为了转移所承担的给付养老金责任，通过向保险公司购买 Buy-ins 工具来转移所承担的相关风险。换句话说，养老金领取者 Buy-ins 是指养老金计划的受托人与保险公司签订的一份保险合同。此时的养老计划成员并未与保险公司有直接联系，

---

① 资料来源：https：//www. pensioncorporation. com，2014 年。

三者的关系未发生变化。一旦赔款发生，保险公司按 Buy-ins 合同规定，向养老计划发起人支付一定赔款，养老计划发起人再按养老计划向养老成员进行相关支付。整个交易过程并未因为风险的发生，使养老金领取者受到损失。

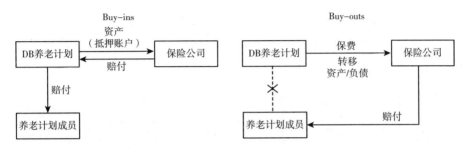

图 7 - 7　Buy-ins 与 Buy-outs 的结构以及运行过程

资料来源：https：//www. lcp. uk. com。

再研究 Buy-ins 的结构及具体运行过程，Buy-outs 工具是在 Buy-ins 工具基础上运行的。当 DB 养老计划发起人与保险公司签订 Buy-outs 保险合同时，三者的相互关系发生了变化，养老金领取者是以个人名义与保险公司签订保险合同，也就是说，如果风险发生，保险公司直接的赔付对象不再是养老金计划而是养老金领取者本人。与此同时，养老金计划发起人与养老金领取者之间的合同关系也解除了。养老计划通过签订 Buy-outs 合同，将所承担的支付养老金的负债风险以及养老金资产本身的风险全部转移到出售 Buy-outs 的保险公司。

3. Buy-ins 与 Buy-outs 的内在联系与区别

（1）Buy-ins 与 Buy-outs 的内在联系。实质上，Buy-ins 是 Buy-outs 的初级形式，是不完整的 Buy-outs 交易，所以它们之间有必然的联系，如图 7 - 8 所示。养老计划发起人通过购买 Buy-ins，并未有资产的转移，并且养老计划负债只通过保单进行了部分转移；一旦保单完全覆盖了养老计划负债，此时，养老计划成员与养老计划之间分离；养老成员与保险公司签订保险合同，则 Buy-ins 交易进行了全部覆盖即成为 Buy-outs 交易。

（2）Buy-ins 与 Buy-outs 的区别。两者在整个风险转移以及对养老发起公司的财务账单有一定的区别。如表 7 - 2 所示，年金产品 Buy-ins 和 Buy-outs 之间的主要区别是，在养老金 Buy-ins 入账中，保险单是以养老金受托人（养老计划发起人）的名义签订的，因此负债仍保留在养老金计划中，养老金计划仍直接对其成员负责。也就是说，养老计划成员与保险公司之间并未

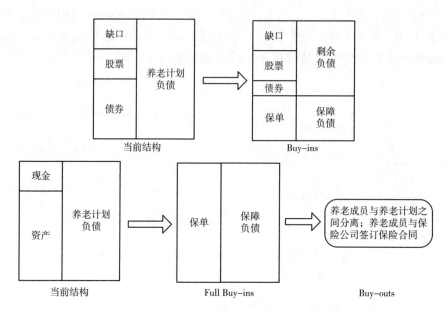

图 7 - 8　**Buy-ins 与 Buy-outs 之间内在联系**

有任何合约，不产生联系，这是与 Buy-outs 最大的区别。Buy-outs 交易中，资产从养老金计划转入保险公司，但通常用作抵押保险单，以减少交易对手风险。

表 7 - 2　　　　　　　　**Buy-ins 与 Buy-outs 运行结构的区别**

项目	Buy-ins	Buy-outs
保险条款	以养老计划受托人的名义签署保险合同	以养老金成员的个人名义签署保险合同
养老计划	资产转移；负债并未转移但是已受保护；转移长寿风险、通货膨胀风险和不确定的资产回报风险	资产和负债完全转移；完全分散长寿风险、通货膨胀风险和不确定的资产回报风险
养老成员	养老成员仍然处在养老计划里；获得来自养老计划的赔付	养老成员完全脱离了养老计划，与保险公司签订合同；获得来自保险公司的赔付
保险公司	承担资产风险；保障养老金计划的负债；向养老金计划支付赔款	承担资产和负债风险；向养老计划成员支付赔款

资料来源：http://www.icipensionfund.org.uk/。

（三）Buy-ins 与 Buy-outs 年金产品定价

根据前面分析，这两种交易工具主要面对的风险是投资风险和长寿风险，而不同的是购买 Buy-ins 产品的 DB 养老金计划还面临着保险公司的信用风险。所以，该研究对 Buy-ins 与 Buy-outs 分别定价，并在 Buy-ins 的信用风险定价中把其看成一个欧式看跌期权，利用 BSM 方式来确定其溢价大小。

1. DB 养老金计划负债

在对 Buy-outs 与 Buy-ins 产品定价时，首先需要确定 DB 养老计划的负债。设 $N(0)$ 为 x_0 岁的人在 0 时刻的人数；P 为 DB 计划承诺每年末对退休人员的支付；PL_t 为 t 时刻 DB 计划所承担的养老金负债，是未来给付责任的贴现值，即：

$$PL_t = N(t) \cdot Pa_{x_0+t}, t = 1, 2, \cdots,$$

其中，$N(t)$ 是 t 时刻存活的人数。设 a_x 是生存折现因子，即：

$$a_x = a_{x_0+t} = \sum_{s=1}^{\infty} (v_p)^s \cdot (\ _s\bar{p}_{x,t})$$

其中，v_p 是无风险利率的贴现因子，即 $v_p = 1/1 + r_p$，r_p 为无风险利率。

2. 基本模型与风险溢价

（1）长寿风险模型。在确定长寿风险溢价前，需要模拟长寿风险模型，在随机型死亡率模型中，Lee-Carter 模型被公认为是随机预测方法中最重要的死亡率预测方法之一，该模型首次提出是对美国未来人口死亡率的评估和预测，后来很多学者采用此方法进行死亡率的预测。本部分利用 Lee-Carter 模型来构造长寿风险模型。

Lee-Carter 模型的最原始形式为：

$$\ln(m_{x,t}) = \alpha_x + \beta_x k_t + \varepsilon_{x,t}$$

其中，参数 $m_{x,t}$ 为 x 岁的人在 t 时刻的中心死亡率，该中心死亡率相对于年死亡率数据更好获得，所以往往我们采用更多的是中心死亡率；参数 α_x 为年龄因子，表示死亡率的变化是如何随年龄 x 的变化；β_x 表示不同的年龄对死亡率的变化产生的不同影响，即年龄敏感性因子；κ_t 表示死亡率随时间 t 的变动程度，这是非常重要的因子，从中我们即可看出死亡率的变化趋势；$\varepsilon_{x,t}$ 表示残差项，且 $\varepsilon_{x,t} \sim N(0, \sigma^2)$。

通过求得模型参数估计值，求得那些目标人群，即参与养老金计划人群

的中心死亡率 $\hat{m}_{x,t} = \exp(\hat{\alpha}_x + \hat{\beta}_x \hat{\kappa}_t)$，假设死亡时间在整数区间内均匀分布以及参与养老金计划的人群数量巨大，则中心死亡率与年死亡率之间有以下关系：

$$\hat{q}_{x,t} = \frac{2\hat{m}_{x,t}}{2 + \hat{m}_{x,t}}$$

因此，未来一年的生存概率为：

$$\hat{p}_{x,t} = 1 - \hat{q}_{x,t} = \frac{2 - m_{x,t}}{2 + m_{x,t}}$$

（2）长寿风险溢价。现在最常用的死亡率定价模型主要有：王转换法、夏普比例法以及风险中性等三种方法。陈秉正等（2010）最先将这三种重要的死亡率定价方法进行比较，尤其在模型稳健性方面做了深入分析，并得出结论：王转换方法的稳健性优于另外两种方法。因为 Buy-ins 与 Buy-outs 年金是长期产品，所以本书利用王转换方法来定价长寿风险。

王（Wang, 2000）提出了比较普遍的定价方式，主要用于金融机构方面，如银行保险金融资产的定价方式，称为王转换方法。在 $[0, T]$ 区间内考虑一个金融资产或一个损失，令 $X = X_t$ 表示时间 $t = T$ 时刻的值，则累积分布函数为 $F(x) = P\{X \leqslant x\}$，则 Wang 转换的基本形式为：

$$F^*(x) = \Phi[\Phi^{-1}(F(x) + \lambda]$$

其中，函数 Φ 是标准正态分布的累计函数；参数 λ 为转换系数，又称为风险的市场价格，反映了系统性风险水平。$F_X(x)$ 是在 T 时刻，随机支付变量 X 的分布；$F_X^*(x)$ 是 $F_X(x)$ 的转换分布，则 X 的价格等于 $F_X^*(x)$ 下的折现期望值，即 $E^*[X]$。可以推出：

$$F_{T(x,0)}^*(s) = \Phi[\Phi^{-1}(F_{T(x,0)}(s) + \lambda]$$

其中，$T(x,0)$ 是 x 岁的人在 0 时刻的寿命，则根据死亡率定义，可以写成：

$$_s\bar{q}_{x,0}^*(s) = \Phi[\Phi^{-1}(_s\bar{q}_{x,0}) + \lambda]$$

其中，$_s\bar{q}_{x,0}$ 指的是 x 岁的人在 0 时刻存活，在 s 时刻内死亡的期望概率；其中 $s = 1, 2, \cdots$，并且有：

$$_s\bar{q}_{x,0} = 1 - _s\bar{p}_{x,0} = 1 - E[_s\tilde{p}_{x,0} \mid \tilde{p}_{x,0}, \tilde{p}_{x+1,1}, \cdots, \tilde{p}_{x+s-1,s-1}]$$

林一佳等（2008）认为在金融衍生品中，风险的市场价格 $\lambda > 0$ 反映了保险公司未能完全对冲掉的长寿风险。则可得 0 时刻 x 岁的人 s 年后仍生存的转换概率为：

$$_s\bar{p}^*_{x,0} = 1 - _s\bar{q}^*_{x,0} = 1 - \Phi[\Phi^{-1}(_s\bar{q}_{x,0}) + \lambda] \tag{7.1}$$

通过式（7.1）从一个长寿风险证券中定价 λ，因此在 0 时刻长寿风险债券的价格是基于转换概率 $_s\bar{p}^*_{x,0}$ 的折现期望值，即：

$$\sum_{s=1}^{s} v_s \cdot _s\bar{p}^*_{x,0} = \sum_{s=1}^{s} v_s \cdot \{1 - \Phi[\Phi^{-1}(_s\bar{q}x,0) + \lambda]\}$$

本部分基于长寿风险证券市场推导出风险的市场价格 λ，然后利用相同的 λ 定价 Buy-ins 与 Buy-outs 的长寿风险溢价。计算 Buy-ins 与 Buy-outs 工具首先需要计算来自死亡率生命表的一个即期生命年金 a_x；基于转换 s 年的生存概率 $_s\bar{p}^*_{x,0}$（$s = 1$，2，$\cdots$）得出生命年金 α^*_x。所以，长寿风险溢价为：

$$P_{longevity} = \frac{a^*_x}{a_x} - 1$$

3. 投资风险模型及风险溢价

（1）投资风险模型。投资风险的评估对 Buy-ins 与 Buy-outs 年金产品的定价非常重要，可以把其看成一个基金保障性期权。由于养老金负债每年都会由相关机构评估，因此基金的保障性期权就等价于一年的养老计划的看跌期权。并且，执行价格是不同评估日期的养老金负债的价值。为了定价基金的确定性，主要是通过养老金负债的评估方法来确定投资风险的风险溢价。

（2）投资风险溢价。假设保险公司在每年末向退休人员支付养老金。PA_t 表示 t 时刻的养老金资产。假设在初始时刻，养老金资产与负债相等，即 $PA_0 = PL_0$。每年末，养老金计划需向退休人员进行支付，所以养老机构资产减少；由于养老金负债缺口的存在，Buy-ins 与 Buy-outs 年金保险公司需要向养老计划发起人支付一定的现金来弥补这个缺口。设 PA_{t+} 是保险公司给付后的养老金资产价值。则有：

$$PA_{t+} = \max\{PA_t - N(t) \cdot P, PL_t\}$$

其中，$PL_t = N(t) \cdot P \cdot a_x$ 是 t 时刻养老金负债的值。在支付日期间，养老金资产满足以下随机过程：

$$\mathrm{dlog}PA_t = \left(\pi(t) \cdot \alpha - \frac{1}{2}\pi(t)\sum\pi(t)^T\right)\mathrm{d}t + (\pi(t)\circ\sigma)\cdot\mathrm{d}W_t$$

其中，$\pi(t) = (\pi_1(t), \pi_2(t), \pi_3(t))$ 是在 t 时刻养老金资产投资组合的权重向量，即投资在股票为 $\pi_1(t)$，投资在公司债券的比重为 $\pi_2(t)$，现金存款的比重为 $\pi_3(t)$。符号"·"表示向量的内积。传统的定价理论认为风险价格是基于风险中性定价方式来定价的，则有：

$$\mathrm{dlog}PA_t = \left(r - \frac{1}{2}\pi(t)\sum\pi(t)^T\right)\mathrm{d}t + (\pi(t)\circ\sigma)\cdot\mathrm{d}W_t$$

其中 r 是无风险利率，这种情况假设 $\sigma_W^2 = \pi\sum\pi^T$ 是一个常数，假设养老金组合满足几何布朗运动，即：

$$PA_t = PA_0\left(r - \frac{1}{2}\pi(t)\sum\pi(t)^T\right)\mathrm{d}t + (\pi(t)\circ\sigma)\cdot\mathrm{d}W_t$$

另外，假设投资风险与长寿风险是独立的，利用风险中性定价方式来定价 Buy-outs 期权，则有：

$$PV_{invest}(N(\cdot)) = \sum_{t=1}^{\tau_N} v_t \cdot \left[PL_t + N(t)\cdot P - PA_{t,0}^{\ +}\right] - v_{\tau_{N+1}}E^Q\left[PA_{\tau_{N+1}}\right]$$

$$(7.2)$$

其中，τ_N 指退休人员余命的整数年；v_t（$t = 1$，2，$\cdots$）是基于无风险利率的 t 年折现因子。其中，式（7.2）右边的第一项指的是当养老金不足时，养老计划发起人需要补足的现值。第二项指的是当领取养老金的退休人员死亡时，所释放出的准备金。最终投资风险溢价 P_{invest} 可以根据初始养老金负债 PL_0 的值推出，即：

$$P_{invest} = E\left[PV_{invest}(N(\cdot))\right]/PL_0$$

4. 信用风险模型与风险溢价

（1）信用风险模型。信用风险又称违约风险，是指交易双方的其中一方未能按约定履行应尽的义务使其造成严重的经济损失而带来的风险。

本部分假设当保险公司的总资产低于总负债，即偿付能力不足时，则称为信用风险。欧洲监管机构"Solvency II"以及我国《中国第二代偿付能力监管制度体系建设规划》的颁发，都是为了更好监控保险公司的偿付能力。在"Solvency II"的前提下，所有的保险公司必须满足一个最低的资本要求（minimum capital requirement，MCR），本文中 MCR 是保险资产超过保险负债的最低要求，用来决定一个该保险公司的偿付能力。可以利用期权定价方式来定价 Buy-ins 保险公司的信用风险。保险公司通过发行 Buy-ins 年金卖给养老金发行人获得一定的保费，并且保险公司在规定时间内进行一定的生存给付。通过这样的类比，可以把 Buy-ins 的价值看成一个无风险贷款的信用，即规定的给付减去看涨期权的价格。菲利普斯（Phlips，1998）等人首次提出将无风险贷款看成一个看跌期权进行定价。

（2）信用风险溢价。关于期权定价的研究始于布莱尔等人，关于公司债务违约、信用债券定价与公司资本结构的研究始于马顿。马顿（Merton，1974）假设公司资产价值用几何布朗运动描述，违约公司股票和债券可看作是公司资产价值的或有索取权，给出公司债务定价的结构化模型。

将马顿（Merton，1974）模型引进来确定 Buy-ins 年金产品的信用风险溢价，即一个看跌期权的价格。假设保险公司资产价值，用 $V(t)$ 表示，公司股票价格定为 $S(t)$，股票面值为 D，市场价格为 $B(t)$，没有票息支付，在债券到期日支付债券面值，如果公司股东无法偿还债务，则公司破产，股票价值变为零，并且假设公司资本结构外生给定。该公司股票的看涨期权的敲定价格为 K，到期日为 T，并且假设市场无风险利率 r 是常数。设公司资产价值 $V(t)$ 服从几何布朗运动，即：

$$\frac{\mathrm{d}A(t)}{A(t)} = \mu \mathrm{d}t + \sigma \mathrm{d}W(t)$$

其中，$W(t)$ 为标准布朗运动；风险调整后，在风险中性概率测度下有，

$$\frac{\mathrm{d}A(t)}{A(t)} = r\mathrm{d}t + \sigma \mathrm{d}\tilde{W}(t)$$

其中，上式中的 $\tilde{W}(t)$ 为风险中性概率测度下的标准布朗运动。

因为公司价值 = 股权价值 + 债券价值，所以有：

$$S(T) = [A(T) - D]^{+}$$

其中，$S(T)$ 为 T 时刻的股价，由风险中性定价公式可得。看跌期权在 0 时刻的价格为：

$$P = \tilde{E}[e^{-rT}(K - S(T))^{+}] = e^{-rT}\tilde{E}[(A(T) - (D + K))^{+}]$$

其中，K 为期权的执行价格。

如果公司资产价值服从 Merton 模型，并且定为公司违约的情况是其到期支付的价值低于债券本身的票面价值，则欧式看跌期权的价格为：

$$C[A(t),t] = (K + D)e^{-r(T-t)}N(d_2) - A(t)N(d_1)$$

其中，$d_1 = \ln\left[\ln\dfrac{A\ (t)}{K+D} + \left(r + \dfrac{1}{2}\sigma^2\right)\ (T-t)\right]/\sigma\sqrt{T-t}$；$d_2 = d_1 - \sigma\sqrt{T-t}$。若有上式中 $D = 0$，也就是不存在分红情况，则其变成了最基本的 B－S 公式。

（四）Buy-ins 与 Buy-outs 工具定价

为了避免短期的波动和长期的不确定性，养老金发起人通过向保险公司购买 Buy-ins 与 Buy-outs 年金产品，把自身承担的养老金负债以及相关的经营风险转移给保险公司。根据前面的分析，Buy-ins 与 Buy-outs 之间的定价有明显的区别。所以在此分别根据以上的风险溢价分析来定价二者。

1. Buy-outs 定价

在一个 Buy-outs 年金交易中，养老金发起人将自身承担的负债风险与资产风险全部转移给 Buy-outs 保险公司，因此，DB 计划发起人不再承受由于负债与资产而带来的风险。与此同时，保险公司通过向 DB 计划发起人收取一定的保费承诺一定的赔付责任。如果 DB 发起人给付养老金不足时，保险公司将要支付一定的赔偿来弥补养老金支付缺口。因此保险公司在定价 Buy-outs 年金产品时，确保其风险溢价能涵盖长寿风险溢价和投资风险溢价两部分，即：

$$P_{buy\text{-}out} = P_{longevity} + P_{invest}$$

2. Buy-ins 定价

和 Buy-outs 年金产品一样，保险公司承担着 DB 计划向养老金领取者给付养老金的责任。不同的是，养老金负债仍然在 DB 养老金公司的账单上。养老金发起人通过向保险公司购买 Buy-ins 年金产品，保险公司承担了长寿风险与投资风险发生带来的经济赔偿责任，但是，养老金发起人同时承担着保险公司偿付能力不足的信用风险。因此可以把 Buy-ins 看成一个看跌期权。则 Buy-ins 的价格等于 Buy-outs 价格减去一个看跌期权的价格。因此 Buy-ins 的交易价格为：

$$P_{buy\text{-}in} = P_{longevity} + P_{invest} - P_{credit}$$

综上所述，DB 养老金发起人通过向保险公司购买 Buy-ins 与 Buy-outs 年金产品转移养老金风险，尽管这种对冲风险的成本高于长寿债券等产品，但是能在一定的风险容忍度下提高公司价值。通过详细阐述 Buy-ins 与 Buy-outs 年金产品的运营结构以及 BSM 期权定价机制，进一步促进其在市场合理有效交易。查理·芬奇（Charlie Finch，英国养老金咨询服务机构合伙人）指出，

"2016 年以后每年 Buy-outs 与 Buy-ins 的交易额都有 100 亿的增长空间，我们非常看好 Buy-outs 与 Buy-ins 的市场活跃度"。Buy-ins 与 Buy-outs 策略起源于英国，近几年在美国发展也比较迅速，美国通用公司、摩托罗拉等公司发行 Buy-outs 与 Buy-ins 已超过 200 多亿美元。在我国，人口老龄化日益严重、养老金缺口越来越大，DB 养老金去风险化的趋势越来越得到重视。目前，我国的养老金去风险化研究正处于探索阶段，需要借鉴国际上的成功经验。因此，合理引进 Buy-outs 与 Buy-ins 手段转移 DB 养老金风险，这将在我国的养老金减小缺口方面发挥着非常重要的作用。

第二节 长寿风险管理的动态最优化模型设计

一、巨灾死亡率债券定价模型与实证分析

死亡率证券化模型依赖于两个不可或缺的部分：死亡率预测理论和不完全市场定价理论。首先，一个死亡率关联债券的本金或利息是由未来死亡率水平决定的。例如，如果未来人口死亡率指数比 2002 年水平增加 30% 以上，瑞士再保险公司的死亡率债券本金将减少。因此，这就需要一个模型来描述未来死亡率随机过程。第二，保险市场是一个不完全市场。如果通过发行保险关联证券，将保险风险转移到金融市场，则应该采用不完全市场定价方法对这些证券进行定价。

（一）死亡率证券化模型

1. 死亡率预测模型

死亡率证券化模型是基于对未来死亡率动态过程的分析。死亡率动态包括"正常"偏离趋势和"意外"死亡率冲击。由于出售或购买死亡率证券的原因是能够有效对冲或承担巨灾性死亡率风险，所以一个比较合适的死亡率随机模型应该考虑死亡率的跳跃，死亡率的跳跃可能是由传染病、战争或诸如地震、海啸之类的自然灾害造成的人口数量突然大幅度下降。

现有的关于死亡率预测模型大部分研究在描述未来死亡率随机过程时没有明确地建立死亡率跳跃模型。达尔（Dahl，2003）、米列夫斯基和普罗米斯洛（Milevsky and Promislow，2001）将死亡率的随机过程看成是一个 *Itô-type* 随机过程。因此这些模型是连续时间和连续样本路径类模型。凯恩斯等人

（Cairns et al.，2004）在死亡率模型中为了得到正的生存概率，利用正利率模型的定价框架，使用该方法的有傅莱克和胡斯顿（Flesaker and Hughston，1996），罗格斯（Rogers，1997）以及凯恩斯（Cairns，2004）等学者。但是，这些研究中并没有详细展示如何评估模型。这仍然是连续时间模型和样本路径模型。利用计量经济学的方法，如 Renshaw's 方法和 Lee-Carter 模型在预测未来死亡率动态过程中也没有明确考虑到死亡率的跳跃情况。为了进一步改进现有的死亡率证券化模型，本部分阐述了一个带有跳跃的死亡率证券化模型用来定价死亡关联证券，如瑞士再保险公司发行的死亡率债券。

2. 死亡率证券定价模型

只有少数的论文显示了如何定价死亡关联证券。凯恩斯等（Cairns et al.，2004）在完全市场测度下定价死亡率证券（Q 测度框架）。然而，现在的死亡率证券市场看起来并不是完整的市场，因此本部分采用不完全市场定价机制来定价死亡率证券（如 Wang 转换机制）。

（二）债券设计和定价模型

瑞士再保险公司的债券将债券持有者的收益与人口死亡率指数挂钩。这增加了透明度，减少了道德风险，因为人口指数是政府编制的死亡率统计数据的加权平均数。

1. 模型构建

本部分设定的死亡率模型中结合了布朗运动和具有对数正态跳跃大小分布的离散型马尔可夫链，参数设为 m 和 s。大多数死亡跳跃，如我国 2008 年的汶川地震或美国 1918 年流感都是一次性事件。灾难在那些年份里推高了整个人口死亡率。在死亡率模型中需要考虑的一点是这种灾难波动后的死亡率曲线独立于波动期间的死亡率。

在 t（$t=0$，1，2，…）时刻，离散的马尔科夫链包含的事件数量为 N_t，初始值为 N_0，则转换模式如下所示：

$$N_{t+1} = \begin{cases} N_t + 1, & \text{with probability } p \\ N_t, & \text{with probability } 1-p \end{cases}$$

当没有死亡巨灾事件发生时，即没有死亡跳跃时，死亡率指数 q_t 在 t 时刻的动态变化是：

$$\frac{dq_t}{q_t} = \alpha dt + \sigma dW_t$$

其中，参数 α 是死亡率指数的瞬时期望死亡力；参数 σ 死亡率指数的瞬时波动率，该情况下没有跳跃，W_t 是标准布朗运动（均值为 0，方差为 t）。

假设由于出现跳跃死亡率的变动为 $Y-1$，马尔科夫链与跳跃影响 Y 分布之间是独立的。当一个跳跃事件发生在期间 $[t-h, t]$ 时，那么这将对死亡率指数 q_t 有一个波动影响 $Y_{[N_t-N_{t-h}]}$。因此，可以得到死亡率指数 $\tilde{q}_t$ 在 t（$t = 0, 1, 2, \cdots$）时刻的一般形式，如下所示：

$$\tilde{q}_t = q_t Y_{[N_t - N_{t-h}]} \tag{7.3}$$

其中，$Y_{[N_t-N_{t-h}]}$ 是一个能够在一个时间段内，在 q_t 到 $q_t Y_{[N_t-N_{t-h}]}$ 中产生一个有限跳跃的脉冲函数；如果没有跳跃，那么 $\tilde{q}_t = q_t$ 且 $Y_{[N_t-N_{t-h}]} = 1$。并设 Y 是基于参数 m 和 s 一个标准正态分布，那么有：

$$Y = e^{m+su}, \text{其中 } u \sim N(0,1) \tag{7.4}$$

结合式（7.3）和式（7.4）分析，得到下面公式：

$$\tilde{q}_t = \begin{cases} q_t Y_{[N_t-N_{t-h}]}, & \text{with probability } p \text{ if jump event occurs at } [t-h, t] \\ q_t, & \text{with probability } 1-p \text{ if jump event does occurs at } [t-h, t] \end{cases}$$

死亡率指数 $\tilde{q}_t$，独立于先前的死亡率跳跃，大部分时间将是连续的，在离散的时间点会出现不同迹象和振幅的有限跳跃。如果参数 α，σ，p，m 和 s 都是常数，可以解决上面的关于 q_t 的微分方程，可得到：

$$\tilde{q}_{t+h} | F_t = q_t \exp\left[\left(\alpha - \frac{1}{2}\sigma^2\right)h + \sigma dW_t\right] Y_{[N_{t+h}-N_t]}$$

其中，σdW_t 表示的是预期之外的"正常"死亡率指数变化的瞬时变化部分，$Y-1$ 描述了当 $N_{k-1}-N_k = 1$ 时，由于概率为 p 的"异常"死亡率冲击引起的百分比变化；当 $N_{k-1}-N_k = 0$ 时，方程（10）是一个不带有跳跃的标准随机模型；F_t 是一个在 t 时刻设置的信息函数。

2. 数据

该部分研究的死亡率数据来源于美国的生命统计数据库与国际数据库（VSUS）。数据库 VSUS 报告美国按年龄调整的死亡率每 10 万标准人口（2000 标准）选择死亡原因。年龄调整的死亡率是用来比较各组之间和随时间推移的相对死亡率风险；它们是指数形式而不是直接测量结果。

死亡率的随机过程并不遵循均值回归过程。此外，美国人口死亡率的演变存在若干跳跃，这应该被一个好的死亡率随机模型所捕获。死亡大浮动波动可能导致保险公司或养老金计划陷入财务困境或破产，并且它们也是死亡证券的基础风险。

3. 估计结果

基于已有的 1900～1998 年间的美国人口死亡率指数 q_t 的数据，表 7 - 3 是最大似然方法估计出的结果。死亡率指数的瞬时期望死亡力 $\alpha = -0.0096$。α 的结果是负值则意味着美国人口死亡率水平一直在改善，也就是随着时间的变化死亡水平在降低。在没有跳跃的情况下，死亡率指数的瞬时波动 $\sigma = 0.0310$。每年发生一个跳跃事件的概率为 $p = 0.0115$。该结果显示没有跳跃的模型在显著性水平为 0.1% 时被拒绝。

表 7 - 3　　　　基于美国人口死亡率指数 1900～1998 年的极大似然参数估计

参数	估计值	参数	估计值
α	-0.0096	m	0.1492
σ	0.0310	s	0.0404
p	0.0115		

4. 风险的市场价格

在这一部分，我们将展示如何估计瑞士再保险公司发行的死亡率债券的风险溢价。首先，我们用表 7 - 3 所示的估计值模拟等式，得到 2004～2006 年每年的累积概率 $F(q_t)$，其中 q 是 2004～2006 年模拟的美国人口死亡率指数 q_t 的最大值。我们共运行 10000 次模拟结果。

其次，对于每年 t，累积概率 $F(q_t)$ 由风险的市场价格 λ_{SR} 的初始值转换而来，由此得到定价概率 $F^*(q_t)$，如下所示：

$$F^*(q_t) = Q[\Phi^{-1}F(q_t) - \lambda_{SR}]$$

其中，根据王（Wang，2004）提到的，Q 是一个自由度为 6 的 t 分布，那么转化概率 $f^*(q_t)$ 可以很容易的从累积概率 $F^*(q_t)$ 导出。

最后，在获得在 t（$t = 2004$，2005，2006）时刻模拟的 q_t 值及其转换概率 $f^*(q_t)$ 之后，根可以计算出在 t（$t = 2004$，2005，2006）时刻的资本期望损失即 $400000000 \times loss_t$。因此得到总的资本损失 $400000000 \times \sum_{2004}^{2006} loss_t$。瑞士再保险融资债券的平面价差为 1.35%（Swiss Re，2003；MorganStanley，2003；The Actuary，2004），1900～1998 年的美国人口死亡率指数和 2003 年 12 月 30 日的美国国债收益率，我们估计瑞士再保险公司发行死亡率债券的

风险溢价 λ_{SR} 等于 -1.3603。

虚线表示利用双因子 Wang 变换的 $\lambda_{SR} = -1.3603$，在 2005 年的 q_t 的变换概率密度函数（PDF）。它位于模拟美国人口死亡指数 "$f(q_{2005})$" 的 PDF 右侧。在转换数据之后，我们将更多的权重放在右侧。这意味着，市场对较大损失事件预期出现的概率远高于该损失的实际可能出现的概率。

5. 跳跃过程的重要意义

大多数现有的死亡率随机模型不考虑跳跃过程。为了证明跳跃过程在死亡率证券化建模中的重要性，我们比较了没有死亡率跳跃的风险市场价格和有跳跃的风险市场价格。

没有跳跃的死亡率随机模型如下：

$$\frac{\mathrm{d}q_t}{q_t} = \alpha_n \mathrm{d}t + \sigma_n \mathrm{d}W_t$$

其中，下标 n 表示没有跳跃的模型，α_n 和 σ_n 表示美国人口死亡率指数的平均死亡率和波动情况。基于上一节内容的相同数据，得到的最大似然估计为 $\alpha_n = -0.0100$、$\sigma_n = 0.0388$。在没有跳跃的情况下，我们对基于美国人口死亡率指数的瑞士再死亡率债券的风险估计市场价格等于 -1.5545，这比有跳跃的情况下，基于美国人口死亡率的瑞再债券的风险市场价格 -1.3603 的绝对值高 14%。并且，我们同时描绘了具有和不具有跳跃的在 2005 年的死亡率指数分布 q_t。没有跳跃的模型低估了发生巨灾性死亡事件的概率，因为具有跳跃的模型具有更长的尾巴。未能进行模型跳跃会导致与正确的风险市场价格和正确的转换分布产生显著偏离。由此结果可以得到一个重要的结论是，带有跳跃过程在死亡率证券化建模中起着非常重要的作用。

（三）瑞再死亡率债券对投资者的意义

王（Wang，2004）提到在财产方面，财产巨灾债券的平均市场价格约为 -0.45。利用双因子 Wang 变换且设风险市场价格为 $\lambda = -0.45$，我们计算出的瑞士再保险公司发行死亡率债券的票面价格为 0.63%，低于瑞士再保险公司发行死亡率债券利率的 1.35%。这种差异可能源于以下事实：我们使用美国人口死亡率指数作为基准，而瑞士再保险公司发行的死亡率债券的交易是基于五个发达国家的人口死亡率指数的加权平均数。如果使用加权指数，我们预计，由于在这五个国家中死亡率风险的多样化效应，我们计算出的平均价差将更低。班特瓦尔和昆鲁瑟（Bantwal and Kunreuther，1999）发现财产巨灾债券的蔓延太高，无法用标准的金融理论来解释。我们发现，瑞士再保险发行的死亡率债券的风险溢价为 -1.3603，远高于财产巨灾债券的风险溢价的 -0.45 的绝对价值。虽然瑞士再保险公司发行的死亡率债券交易的高风险溢价可能意味着第一种死亡率关联债券的高交易成本，但也可以被解释为瑞士再保险公司对投资者承担死亡风险进行了过度补偿。这也解释了为什么瑞士再保险公司发行的死亡率债券在市场上非常受投资者的欢迎，刚一发行规模就远超过预期。

为什么瑞士再保险公司会给投资者支付如此高的风险溢价呢？在 2002 年瑞士再保险公司的人寿再保险业务占整个集团当年总收入的 43%，并高于 2001 年的 38%（Morgan Stanley，2003）。尽管资本对于企业吸收死亡率冲击至关重要，但人寿再保险业务的真正经济资本要求并不简单。此外，潜在财务危机的成本也很高。明顿等（Minton et al.，2004）得出结论，金融机构证券化是一种旨在降低金融困境成本的创新机制。因此，摩根士丹利（2003）得出结论是，瑞士再保险公司必须认为通过该交易而免除的资本成本超过发行该死亡率债券交易服务的有效净成本。此外，保险公司还支付高风险保险费，促进死亡率证券化市场的发展。如果巨灾耗尽了传统的再保险风险承受能力，保险公司可以向死亡率关联的证券市场寻求保护。总而言之，瑞士再保险死亡率债券对投资者来说是一笔好交易。从市场反应来看，投资者对这种债券表现出极大的兴趣，就像对巨灾债券的反应一样。

二、长寿债券定价模型与实证分析

长寿债券的构造原理与巨灾死亡率债券相似，但也存在着本质的不同点。巨灾死亡率债券构造采用的是本金有风险的债券，本章设计的长寿债券则是息票有风险的债券类型。在触发机制上，长寿债券的给付与生存指数相关联。生存指数表示指定退休人群在未来年份中生存的趋势，是长寿债券定价的关键。长寿债券的另一个特点是期限较长，一般在 25 年或 30 年。与 3 ~ 5 年期的巨灾死亡率债券不同，长寿债券的价值受利率波动的影响较大。因此在给长寿债券定价时，需考虑利率期限结构问题。此外，长寿债券与巨灾死亡率债券一样交易是在不完全市场中进行的。与巨灾死亡率债券不同，长寿债券的价值受利率波动的影响较大。因此在给长寿债券定价时，需考虑利率期限结构问题。此外，长寿债券与巨灾死亡率债券一样，交易是在不完全市场中进行的。

长寿债券的定价研究已引起国际上一些学者的兴趣，并已取得了可喜的进展。但作为一种新兴的金融衍生产品，有关长寿债券生存指数的构造和定价方法均存在一些有待完善之处。为提高生存趋势预测的准确性同时兼顾良好的运算性质，本章将非均值回复仿射过程中带跳的过程用于生存指数的构造。并在定价时考虑利率期限结构和市场的不完全性，用利率模型刻画利率期限结构，通过单因子 Wang 变换给出长寿债券的价格。并将定价模型结合我国生命表数据进行实证分析，进一步探讨长寿债券定价模型的实际应用效果。

（一）长寿风险证券化模型

生存指数的构造是长寿债券设计中至关重要的环节。现有研究中的生存指数大多是通过经典的死亡率模型得到的，这些模型虽然形式简洁但难以实现对现实中人口生存趋势的有效预测。而其他复杂的生存指数模型虽然预测能力有所提高，但运算性质较差难以参与现金流折现计算。基于以上不足，本节将利用非均值仿射过程构造预测能力和运算性质兼具的生存指数模型。

仿射过程是用于描述随机波动特征的一类随机过程，这一数学工具的突出优势在于，通过数学推导可以得到优美的封闭解表达式。阿尔茨纳（Artzner，1992），达菲（Duffie，1999）和兰多（Lando，2004）将此数学框架用于信用风险研究中违约概率的刻画。考虑到违约概率和死亡率特征的相似性，有些学者开始将仿射过程用于预测人口生存概率的研究。

本章将在前人的基础上结合我国退休人群生存概率的特征，将非均值回复仿射过程引入长寿债券的定价研究。下面，利用非均值回复仿射过程中最具代表性的带跳的 OU 过程构建生存指数，模型推导过程参考了达菲和辛格尔顿（Duffie and Singleton，2000，2003）的有关数学结论。

定义：强度为 λ 的计数过程 N 是双随机的。如果 $t < s$ 时，$N_s - N_t$ 服从非负参数 $\int_t^s \lambda(u) du$ 的泊松分布。将 x 岁生命体的未来寿命 T_x 描述为一个强度为 λ_x 的双随机停时，即强度为 λ_x 的计数过程 N 的首次跳跃时刻为 T_x：$t < T_x$，$N_t = 0$；$t \geq T_x$，$N_t > 0$ 则生存函数可写为：

$$S(t) = P(T_x > t) = E\left[e^{-\int_0^t \lambda_x(u) du}\right]$$

定义生存指数 $I_t = {}_t p_x = S_x(T_x)$，$t = 1，2，\cdots$

这样，生存指数 I_t 可由死亡强度 λ_x 的分布决定。设 λ 服从带跳的 OU 过程：

$$d\lambda(t) = a\lambda(t) dt + \sigma dW(t) + dJ(t)$$

其中，$W(t)$ 是标准布朗运动，J 是纯符合泊松跳跃过程，泊松到达强度为 $l > 0$，跳跃幅度服从指数分布，其均值为 $\mu < 0$。假设布朗运动、泊松过程以及跳跃幅度彼此相互独立。用带跳的 OU 过程刻画死亡强度，可以反映人口"矩形化"发展趋势，符合我国人口老龄化特点。模型的拟合优度将在实证研究中得以体现。

此强度过程下的生存概率可以写成：

$$S(t) = P(T_x > t) = E\left[e^{-\int_0^t \lambda_x(u)\,du}\right] = e^{A(t)+A(t)\lambda_x(0)}$$ 要得到 A 和 B 需解下面的常微分方程组：

$$
\begin{cases}
A'(t) = \dfrac{1}{2}\sigma^2 B^2(t) + l\,\dfrac{\mu B(t)}{1-\mu B(t)} \\
B'(t) = -1 + aB(t)
\end{cases}
$$

边界条件：$B(0) = 0$，$A(0) = 0$。
解得：

$$
\begin{cases}
A(t) = \left(\dfrac{\sigma^2}{2a^2} + \dfrac{l\mu}{a-\mu}\right)t - \dfrac{\sigma^2(4e^{at}-e^{2at}-3)}{4a^3} - \dfrac{l}{a-\mu}\ln\left(1 - \dfrac{\mu}{a} + \dfrac{\mu}{a}e^{at}\right) \\
B(t) = \dfrac{1}{a}(1-e^{at})
\end{cases}
$$

进一步得到生存指数：

$$
\begin{aligned}
I_t = S_x(t) &= \exp(A(t) + B(t)\lambda_x(0)) \\
&= \exp\left(\dfrac{\sigma^2 t}{2a^2} + \dfrac{l\mu t}{a-\mu}\right) - \dfrac{\sigma^2(4e^{at}-e^{2at}-3)}{4a^3} \\
&\quad - \dfrac{l}{a-\mu}\ln\left[1 - \dfrac{\mu}{a} + \dfrac{\mu}{a}e^{at} + \lambda_x(0)\dfrac{1}{a}(1-e^{at})\right]
\end{aligned}
$$

（二）单因子 Wang 变换下长寿债券的定价模型

长寿债券定价的合理性不仅取决于生存指数的刻画，还受利率期限结构和市场不完全性的影响。现有长寿债券定价研究没有充分考虑利率的随机波动和市场不完全性对定价准确性的影响。本节在生存指数模型的基础上，进一步刻画利率的随机波动性，并通过单因子 Wang 变换得到长寿债券在不完全市场中的定价模型。

1. 利率期限结构

利率期限结构是某个时点不同期限的利率所组成的一条曲线，它是资产定价、金融产品设计、保值和风险管理的基准。实践中经常利用利率模型来描述利率期限结构的变化。为期限较长的长寿债券定价选择适当的利率模型十分关键。"理想"的利率模型应该既要有坚实的理论基础，又能够充分描述金融市场的历史数据，同时易于处理大部分的实际问题。在过去的 30 年里，经济学家提出了大量的利率模型（Duffie，1996；Bali，1999；Chacko et al.，2002），这些模型都具有一些合理的特征，但仍没能符合上述全部特征。如果一个模型能够描述利率期限结构的历史变化，并且也与经济理论一致，这个模型一定非常复杂，可能无法满足应用中的要求。反过来，如果模型较简单，则经济理论基础可能不够坚实，或者模型不能充分描述历史数据。

利率模型有很多种分类方法，按照状态变量个数可以分为单因子利率模型和多因子利率模型。单因子利率模型相对于多因子利率模型具有变量少、易处理和参数估计的优势，尤其是单因子仿射模型可以得到利率衍生品价格的解析解。而多因子利率模型比单因子利率模型更加充分和精确地描述利率期限结构的真实演化过程，以及不同到期期限利率之间的相关性，但参数估计复杂，计算时间较长，一般也不能得到衍生产品价格的解析解。在长寿债券研究中，我们更加注重的是对死亡率随机特征的刻画和定价模型的可操作性，因此这里选择了单因子模型刻画利率期限结构。

基本的单因子仿射模型包括 Merton 模型、Vasicek 模型和 Cox-Ingersoll-Ross 模型。它们的具体表达式如下：

（1）Merton 模型。

$$dr(t) = \alpha dt + \beta dW(t)$$

（2）Vasicek 模型。

$$dr(t) = \alpha(\theta - r(t))dt + \beta dW(t)$$

（3）Cox-Ingersoll-Ross（CIR）模型。

$$dr(t) = \alpha(\theta - r(t))dt + \beta \sqrt{r(t)} dW(t)$$

其中，α、β 和 θ 是参数，W 是标准布朗运动。经实证检验我国利率波动具有均值回复特征。在这里，CIR 模型较 Merton 模型和 Vasicek 模型具有较明显的优势，具有描述利率均值回复和恒正的特征，Vasicek 模型具有均值回复项，但不能保证利率恒正；而 Merton 模型对这些特征均不能体现。因此，在很多研究中都采用 CIR 模型参与死亡率债券定价。同样地，在该部分研究中，同样采用 CIR 模型来描述利率波动，同时参与死亡率关联债券的定价。

根据 CIR 模型零息票债券的风险中性价格 $p(0,t)$ 可以写成如下形式：

$$p(0,t) = E\left[\exp\left(-\int_0^t r(s)d(s)\,|\,r(0)=r\right)\right] = C(t)\exp(-D(t)r)$$

其中，$C(t) = \left(\dfrac{2\gamma e^{(\alpha+\gamma)t/2}}{(\alpha+\gamma)(e^{rt}-1)+2\gamma}\right)^{\frac{2\alpha\theta}{\beta^2}}$，$D(t) = \dfrac{2(e^{\gamma t}-1)}{(\alpha+\gamma)(e^{rt}-1)+2\gamma}$，
$\gamma = \sqrt{\alpha^2+2\beta^2}$。

2. 定价模型

基于生存指数的构造和利率模型的选择，下面设定债券息票回报率，变换概率测度并在 CIR 利率模型下折现得到长寿债券的定价公式。

设 l_x 表示 x 岁的人数，l_{x+t} 即为 l_x 个 x 岁的人生存到 $x+t$ 岁的人数，l_{x+t} 可由生存指数计算得到。长寿债券是将随机变化的 l_{x+t} 超过一定水平的风险进行证券化，实现死亡率风险的有效对冲，即对超过的部分向寿险公司进行不完全保险赔付。设定第 t 年的人口的生存人数超过 l_{a_t} 时，SPV 开始对寿险公司进行赔付，总额为 $l_{x+t} - l_{a_t}$，$0 < l_{x+t} < l_x$。赔付上限为 l_b。此时，投资人的息票所得随即减少。

设 $a_t = l_{a_t}/l_x$，$b = l_b/l_x$，则息票给付总额 C_t 与生存指数 l_t 的关系如下：

$$C_t = \begin{cases} 0 & I_t > a_t + b \\ l_{a_t} + I_b - l_x \cdot I_t & a_t < I_t \leqslant a_t + b \\ I_b & I_t \leqslant a_t \end{cases}$$

并且设 T 年期面值为 F、浮动息票为 C_t 的折现价值 V 可写成：

$$V = \sum_{t=1}^{T} E[C_t]d(0,t) + Fd(0,T)$$

其中，$d(0,t)$ 是基于无风险利率 $r(t)$ 下的折现因子。

$$d(0,t) = E\left[\exp\left(-\int_0^t r(u)\,du\right)\right]$$

再进行单因子 Wang 变换就得到了不完全市场中长寿债券的价格 V^*：

$$V^* = \sum_{t=1}^{T} E^*[C_t]d(0,t) + Fd(0,T)$$

由前面介绍的单因子王变换可知，生存指数 I_t 经单因子王变换得到：

$$I_t^* = \Phi\left[\Phi^{-1}(I_t) + \lambda^*\right]$$

其中，λ^* 是市场风险价值。

3. 实证分析

基于以上长寿债券定价模型的推导，下面利用我国生命表数据和利率数据（上一节在对死亡率关联债券进行实证分析时，采用的是美国的相关数据。这只是一个案例，样本数据的不同对整个模型结构并没有影响）估计生存指数模型和 CIR 利率模型中的参数。分析长寿风险对退休年金的影响，给出长寿债券的定价实例，计算债券价格，分析参数敏感度，为现实市场中长寿债券的合理定价提供理论依据和数据参考。

（1）数据说明。死亡率数据来源于 1995 年由中国人民银行颁布的《中国人寿保险业经验生命表（1990 – 1993）》《养老金业务男表 CL（1990 – 1993）》和 2005 年 12 月 19 日原中国保险监督委员会（现为银保监督管理委员会）颁布的《中国人寿保险业经验生命表（2000 – 2003）》《养老金业务男表 CL（2000 – 2003）》。现以初始年龄 65 岁的男性为例，考察其生存函数的变化特征。

根据两个生命表数据绘制的生存函数曲线，可见间隔 10 年初始年龄 60 岁男性生存概率的改善和寿命延长的趋势呈现出"矩形化（rectangularision）"和"扩展化（expansion）"的特征。随着退休人群生存概率的改善和寿命的延长，寿险业的年金业务将面临前所未有的挑战，有关这方面的研究现已引起越来越多学者的关注和讨论。

2015 年中国 0～14 岁人口为 22681 万人，2015 年中国 15～64 岁人口为 100347 万人，2005～2010 年中国 0～14 岁人口逐年下降，2010 年 0～14 岁人口达到近十年最低值，为 22259 万人。2015 年中国 65 岁及以上人口为 14434 万人，近十年 65 岁及以上人口逐年增加，人口红利逐渐消失。人口红利的消失，意味着人口老龄化的高峰即将到来和创造价值的劳动力减少，因此，养老问题的严重性和必要性浮出水面。

国务院新闻办公室年发表的《中国老龄事业的发展》白皮书显示：中国 60 岁以上人口是 1.44 亿，占全国人口的 11%；到 21 世纪中叶，大概 2045 年左右，中国 60 岁以上人口将占到 30%。老龄化的速度明显快于其他国家。而我国生产力水平较低，人均 GDP 比许多西方国家低很多，养老资金的积累严重不足，可谓"未富先老"。我国现行的退休年龄为男职工 60 岁退休，女职工于 55 岁，工人 50 岁。本章按照现行退休年龄管理办法，选择男职工作为研究对象。设计长寿债券以从 60 岁开始领取退休金的被保险人所引发的长寿风险。

利率数据采用 2006 年 10 月 12 日到 2008 年 12 月 31 日的一年期上海银行间同业拆借利率（Shibor）报价作为实证数据。初值选取 2008 年 12 月 31 日发布的一年期 Shibor 的 5 日均值数据为 2.4256%。

（2）参数估计。采用第三章中的估计方法估计式中的参数，结果如表 7-4 所示，并估算式中的参数。进一步将参数估计的结果代入生存指数表达式，通过绘制 QQ 图分析利用带跳 OU 过程刻画死亡强度得到生存概率与实际生存数据的拟合情况。从下图可以看出，该生存指数同我国生命表数据的拟合程度良好。

表 7-4 　　　　　　　　具有带跳 OU 过程中的参数值估计结果

类别	α	σ	l	μ
CL（1990 - 1993）	0.08891	0.00021	0.00086	- 0.00012
CL（2000 - 2003）	0.07698	0.00031	0.00256	- 0.00038

由 CL（1990—1993）中，$p_{60} = 0.9864$，近似计算 $\lambda_{60}(0) = -\ln(p_{60}) = 0.013657$；由 CL（1990—1993）中，$p_{60} = 0.993$ 近似计算得到 $\lambda_{60}(0) = -\ln(p_{60}) = 0.007025$。从结果中可以看到，生存概率和预期寿命在十年内有明显的改善。再根据 2006 年 10 月 12 日到 2008 年 12 月 31 日的一年期 Shibor 数据，估计 CIR 利率模型中的参数，结果如表 7-5 所示。

表 7-5 　　　　　　　　CIR 利率模型中参数估计的结果

参数	α	θ	β
估计值	0.0052	0.058	0.0286

那么参数 λ^* 可由下式估计得到：

$$I_x a_{60} = \sum_{t \geq 1} E^*[I_{x+t}]\mathrm{d}(0,t) = \sum_{t \geq 1} I_{x+t} p_{60}^* \mathrm{d}(0,t)$$

$$= \sum_{t \geq 1} I_x (1 - \Phi(\Phi^{-1}({}_t q_{60}) + \lambda^*))\mathrm{d}(0,t)$$

$$即\ a_{60} = \sum_{t \geq 1} (1 - \Phi(\Phi^{-1}({}_t q_{60}) + \lambda^*))\mathrm{d}(0,t)$$

其中，该式左边表示按照市场年金价格 a_{60} 计算给付 l_x 人的年金总额，右边表示按文中模型计算未来不同年份生存人数的期望，并折现得到年金总的给付现值。当 $i = 0.06$ 时，$a_{60} = 12.3247$，解得 $\lambda^* = -0.4703$。

（3）长寿风险的影响分析。

退休年金属于一种延期年金保险，由于期限较长，受利率和死亡率波动的影响较大。近年来，关于利率风险对年金业务的影响已得到广泛关注，但对于死亡率风险的讨论还不多。

设退休年金的购买者年龄为 x 岁，延期 h 年后每年末将获得 1 单元的年金给付，寿命最长达到 ω 岁。用 τ_x 表示 x 岁的生存者的余命，t 为年金给付时刻。则在 0 时刻退休年金现值模型为：

$$_{h|}a_x = E\Big[\sum_{t=h}^{\omega-x} \exp\Big(-\int_0^t r_u du\Big) I_{|\tau_x > t|}\Big]$$

其中，$I_{|\tau_x > t|} = \begin{cases} 1, & \tau_x > t \\ 0, & \tau_x \leq t \end{cases}$

可以看出，退休年金的价值主要受年金购买者的随机余命 τ_x 和金融市场中的随机利率 r_t 的影响。传统精算理论假设死亡率和利率恒定不变，必然会给退休年金偿付带来难以预测的风险。

根据前面对生存函数和利率随机波动性的刻画，可写出退休年金精算现值的基本计算公式：

$$_{h|}a_x = E\Big[\sum_{t=h}^{\omega-x} \exp\Big(-\int_0^t r_u du\Big) \exp\Big(-\int_0^t \lambda_x(s)\,ds\Big)\Big] \tag{7.5}$$

设随机死亡强度过程和随机利率过程相互独立，则：

$$_{h|}a_x = \sum_{t=h}^{\omega-x} E\Big[\exp\Big(-\int_0^t r(u)\,du\Big)\Big] E\Big[\exp\Big(-\int_0^t \lambda_x(s)\,ds\Big)\Big]$$

根据以上利率动态式（7.5）和死亡强度式（7.6），得到退休后的年金现值的计算公式为：

$$_{h|}a_x = \sum_{t=h}^{\omega-x} C(t)\exp(-D(t)r) \times \exp(A(t) + B(t)\lambda_x(0))$$

其中，$A(t) = \Big(\dfrac{\sigma^2}{2a^2} + \dfrac{l\mu}{a-\mu}\Big)t - \dfrac{\sigma^2(4e^{at} - e^{2at} - 3)}{4a^3} - \dfrac{l}{a-\mu}\ln\Big(1 - \dfrac{\mu}{a} + \dfrac{\mu}{a}e^{at}\Big)$

$B(t) = \dfrac{1}{a}(1 - e^{at})$

$$C(t) = \left[\frac{2\gamma e^{(a+\gamma)t/2}}{(a+\gamma)(e^{\gamma t}-1)+2\gamma}\right]^{\frac{2a\beta}{\beta^2}}$$

$$D(t) = \frac{2(e^{\gamma t}-1)}{(a+\gamma)(e^{\gamma t}-1)+2\gamma}$$

$$\gamma = \sqrt{\alpha^2 + 2\beta^2}$$

基于以上长寿债券定价模型的推导，下面利用我国生命表数据估计模型中的参数，计算退休年金的精算现值。分析长寿风险对年金价值的影响，设退休年金购买者年龄 30 岁，可选择 50 岁、55 岁或 60 岁时开始领取每年单位元退休年金，直至死亡。利用 CL（1990 - 1993）、CL（2000 - 2003），分别计算退休年金的精算现值并列表（见表 7 - 6）。

表 7 - 6　　　　　　　　　　　　年金价值计算结果

年金价值	CL（1990 - 1993）	CL（2000 - 2003）	成本增长（%）
$_{20}|\bar{a}_{30}$	3.0106	3.3836	12.39
$_{25}|\bar{a}_{30}$	2.2902	2.6511	15.76
$_{30}|\bar{a}_{30}$	1.6868	1.0301	20.35

对比间隔十年的生命表数据计算出退休年金的结果可见，随着生存概率的改善和寿命的延长，退休年金的成本显著提高。在计算年金现值时，若假设死亡率恒定必然导致较大的偏差，造成寿险公司严重亏损。然而，即便是利用最复杂的死亡率波动模型、最优良的历史数据去预测未来人口寿命，误差仍将存在。长寿风险已成为传统管理风险办法无法对冲的系统风险。下面根据长寿债券定价研究，设计一款长寿债券并利用我国生命表数据计算债券价格，考察长寿债券分散长寿风险的效果。

4. 定价实例

假设一个寿险公司在 2009 年为 10 万个年满 60 周岁的被保险人开始提供退休年金，每年给付每人 1 万元人民币。设计一款长寿债券，用以对冲由这 10 万人生存概率的改善而引起的长寿风险。设该长寿债券于 2008 年 12 月份发行，面值总额为 1 亿元人民币，25 年到期。息票给付与 10 万名 60 岁的中国男性的生存指数相关联。根据寿命延长情况进行适当调节：$l_{a_t} = 100000 \cdot {}_t p_x \cdot e^{0.008t}$。

当每年生存人数超过一定水平，即 l_{a_t} 时，SPV 向寿险公司赔付 10000 $(l_{x+t} - l_{a_t})$，$l_b = 80$，即赔付上限为 $100000l_b = 8000000$ 元人民币。即息票给

付总额 C_t 与生存指数 I_t 的关系如下：

$$C_t = \begin{cases} 0 & 100000I_t > l_{a_t} + 80 \\ 10000(I_t - I_{a_t}) & l_{a_t} < 100000I_t \leq l_{a_t} + 80 \\ 8000000 & 100000I_t \leq l_{a_t} \end{cases}$$

T 年期面值为 F、浮动息票为 C_t 的折现价值为 V，则有下面的关系式：

$$V^* = \sum_{t=1}^{25} E^*[C_t]d(0,t) + 100000000d(0,T)$$

其中，$d(0, t)$ 是基于无风险利率 $r(t)$ 下的折现因子，$r(t)$ 服从 CIR 模型利率模型。

现阶段，我国保险产品的定价主要以第二代生命表 "CL（2000—2003）" 为基准。这里就利用 "CL（2000—2003）" 的参数估计结果参与长寿债券价格计算，可得到长寿债券价格为 $V^* = 6.1437 \times 10^7$ 元。从这个例子可以看出，长寿债券交易通过证券化技术将超过寿险公司偿付能力的风险分散到了更加广泛的资本市场上。从而在一定程度上对冲了寿险公司面临的长寿风险。此例中，若长寿风险这一事件并没有出现，那么债券投资者将得到将近 8% 的资本年回报率。可见，此款长寿债券具有一定的吸引力，在资本市场上发行，会受到投资者的热捧，可以考虑作为一种优化资金配置的投资产品。

5. 参数的敏感性分析

考察不同情况下参数的变动对长寿债券价格的影响，可以找到影响债券价格的主要因素。通过参数敏感度分析有助于根据具体情况调整参数，合理定价长寿债券。

若其他参数保持不变，长寿债券的价格随着参数 α 和 μ 的增大而增大。而当参数 σ 和 l 分别变大时，债券价格相应减少。也就是说死亡率瞬间变化的均值变大时，生存概率具有减小趋势。此时，长寿风险减小，债券价格随之增加；而当死亡率的波动增强时，也就是未来生存趋势不确定变大时，长寿风险有增大可能，由此债券价格相应减少。

可以看出，利率模型中的三个参数 α、θ、β 对长寿债券的价格敏感性都十分显著。其中，随着参数 α 和 θ 的增大，债券的价格显著减小；随着参数 β 的增大，债券的价格显著增大。这些参数的敏感性分析进一步说明了利率期限结构对长寿债券价格的影响是十分显著的，也验证了本书增加利率期限结构的描述是必要而且有效的。此外，也可以注意到对于长寿债券的定价研究，利率模型的选择以及所选择模型中参数估计的准确度，对长寿债券定价的合理性均十分重要。

综上对长寿债券定价模型与实证分析，得到以下总结，即长寿问题已成为不容忽视的重大社会问题。面对愈来愈严峻的金融压力，长寿风险得到越来越广泛的讨论。长寿债券作为一类新的金融证券化产品可能对保险公司、退休基金和政府管理长寿风险有所帮助。这对于全球各地的保险公司而言，长寿问题既是一个巨大的风险，同时也蕴含着巨大的商机。本部分结合我国人口生存状况和利率市场特征，在国内外现有研究的基础上，进一步完善了长寿债券的设计。首先，在生存指数构造上，利用带跳的过程刻画死亡强度的随机变化，从而得到生存指数表达式。通过这种非均值回复仿射过程得到的生存指数对于我国生命表数据具有较好的拟合优度，适用于我国退休人群生存趋势的预测。其次，考虑了利率期限结构对长寿债券定价的影响，采用利率模型描述利率的随机波动，并利用单因子 Wang 变换得到了不完全市场中长寿债券的定价模型。最后，利用中国生命表数据进行了有关长寿债券的实证分析。结果表明在其他风险均可有效对冲的情况下，长寿风险可使退休年金的成本显著提高，利用本部分设计的长寿债券用于管理退休年金业务中的长寿风险具有较好的效果。本部分关于长寿债券的定价以及实证分析同样可以应用到国际长寿风险证券化的资本市场上，并根据国外的相关数据得以验证。

三、自然对冲的运行机制

对长寿风险的管理，国外已有不少理论研究和实践经验，其中通过再保险或通过成熟的资本市场实现长寿风险资本化或证券化已成为长寿风险的研究热点。如米列夫斯克（Milevsk）和普罗米斯洛（Promislow）研究年金产品的套期保值问题；布莱克（Blake）等研究了包括再保险、延迟退休年龄、长寿风险证券化等长寿风险管理方法；多德（Dowd）等研究了生存互换的设计与定价。在实务中，一些新的与死亡率相关的金融产品已经被保险公司或资本市场推出，如长寿（或生存）债券、长寿（或生存）互换、死亡率远期合同等。由于保险公司经营的寿险产品和养老年金产品的负债对死亡率变化呈反向变动，从而可以运用自然对冲策略（natural hedging strategy）实现对长寿风险的管理，即通过对寿险产品和养老年金产品销售结构的组合对冲长寿风险。考克斯和林（Cox and Lin，2007）指出，利用寿险产品与年金产品对死亡率改变的交互影响可以自然对冲长寿风险。

（一） 自然对冲模型与实证分析

寿险类产品和年金类产品已经变成非常相似的商品，这也意味着价格这一重要变量是保险业参与者之间竞争的主要来源。通过各种营销活动，消费者很清楚保险公司提供的价格是否具有吸引力。那么在市场中关于保险公司内部的寿险和年金类产品的自然对冲的原理可以通过接下来的实证分析进行进一步阐述。

金融理论告诉我们，系统性风险是不能分散和完全规避的，这是因为系统性风险会影响着所有企业。然而，这个论点最初是针对公司管理人员，而不是公司经理。公司经理的行动可能改变其业务组合的基本系统风险概况（Chatterjee and Lubatkin，1990；Helfat and Teece，1987；Peavy，1984；Salter and Weinhold，1979）。因此，虽然死亡率风险在金融市场上可能不能完全对冲，但某些保险公司可以通过再保险、资产负债管理，以及提出的死亡率互换来减少或消除死亡率风险。因此，金融理论建议我们应该在年金和人寿保险市场找到自然对冲的相关案例并能进行实证分析。

1. 数据、评估和理论方法

（1）数据。

假设该保险年金价格是 1995～1998 年 65 岁男性每年缴纳的即期年金的趸缴费用的实际报价。A. M. Best 公司每年对约 100 家公司进行调查，以获得向一位 65 岁男性支付 10 万美元的终身月度年金给付的报价。表 7 - 7 描述了来源于美国国际保险业协会（National Association of Insurance Commissioners）提供的关于年金给付数据和公司年度报表数据。表中将每个报价从每月的付款率转换为等价的价格。如果 m 是每 $ 10 万的月支付率，那么 $Price$ 是公司对该终身年金类产品每单位年金收取的费用。年金的终身年金收取每年 1 英镑的费用，即：

$$100000 = 12m \, Price$$

$$Price = 100000/12m$$

寿险类业务准备金与年金寿险类业务总额准备金的比率，用 $Ratio$ 表示，反映了寿险业务对年金业务提供的自然对冲水平。这个原理是，在两个相似的年金发行人中，该比率值较高的年金发行人对长寿风险具有更好的对冲能力。对长寿风险更好的对冲机制可能允许降低保险费中的风险准备，从而降低该年金产品的价格。此外，这个比率还决定了保险公司发行年金业务的规模。例如，如果该比率小于 0.90，则公司年金准备金额度超过总额的 10%。

在有效、竞争的保险市场中，保险价格与公司违约风险成反比：也就是说，违约风险越大的公司年金价格越低。我们使用 A. M. Best 信用评级机构在报价前一年的最佳评级作为年金保险公司违约风险的度量；使用评级来定义数值变量 Lrate，如表 7-7 所示。

表 7-7　　　　　　　美国国际保险业协会关于年金给付数据和

公司年度报表数据（1995~1998 年）

A 部分（单位：百万美元）

变量	变量描述	$Ratio < 0.9$（$N = 299$）		
		Mean	Minimum	Maximum
m	年金支付率	765	653	992
$Price$	等价价格	10.93	8.40	12.76
$Res\text{-}ann$	年金业务总准备金	3490298	5192	43011379
$Res\text{-}life$	寿险业务总准备金	2741170	0	45174284
$Ratio$	寿险类准备金/（年金和寿险类准备金总额）	0.44	0.00	0.89
$Tasset$	总资产	9069208	33351	127097380
$Lrate$	A. M. Best 信用等级（前一年）	1.59	1	4
$Comexp$	佣金 + 成本/净保费	23.21%	2.50%	102.20%

B 部分（单位：百万美元）

变量	变量描述	$Ratio < 0.9$（$N = 299$）		
		Mean	Minimum	Maximum
m	年金支付率	765	653	992
$Price$	等价价格	10.93	8.40	12.76
$Res\text{-}ann$	年金业务总准备金	4082579	10535	43011379
$Res\text{-}life$	寿险业务总准备金	2412583	0	45174284
$Ratio$	寿险类准备金/（年金和寿险类准备金总额）	0.35	0.00	0.75
$Tasset$	总资产	9079913	33351	127097380
$Lrate$	A. M. Best 信用等级（前一年）	1.58	1	4
$Comexp$	佣金 + 成本/净保费	21.95%	2.50%	93.50%

注：A. M. Best 信用等级进行以下说明（这也推出了 Lrate 值越高，年金价格越低的假设。） A++，A+ 为 Lrate = 1；A，A 为 Lrate = 2；B++，B+ 为 Lrate = 3；B，B 为 Lrate = 4；C++，C+ 为 Lrate = 5；C，C 为 Lrate = 6；D 为 Lrate = 7；E，F，S 为 Lrate = 8。

其他可能影响年金价格的因素也包含在回归模型中。我们使用公司总年金准备金的对数 $\log(Resann)$ 来表示公司发行年金业务量的规模。公司总资产的对数 $\log(Tasset)$，表示公司的规模。佣金和费用的总和与总的保费之间的 $Comexp$ 用来衡量公司的费用。较高的费用意味着较高的年金价格。该样本包括以上两个样本公司提取的 322 项完整的观察结果（经验数据）。

（2）测量过程。

我们使用普通最小二乘法方法（OLS）来研究年金的价格与自然对冲、公司规模、违约风险、公司成本和年效应之间的关系。这个模型关系如下所示：

$$Price = \alpha + \beta Ratio + \gamma_1 \log(Resann) + \gamma_2 \log(Tasset) + \gamma_3 Lrate$$
$$+ \gamma_4 Comexp + \delta_1 D_{1998} + \delta_2 D_{1997} + \delta_3 D_{1996} + \varepsilon$$

其中，$D_i = \begin{cases} 1，如果报价在第 i 年观察到的 \\ 0，如果报价在其他年观察到的 \end{cases}$，并且 ε 是误差项。

在一系列假设下，其中系数 β 应该是负的，意味着自然对冲机制能够降低年金价格，自然对冲与年金价格呈反向关系。我们对公司所发行的年金业务的比例所确定的两个子样本进行回归。一个样本回归包括样本观察，其中比率 $Ration < 0.90$，这意味着公司准备金的至少 10% 用于其年金业务。这个样本排除了年金业务很少的公司，所以一般假设是那些发行的年金业务占主要业务的保险公司，并且样本规模为 $N = 299$。

另外一个子样本数据包括那些比率 $Ratio < 0.75$ 的公司，这样其寿险类业务的资本准备金少于总准备金的 75%，这个样本的规模是 $N = 243$。如果我们剔除更多比率在该范围下（$0.5 < Ratio < 0.75$）的公司，我们可能会看到自然对冲的效果更显著，那么样本规模因太小而无法获得足够的显著性。

2. 结果和影响

各系数估计结果表 7 - 8 所示。每个估计系数相对于其标准误差较大。所有结果在 5% 或更高水平时都是显著的。格林（Greene，2000）表明误差的分布不是异方差的，OLS 是合适的。所有系数的符号都与我们的假设一致。由于系数 β 是负数，寿险业务越多的年金发行人往往比具有相同规模和评级但寿险业务较少的相似公司年金价格更低。回归结果表明，年金发行公司受益于自然对冲机制，尽管这些公司可能没有作出明确的自然对冲相关的决策。

表7-8   最小二乘法回归（OLS）：年金价格和自然对冲之间的关系

变量	Price	
	Ratio < 0.75	Ratio < 0.90
Intercept	10.2900	9.6432
Ratio	-0.5487	-0.4777
log(Resann)	-0.3171	-0.1648
log(Tasset)	0.3223	0.1956
Lrate	-0.1209	-0.1073
Comexp	0.9803	0.8045
N	243	299
R^2	0.3350	0.2913

当年金业务相对于寿险类业务增加时，对长寿风险的对冲需求增加。当年金准备金占年金准备金和人寿保险准备金总和的比例大于25%时，即比率为 Ratio < 0.75，其系数（-0.5487）大于比率为 Ratio < 0.90 时的系数（-0.4777）。这表明，当一个年金发行公司销售相对更多的年金时，人寿保险的增加在降低年金价格方面具有较高的边际效应。

当比率 Ratio < 0.75 时，我们如何解释比率系数（-0.5487）？假设某个寿险公司有5%的业务是寿险类业务，95%的业务是年金类业务，并以市场平均每月765美元的价格向65岁的男性销售终身年金业务。如果能够实现完全自然对冲，即50%的人寿保险业务和50%的年金业务，其SPIA月度支出可以增加18美元，即从765美元增加到783美元，因为它可以降低其价格的风险溢价。其SPIA价格可能比同类竞争对手更具吸引力。

由表7-8的回归结果表明，由于年金业务变量 log(Resann) 为负，所以当寿险公司发行更多的年金业务时，其年金价格会下降。保险公司的规模与其SPIA的价格正相关，SPIA的价格可以反映较大公司的市场实力。这与先前的研究一致（Sommer，1996；Froot and O'Connel，1997）。在伯杰、卡明斯和坦尼森（Berger，Cummins and Tennyson，1992）和萨默（Sommer，1996）的研究中可以找到一些先前的证据来支持保险价格反映公司违约风险的假设。我们的违约风险度量参数 Lrate 具有显著的负系数，这与前面的结果是一致的。成本变量对数系数 log(Comexp) 的符号为正且比较显著，这意味着较高的成本与较高的价格是一致的。

（二）死亡率互换产品的设计与定价机制

上文总结了自然对冲机制可能会使年金发行人降低其年金价格。然而，对于年金发行人来说，通过改变业务结构来利用自然对冲可能成本太高并且实际操作起来也非常困难。如果我们把企业年金计划当作一个年金发行人，那么其发行寿险类业务可能是无效的。即使对于专门经营年金业务的保险公司来说，进入人寿保险业务也不太现实。此外，自然对冲不是一个静态的过程。动态自然对冲是新业务的需要。如果保险公司能够通过金融创新以低成本利用自然对冲的优势，那么它可以通过低价销售年金产品在市场上获得竞争优势。那么本部分通过提出死亡率互换这一实证案例来实现这一目标并说明此问题。

1. 基本理论依据

首先发展一个死亡率互换的金融市场，其中经纪人和零售商分别向年金发行人和寿险公司提供死亡率互换业务。经纪人可以将每笔年金交易与寿险业务交易相匹配，或者以总计为基础管理其死亡率互换组合。作为开发这种市场的开始，我们提出了基于市场的方法来评估死亡率互换内的具体内容。年金（或生存风险/长寿风险）方面的定价方式与年金市场的观察价格一致。同样，死亡率（或死亡风险）方面与人寿保险市场是一致的。

多德等人（Dowd et al.，2004）提出将生存互换作为管理、对冲和交易与死亡率相关风险的工具。他们提出的生存互换涉及将特定人群的死亡风险转移到另一个人群，即一个特定长寿风险转移到另一个特定长寿风险。他们提出的死亡率互换可以用于分散长寿风险。然而，生存互换并不能对冲整个人口的好冲击或坏冲击（系统性风险）。在没有任何担保的情况下，死亡率互换支付会受到对方风险的影响，即其中的一方，如经纪人或保险人可能违约。而本书在该部分研究中忽略这个问题，并假设交易双方都履行了合同中规定的义务。

2. 死亡率互换的设计

年金发起人每年根据寿险公司规定的保险单组合中的实际死亡人数向寿险公司支付一定的现金流。如果死亡率恶化，这将为寿险公司提供一定的理赔支付；由于死亡率恶化，年金发起人需要支付的年金额度减少，所以其可以从收益中向寿险公司支付一定赔款。同时，寿险公司也根据年金发起人指定的年金组合中的实际存活人数支付年金给付。例如，如果死亡率改善，也就是死亡率降低时，年金发起人需要向存活的年金申请人支付更多的年金给付，那么此时寿险公司基于自己的寿险业务获得的收益向年金发起人支付一定的额度。并假设在整个交易过程中没有其他互换付款。图7-9说明了死亡率交换现金流量的完整过程。

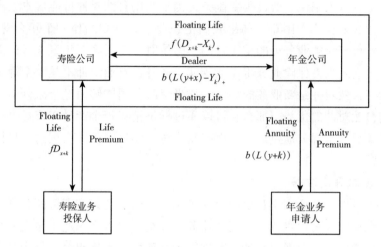

图7-9 死亡率交换现金流量的完整过程

为了简化符号，我们假设寿险业务组合中的所有人的寿命都服从相同的死亡率表，用（x）表示。在0时刻，有一个生存人数为l_x的组合，每个投资组合投保了数量为f的生命个数。活到$x+k$岁的生存人数的随机变量由$L(x+k)$表示。在时间段（k，$k+1$）内死亡人数为$D_{x+k} =\ _1D_{x+k} = L(x+k) - L(x+k+1)$。

其中，在0时刻假设生命表Θ的分布下的条件分布，是一个参数为$m = l_x$和$q =\ _kp_x -\ _{k+1}p_x$（其中利用生命表Θ计算得到）的二项分布。在0时刻的生命表Θ的不确定性意味着$E[D\mid\Theta]$是一个类似于生命表的一个随机分布。设计死亡互换产品这一目的，假设交易双方同意支付触发价格。其中一种方式是同意一个生命表$\Theta = \theta$和设定一个中值或更高分位数的触发水平X_k。

寿险公司在$k+1$时刻累积的死亡给付总和为D_{x+k}。保险公司的风险是实际的寿险业务总支付额超过预期价值，因此保险人同意支付年金来交换$k+1$年的付款。该互换需要的支付如下：

$$f(D_{x+k} - X_k)_+ = \begin{cases} f(D_{x+k} - X_k) & \text{如果 } D_{x+k} > X_k \\ 0 & \text{其他情况} \end{cases} \quad k = 0, 1, \cdots$$

互换支付将从寿险公司获得的总的净寿险业务给付限制在每年的预期价

值水平上。当然，这是有代价的：当年金发行人需要寿险公司给付支付时，寿险公司必须提供年金互换支付。

年金发起人每年向生存人数 l_y 支付一个年金给付 b，并且所有人的生存变化都是遵循在 0 时刻相同的生命表（其中不同的是寿险公司已经发行下的生存人数）。在 k 时刻的生存人数设为 $L(y+k)$。因此，在 k 时刻总的年金给付为 $bL(y+k)$。那么当生存人数超过该触发水平 Y_k，年金保险公司会获得寿险公司支付的一定的索赔。这就定义了寿险公司向年金发起人互换的支付额度，如下所示：

$$b\left(L(y+k)-Y_k\right)_+ = \begin{cases} b\left(L(y+k)-Y_k\right) & 如果\ L(y+k)>Y_k \\ 0 & 其他情况 \end{cases} \quad k=0,1,\cdots$$

综上所述，年金发起人在 $(k, k+1)$ 时间段内的净现金流如下所示：

年金给付额：$bL(y+k)$

支付该寿险公司的额度：$f(D_{x+k}-X_k)_+$

从寿险公司获得的额度：$b(L(y+k)-Y_k)_+$

那么总的净现金流为：

$$\begin{cases} bL(y+k) & \text{if } D_{x+k}\leqslant X_k, L(y+k)\leqslant Y_k \\ bL(y+k)+f(D_{x+k}-X_k) & \text{if } D_{x+k}>X_k, L(y+k)\leqslant Y_k \\ bY_k & \text{if } D_{x+k}\leqslant X_k, L(y+k)>Y_k \\ bY_k+f(D_{x+k}-X_k) & \text{if } D_{x+k}>X_k, L(y+k)>Y_k \end{cases}$$

互换每年都会重新安排年金和寿险业务总给付额度。总额度总是 $bL(y+k)+fD_{x+k}$，但双方交换不利的结果。它们不需要交换所有的业务，合同可以规定每年交换支付的上限。潜在的寿命和年金组合的关系越密切，利用该互换机制对冲效果就越好。任何因素都可以影响死亡率。美国 1918 年的流感疫情就是一个例子，对人口产生了负面影响，可能会影响寿险和年金组合。然而，流感的影响因年龄不同而有很大差异，0~50 岁的人比老年人遭受的打击要严重得多。

3. 定价机制

凯恩斯等（Cairns et al.，2004）讨论了死亡率衍生品定价和包含死亡率担保的负债估价的理论框架。在关于潜在的未来动态和死亡率曲线形状方面，他们提到的随机死亡率模型需要某些"合理"的标准。死亡率的变化是复杂的，受社会经济因素、生物变量、政府政策、环境影响、健康状况和健康行为的影响。并非所有这些因素都随时间而改善，而且，对未来死亡率趋势的意见大不相同（Buettner，2002；Hayflick，2002；Goss，Wade and Bell，1998；Rogers，2002））。即使我们能够确定一个动态框架，参数的估计也可能非常困难。因此在这部分我们采取一种不同的静态方法。

（1）Wang 转换方法。前面对于 Wang 转换方法也有详细的阐述，该部分在确定死亡率互换产品时仍采用 Wang 转换方式来定价。王（Wang，1996，2000，2001）开发了一种将金融定价理论和保险定价理论相结合的风险定价方法。这个方法可以用来定价死亡率债券（Lin and Cox，2005）。现在我们将这种方法应用于死亡率交换产品的定价。考虑一个随机支付变量 X，如果累计密度函数是 $F(x)$，那么根据下面的公式通过参数 λ 来确定"扭曲"或变换后的分布函数 $F^*(x)$。

$$F^*(x) = \Phi\left[\Phi^{-1}(F(s)) - \lambda\right]$$

其中，$\Phi(x)$ 是标准正态累积分布函数。如果在 T 时刻的给付为 X，其思路确定参数 λ 的值，因此在 0 时刻该随机给付变量 X 是使用变换的分布确定在时刻点 T 的期望贴现值。则定价公式如下所示：

$$v_T E^*(x) = v_T \int x \mathrm{d}F^*(x)$$

其中，v_T 是在 0 时刻由无风险债券市场中的利率确定的贴现因子。因此，对于具有累积分布函数 $F(x)$ 的保险人给定的赔款责任 X，Wang 变换将产生一个"风险调整"分布函数 $F^*(x)$。$F^*(x)$ 的平均值 $E^*(x)$，是在 T 时刻 X 的风险调整的"公允价值"。Wang 的很多文章中都阐述了该方法的效用。我们的想法是使用观察到的年金价格来估计年金的市场风险价格，然后使用相同的分布来对死亡率掉期互换的年金部分进行定价。对于人寿保险方面，我们使用相同的概念。定期人寿保险价格决定了人寿保险市场中风险的市场价格，并利用该方式定价了死亡率互换中的寿险业务部分。

Wang 转换的基本思路。年金发行人调整分布以补偿年金申请人实际寿命远高过预期而带来的长寿风险。在这种情况下，根据 Wang 变换公式长寿风险的市场价格 λ 将为正，例如在我们的案例中直接假设参数 $\lambda = 0.2$。换言之，转换后分布下的预期生存人数高于给定生命表中的数据。另外，寿险公司因被保险人提前死亡导致的死亡风险而受到赔偿。因此，在人寿保险业转型后的分布中，生存者的数量将少于死亡率表中得出的数量，即风险的市场价格 λ 为负（如在我们的案例中设参数 $\lambda = -0.2$），它的生存曲线低于给定表的生存曲线。

Wang 转换是基于这样的思想，即寿险类业务或年金类业务的市场价格考虑死亡率表中的不确定性，一旦表被给出，被保险人或年金申请人的寿命期限也是不确定的。我们假设投资者接受相同的转换分布和死亡率互换定价的独立性。

（2）风险的市场价格。对于年金分布函数 $F_a(t) = {}_tq_{65}$，案例利用 1996IAM2000 基本表的 65 岁的男性人口，并假设一个成本因素等于 4%，采用 1996 年市场的即时年金（KICZEK 1996）和 1996 年 12 月 30 日美国国债收益率的市场报价，通过求解下列等式得出风险的市场价格 λ_a：

$$1000(1 - 0.04) = 7.48 \sum_{j=1}^{\infty} v_{j/12} \left[10 F_a^*(j/12) \right]$$

其中，总和是以月为单位，测量是以年为单位，因此 $v_{j/12}$ 是 $j/12$ 年后对于 1 单位支付在 0 时刻的折现因子。并且表达式 $\left[1 - F_a^*(j/12) \right]$ 是生存概率，也可以用符号 ${}_{j/12}p_{65}$ 表示。这必须在数值上得到风险的市场价格 λ_a。

我们设定对于年金申请人承受的风险的市场价格为 $\lambda_a = 0.2134$，并认为 1996IAM200 基本生命表可以作为真实分布，这就需要通过扭曲分布函数来获得风险的市场价格。

同样，对于寿险业务分布函数 $F_l(t) = {}_tq_{65}$，我们采用 1990—1995SOA 基础生命表中年龄为 35 岁的男性数据，A. M. Best（1996）信用评级机构报道的 1996 年 97 家公司对非吸烟者和正常吸烟者的 10 年期水平为 25 万美元的人寿保险市场报价，1990~1995 年 SOA 基础生命表基于吸烟者和非吸烟者的寿命情况的数据。根据美国疾病控制中心 1995 年的报告数据，我们使用基于美国人口中吸烟发生率的权重计算每家公司的定期人寿保险价格的加权平均值。假设费用因子等于 10%，我们使用吸烟加权市场报价的平均值（8456.73 美元）和 1996 年 12 月 30 日的美国国债收益率情况，通过求解下列方程式来计算风险的市场价格 λ_l：

$$456.73 \times (1 - 0.10) = 250000 \sum_{k=0}^{9} v_{k+1} \left[F_l^*(k + 1) - F_l^*(k) \right]$$

其中，v_{k+1} 是 $k+1$ 年后所有支付在 0 时刻的贴现因子，计算的 λ_l 等于 0.1933。一个正的人寿保险市场风险价格意味着市场预期相对于基本表中被保险人的死亡率有所改善，也就是人口死亡率未来有一种降低的趋势，且存在着长寿风险。

（3）死亡率互换定价。现在我们可以对死亡率互换的每一方定价了。这将允许我们确定两个市场价格相等的因素 b 和 f，任何一方都不支付现金来启动合同；它们仅进行合同互换付款。

对于在 k 年的支付 $f \times (D_{x+k} - X_k)$ 的市场价格是贴现后的期望价值 $f \times E[(D_{x+k} - X_k)_+]$。$D_{x+k}$ 的"负向分布"是一个二项分布，其中参数为 $m = l_x$ 和 $q = F_t^*(k+1) - F_t^*(k)$。期望价值可以由下式得到：

$$E^*[(D_{x+k} - X_k)_+] = \sum_{j=X_k}^{m} (j - X_k) p_j$$

其中，$p_j = \Pr(D_{x+k} = j) = \binom{l_x}{j} q^j (1-q)^{l_x - j}$

因此，我们可以计算寿险业务保险给付互换支付的市场价格为：

$$f \sum_{k=0}^{\infty} v_{k+1} E^*[(D_{x+k} - X_k)_+]$$

我们应用同样的方法计算年金给付互换支付的市场价格为：

$$b \sum_{k=0}^{\infty} v_{k+1} E^*[(L(y+k) - Y_k)_+]$$

在计算期望值 $E^*[(L(y+k) - Y_k)_+]$ 时，我们只需要改变参数值，这是因为 $L(y+k)$ 是一个基于参数 $m = l_y$ 和 $q = 1 - F_a^*(k) = {}_k p_y$ 的二项分布。

假设在 0 时刻有一个组合为 $m = 10000$ 个 65 岁的男性年金申请人和 $m = 10000$ 个 35 岁的购买人寿保险的被保险人。对于每个被保险人基于 10 万美元的死亡赔款，10000 个购买人寿保险的预期死亡率互换支付的现值为 52775 美元，这只是定期人寿保险纯保费的 1.6%。

对于互换的年金支付方，假设每年向每个年金申请人支付 1 美元，那么 10000 人死亡互换价格为 1690 美元。为了调整每期保单的平均保险金额 f，使互换的每一方价格相同，那么有：

$$1690 = f \frac{52775}{100000}$$

可求得 $f = 3203$。因此，对于每 1 美元的年金给付，我们必须有 3203 美元的死亡金给付，使每方的死亡率互换价格在 0 时刻相等。这样，每一方都可以享受 10 年的自然对冲。即使价格在 0 时刻是相等的，死亡率也可能以这样或那样的方式移动，从而使未来的市场价值偏向一方或另一方。该互换必须每年重新估值，以适当反映每个公司的立场，因为它可能是资产或负债。具体来说，随着死亡率的变化，年金一方和寿险一方所需要进行的支付额度也会跟着发生变化，即如果死亡率未来大幅度增加，那么寿险公司的死亡给付额度也会随着增加，这样会导致死亡率互换价格增加，也就是寿险公司需要一笔昂贵的价格向年金公司购买死亡率互换产品，以转移其所承担的死亡风险；如果死亡率未来有很大的改善，也就是死亡率有明显下降的趋势，那么年金公司的生存年金给付额度也会随着增加，这样会导致死亡率互换价格增加，也就是年金公司需要一笔较高的价格向寿险公司购买死亡率互换产品，以转移其所承担的长寿风险。该部分交易也正体现了整个死亡率互换机制的核心内容。

　　自然对冲利用人寿保险和年金的相互作用来改变死亡率，以稳定总现金流出。实证结果表明，在控制其他变量后，自然对冲是导致年金价格差异的重要因素。这些差异对于那些销售相对较多年金业务的保险公司来说变得更加显著。我们期望未来对寿险公司的研究也能得出同样的结论。大多数保险公司仍然有相当大的死亡风险净风险，即使它们通过汇集个人死亡风险以及平衡其年金头寸与人寿头寸来减少其风险（Dowd et al.，2004）。自然对冲是可行的，并且死亡率互换使得它可以被广泛可用。与传统再保险和其他衍生品，如死亡率债券相比，死亡率互换可以以更低的成本和更灵活的方式安排，以适应不同的情况。因此，人寿保险公司和年金保险公司之间死亡率互换机制在未来会有一定的发展趋势。相对于长寿风险的资本市场解决方案，基于保险公司内部的长寿风险自然对冲可以有效地节约交易成本，也不需要流动性市场和中间商，从而对中国保险公司应对长寿风险具有重要的实践意义。

第八章

我国长寿风险管理中存在的
问题和政策建议

第一节　中国长寿风险管理存在的问题及挑战

一、中国长寿风险管理的发展现状与趋势

随着经济水平和科学技术的发展，人们的生活水平不断提高，越来越关注自身的健康状况；同时，医疗技术不断进步，重大疾病的治愈率和生存率都有了显著提高。这使得我国人口的预期寿命进入快速增长的阶段，1990 年我国人口的平均预期寿命为 68.55 岁，到了 2010 年平均预期寿命已增长到 74.83 岁，20 年的时间我国人口平均预期寿命增长了 6 岁。预期寿命延长、死亡率降低将使我国的商业保险公司面临极大的长寿风险。对于政府养老金机构、企业与商业保险公司、个人这三个主体来说，长寿风险有着不同的影响。

1. 政府面临的长寿风险

从长寿风险的识别与评估视角分析，我国政府面临的长寿风险从基本社会保障角度来看，包括城镇职工基本养老保险制度中的个人账户、城乡居民基本养老保险制度、机关事业单位养老保险制度以及作为长寿风险最后承担者的社会救助制度等多方面。王晓军等（2016）在"长寿风险对城镇职工养老保险的冲击效应研究"一文将长寿风险对我国城镇职工基本养老保险的冲击效应进行了界定，并通过联立有限数据双随机 Lee-Carter 死亡率模型的预测值与城镇职工养老金领取水平的预测值，评估了未来 36 年长寿风险对我国城镇职工养老保险的冲击效应，最后进行不同改革政策的模拟和敏感性分析。

结果显示，长寿风险对我国城镇职工养老保险的冲击效应十分明显，且这种冲击效应受延迟退休年龄和养老金调整指数的影响显著，受城镇化率等其他因素的影响相对有限。郭金龙等人（2018）在《长寿风险及其管理的理论和实证分析》一文中也提到在"代表性个人"的重要假设前提下，通过实证分析可知，城镇职工基本养老保险制度和城乡居民基本养老保险制度中的个人账户所积累资金大约都仅仅能够支付到75岁，假设人口平均预期寿命为80岁，城镇职工基本养老保险制度中代表性个人的个人账户由于长寿风险的存在导致养老金缺口将达到323933.9元；而城乡居民基本养老保险制度中代表个人的个人账户由于长寿风险的存在导致养老金缺口分别为6173.36元（年缴额度为100元时）和26592.91元（年缴费额为500元时）。此外，人口平均预期寿命每增加1岁，城乡居民基本养老保险制度中代表个人的基础养老金部分长寿风险缺口也会增加一年的基础养老金给付金额。

姜增明等（2016）在《长寿风险对基本养老保险影响的测度》中借鉴投资组合管理或偿二代资本需求 VaR 的思想，首先通过联立有限数据双随机 Lee-Carter 模型预测不同退休人群基本养老金领取水平，并将长寿风险对中国基本养老保险的影响界定为：由长寿风险引起的基本养老保险总的支出上限与总的支出均值之差，在全口径下测算出 2015～2050 年长寿风险对中国基本养老保险的影响。测算结果显示：未来36年长寿风险对中国基本养老保险的影响越来越显著，由长寿风险引起的支出增加，从2015年的148.22亿元上升到2050年的7.47万亿元。考虑到这部分支出主要由公共财政进行补贴，因此，长寿风险对中国基本养老保险的冲击在未来将会给公共财政造成不小的支付压力，也就是给政府层面带来很大的支付压力。将2015～2050年长寿风险对中国基本养老保险的影响折现到2014年，得出未来36年长寿风险对中国基本养老保险总的影响为31.53万亿元，占到2014年 GDP 的49.57%，是2014年公共财政支出的2.08倍。考虑到这部分支出增加主要由公共财政进行补贴，因此，长寿风险对中国基本养老保险的冲击影响在未来将会给公共财政造成不小的支付压力。

长寿风险的日益增大，使政府基本养老金尤其是确定收益计划（defined benefit plan）都面临着巨大的亏空。根据麦肯锡公司研究报告估计：到2010年，中国将面临1100亿美元的巨额养老金赤字。这将导致传统现收现付的公共养老制度举步维艰。如果离、退休人员的长寿风险问题得不到妥善的解决，必将影响到社会的安定，成为经济发展的障碍。人口老龄化会带来一系列人口和社会经济问题，意味老龄人口相对增加而劳动人口相对减少，导致社会抚养比的上升，会带来社会投资结构和消费结构的变化，对劳动生产率和国家竞争力的提高造成影响，对社会保障制度来说人口老龄化直接影响了传统现收现付制养老保险模式中的赡养比例——即退休职工与在职职工的人数之比，并由此造成基金支付压力的问题，在保持一定的养老保险待遇即替代率不变的情况下，必然要求提高缴费率才能维持养老金的支付，然而缴费率是不可能无限度地提高的，当需要的缴费率超过企业和职工的可负担能力时，养老保险制度就将面临支付危机。

由于我国的人口老龄化与发达国家相比还突出地表现在老年人口规模大、老龄化发展迅速、未富先老等方面，人口老龄化对我国的压力更为巨大。世界银行指出，如果不对现收现付制进行改革，到 2033 年中国养老保险的缴费率需高达 39.27% 才能保证养老金的支付，现收现付制将面临崩溃的危险。

2. 企业与保险公司面临的长寿风险

我国企业由于实行的是完全积累制的缴费确定型年金计划，长寿风险将由参加年金计划的个人全部承担，企业并没有面临长寿风险。我国保险公司面临的长寿风险主要源自养老年金保险、长期护理保险等保险产品，尽管长寿风险会对这些保险产品产生重要影响，额外增加其 10% ~ 20% 的经营成本。对于商业保险公司（和所有养老金提供商）而言，它们面临的长寿风险也将非常巨大，而且随着时间的变化，累积效应越来越明显，影响将来还会越来越大，管理风险的成本也会变得越来越高昂，将导致其正常的经营难以为继。过去十年，保险业掌握人口统计趋势的能力已经明显提高，许多界定群体发展的社会人口学因素已经被准确界定下来。一般假定被保险人对自己的生命规律和生存信息是了解的，因而知道自身会由于长寿而增加生存风险的被保险人就会通过保险方式来转移该风险。问题是由于长寿风险是整个人类寿命的系统性延长带来的风险，面临长寿风险的是整个被保险人群体，所以保险公司仍然会受困于逆向选择，这就是过度集中承保高风险标的。尽管有效扩大受益人范围的行动可以降低这种风险，但其系统性特点决定了此行动的局限性。

3. 个人面临的长寿风险

对于个人来说，自身的寿命是难以准确预知的，实际寿命可能高于也可能低于预期寿命，因此个人长寿风险的发生是不确定的。老年期间个人收入减少甚至中断而支出却在不断增加，当人们活得比他们预计的久或支出比他们预计的多时，就可能会因为养老资源准备的不足而陷入生活无着的境地。

如果个人没有参加任何的养老保险项目（包括政府提供的或商业保险性质的），其老年期间的支出只能由个人储蓄予以保障，那么长寿风险将完全由个人承担，必然造成生活水平的大幅下降，甚至陷入贫困。

可见个人储蓄的养老方式将使个人面临较大的长寿风险，因此参与一定的养老金项目是十分必要的。目前世界上大多数国家都建立了强制性的基本养老保险制度或普遍性的基本养老金给付制度，除个别国家或地区实行一次性领取的养老金外，大多数都采取年金化的给付方式，这也就意味着养老金将一直支付到个人死亡时为止。这实际上部分分担了个人的长寿风险，即个人通过参加这些养老金项目，将自身面临的长寿风险部分转嫁给了政府。但由于基本养老保险只是保障退休后的基本生活，且目前的改革有替代率逐渐下调的趋势，在个人发生长寿风险时无法提供足够的保障，因此还需要通过其他方法应对长寿风险。例如可以通过购买商业年金保险尤其是终身领取型年金实现风险的转移，或通过增加储蓄、采取比较积极的理财方式来增强对风险的承受能力等。

二、中国长寿风险管理存在的主要问题

我国的保险市场发展时间较短，经验的缺乏、市场和制度的不完善导致我国在长寿风险管理方面还存在很多不足。

（一）传统长寿风险管理方式的不足

个体管理面临的长寿风险，采用参与年金计划的传统方式可以取得显著的风险转移效果，将风险转嫁给保险公司、银行等机构，成本低且保障效果良好。传统的长寿风险管理方式基本可以满足管理个体性长寿风险的需求，不存在过多不足之处。所以对个体性长寿风险管理方式的探讨不是很有必要。但聚合性风险是全球性风险，无法在系统内很好地抑制，也不易对其进行转嫁。聚合性长寿风险一旦发生，影响深远，严重时甚至危及社会稳定，所以需要引起足够的重视。长寿风险是由于预期的死亡率低于实际死亡率导致的养老基金缺口，在我国，无论是基本养老保险还是商业保险，养老年金计划习惯采用的精算制度是基于历史数据（即生命表）进行测算，由于数据具有时效性，所以这样的精算制度非常容易造成预期结果与实际结果的偏差。一旦实际死亡率低于预期死亡率，长寿风险将在我国大范围发生，届时将对我国经济发展和社会稳定造成很大的冲击。基于此，下文将着重对聚合性长寿

风险的传统管理方法存在的缺陷和不足进行分析。

首先，风险抑制效果不佳。长寿风险的抑制主要通过不同产品的组合实现自然对冲。而国内保险公司提供的养老保险产品多样性不足，并且业务开展的结构不均衡。单一的产品不能将产品所承揽的风险进行自然对冲，一旦风险发生，各保险产品的经营均会受到不利影响，综合起来对保险公司的稳健经营十分不利。由于不同保险产品的销量、利润率不同，保险公司为了获取更高的利润，往往侧重于少数高利润率产品的营销，甚至完全停止利润率较低的产品，这样使得同类风险聚集，长寿风险一旦发生，将带来非常大的损失。

其次，风险转嫁程度有限。再保险是聚合性长寿风险最主要的风险转移方式。由于聚合性长寿风险是全球性风险，有大量的机构面临这样的风险，所以市场上的再保险需求会很高，然而我国保险业起步较晚，发展不完善，保险公司规模小，国内的再保险技术水平偏低，不具备足够的风险承担能力开展再保险业务。从全球来看，因为未来死亡率预测难度大，且再保险公司自身容纳长寿风险的能力有限，现有公司不具备达到开展长寿风险再保险业务的雄厚实力，再保险公司对于该项业务供给的能力和意愿不足，这就导致长寿风险再保险将会是一个供给小于需求的状况，能够切实通过此途径转嫁长寿风险的机构数量不会太多。

最后，风险控制效果不佳。若通过提高年金计划参与的门槛或者减少养老年金领取总额的方式控制风险，虽然达到了降低损失程度的目的，但是这种做法大大缩小了养老年金机构的利润来源，也降低了年金计划的替代率。这种以牺牲盈利和保障程度的风险管理方法并不是经济学上的帕累托改进，不值得提倡。此外，风险自留存在很大的隐患。当前我国对保险基金的资金运用监管较为严格，限制保险资金投资渠道，导致保险基金增值率受限，影响保险公司的偿付能力。再加上宏观经济状况的影响，投资收益常常受金融危机、通货膨胀等问题所影响。这些因素都对长寿风险自留的养老年金机构造成很大的威胁。

从以上内容分析可知，中国已经进入老龄化社会，正面临越来越严重的长寿风险的挑战。社会的进步和发展，使传统的养老观念正在改变，并迅速发展基本养老保险及企业年金业，但仍存在许多问题。

（二）经验死亡率数据不足

我国的人口数据的统计开始较晚，且数据质量不高，可用于预测未来死亡率的原始数据十分有限，使预测商业养老保险适用的未来死亡率的准确度不高（这里可以和美国、日本等一些国家的经验数据对比，这些国家的数据比较完善，经验期将近100年之久，拥有大量的经验数据，对于死亡率未来的预测有很强的指导意义）。这严重影响了保险公司对未来长寿风险的评估，从而使保险公司无法从根本上预防长寿风险。同时，在我国目前使用的《中国人寿保险业经验生命表（2000—2003）》中，养老金业务适用的死亡率并没有为养老保险产品预留出足够的安全附加，这也加剧了保险公司所面临的长寿风险。

1. 我国理论界对群体死亡率预测误差很大

首先，中国的基本养老保险发展差，养老保险影响范围小，农村养老保险才刚开始。参保基本养老保险的人员跟《中国人口统计年鉴》统计数据的出入很大，对基本养老保险进行定价时的参数假设不宜直接使用这些数据。中国目前只有分别在1995年、2005年、2016年发布的三套人寿保险业经验生命表，它们是养老保险产品定价的依据，但是这三套生命表的数据滞后性很突出，缺乏数据更新，在一定程度上，很难改善死亡率预测值在商业养老保险中的准确性。

2. 统计数据不完善

死亡率是讨论长寿风险的核心，死亡率数据及对未来的预测也自然是管理长寿风险的关键所在。在长寿风险证券化合约条款的设计中，从建立标的指数、设置触发条件到确定给付现金流的一系列过程都依赖于死亡率数据的权威性、准确性和时效性。死亡率数据的这一系列性质要求直接关系到证券发行方和投资者的利益，因此对数据质量有较高的要求。但相较于国外长达百年的统计数据，我国的人口统计数据只有区区20年左右的历史。而这些统计数据的质量也不是很高，作为死亡率数据主要来源的《中国人口与就业统计年鉴》在多数年份里采用的是1%抽样的方法，用送样的原始数据预测出来的未来死亡率的准确性就令人怀疑。且目前国内没有一个权威统一的生存指数，因此长寿风险相关产品的定价没有一个规范的参考标准。此外，《中国人寿保险业经验生命表》的更新周期长达10年，这样的周期使得数据存在着较严重的滞后性，其在实务中的参考价值便大打折扣。

对于寿险方面的证券化（即死亡风险证券化和长寿风险证券化），其发展前提是要有必要的数据支持，即死亡率相关数据。虽然在我国相关保险公司提出的死亡率生命表可以提供一定的数据，但是这些数据并不完善。目前的一个迫切问题是缺乏一套完整的数据收集手段以及一套合适的人口寿命风险指数来刻画人口寿命风险的严重程度，同时也缺乏有效的长寿风险评估参考标准。

我们在此可借鉴 JP 摩根公司（JP Morgan）于 2007 年 12 月推出的基于生命矩阵（LifeMatrix）的人口寿命指数。生命矩阵提供了一套关于当前和历史的寿命及死亡率数据，它包括可用于评价来自不同国家和不同形式的长寿和死亡率暴露水平的数据，可以用来预测未来的寿命和死亡率，评价与之相关的风险，确定长寿衍生金融产品和债券的支付结构。对数据的要求是可获得性、稳健性、可靠性、一致性、透明性和客观性。这套数据是长寿和死亡风险管理的基础，也是发展长寿市场的前提。目前生命矩阵指数中的数据包括美国、英国和威尔士、德国以及新西兰的数据，计划在未来逐步扩展到其他国家和地区。

我国通过借鉴该套数据的收集方式，增加该风险的透明度，提供衡量和管理这种风险的实用的工具和方法，提高长寿和死亡风险的管理水平。特别是协助养老基金和它们的雇主更有效地管理长寿风险，促进与生命和死亡相关的高流动性资本市场的发展，为保险公司和再保险公司提供管理长寿风险和死亡风险的各种风险转移解决方案，并补充其现有的管理工具。

（三）对长寿风险的监管不足

我国保险监管部门需要加强对长寿风险的重视，尽快提出有关控制保险公司长寿风险的具体规定。当前，保监会在印发的相关通知中规定人寿保险公司在计算法定责任准备金的时候，必须采用《中国人寿保险业经验生命表（2000—2003）》中的数据。而前面已说明该生命表中并未包含未来死亡率的下降趋势，因此我国的人寿保险公司（包括养老保险公司）可能面临着责任准备金计提不足的风险。另外，在保险产品定价时，并未对死亡率水平采取强制规定，一般情况下，保险公司会在生命表死亡率的基础上附加安全因子，但安全因子的具体水平完全由保险公司自己决定，这样，在面对激烈的市场竞争时，保险公司有可能会调高养老保险的定价死亡率，使产品的价格更具有竞争力，这样也会加剧保险公司的长寿风险。

长寿风险证券化从产品的设计、运行机制的建立到发行上市、交易结算的整个过程中，每个环节都应该有相应的法律法规作为标准，涵盖了保险、证券、信用评级、税收、会计等多个领域的法律问题，且参与的市场主体众多，若没有法律相应地进行约束，那么这个系统便无法有序运作。而我国由于缺乏风险证券化的实践，没有明确界定这一事物的条法，因此实行长寿风险证券化将会遇到诸多问题，包括产品的定性、投资者权益等。

（四）利益相关者对长寿风险的认识不足

不管是基本养老保险或企业年金，政府和商业保险公司对长寿风险的影响明显考虑不周。国家有关部门对保险公司偿付能力的监管和制定人寿保险精算制度时没有充分考虑长寿风险，忽视中国未来的人口死亡率的下降情况。例如，《关于修订精算规定中生命表使用有关事项的通知》中规定：保险公司根据《中国人寿保险业经验生命表（2000—2003）》的数据提取法定准备金。这表明中国保险监督管理委员会没有足够关注长寿风险，对寿险公司的偿付能力监管力度不够。此外，它还规定，所有保险公司计算预定死亡率时都根据此经验生命表，但这不能满足全部投保人的需求。

另外，目前市场对于长寿风险证券化产品这一创新型的事物认识不足，因此证券化的推行必然受到相当大的阻碍。一方面，金融机构对其不够了解，重视程度也不足，作为 SPV 只有资产证券化的一些经验，难以承担起风险证券化发起人的责任，而政府本身也面临着长寿风险，由政府发行长寿证券加重了负担，难以现有效的管理；另一方面，资本市场上的投资者对风险证券化产品认识不足，在信息不对称中处于弱势，因而可能产生顾虑，缺少投资意愿。

（五）我国的再保险市场发展不足

中国落后的再保险市场，很难将长寿风险进行转嫁。再保险公司中，目前在中国中资再保险公司和外资再保险公司分别只有三家和五家，再保险人数量屈指可数，分保能力有限，不能满足日益增长的企业年金的保险需求。管理长寿风险如果仅采用再保险的方式，那么会使再保险市场中长寿风险的个体变成整体，所以系统性长寿风险仍然会存在。再保险管理长寿风险高，再保险公司通常以很难预测未来人口死亡率和高长寿风险为由拒保。首先，我国的再保险公司较少，目前在我国经营寿险再保险业务的再保险公司只有十多家，再保险的能力十分有限，这使得我国的再保险市场不能满足保险公司多样化的再保需求。其次，再保险公司的技术有限，一方面不能设计出适合转移长寿风险的再保险产品；另一方面无法为直保公司提供相关的数据和技术支持，直保公司受到数据和技术的限制，无法设计出能够抵御长寿风险的养老保险产品。

（六）我国的资本市场发展不足

因为资本市场存在很大的市场空缺，有必要使长寿风险的保险市场转向资本市场。但据现在的状况而言，国内多数投资者不了解长寿风险证券化产品。证券市场还有很大缺陷，尤其是它受多年来的多方面策略的控制，发展水平低，缺乏债券品种的多样性，发行的长期债券不能满足广大投资者的需要，中国的长寿衍生债券很难管理长寿风险，不符合实际情况。我国资本市场中的风险管理工具比较单一，使长寿风险的证券化存在一定难度。长寿风险证券化实际上是一种将长寿风险通过资本市场转移并分散的方法，但是，目前我国债券市场存在债券品种少、长期债券发行的比例很低、债券市场避险工具不足等问题，同时，投资者对长寿风险的认识也不够深刻，这些都阻碍了长寿风险证券化在我国的发展。资本市场发展的不足使长寿风险只能在保险公司和再保险公司之间转移，而无法将其转移出保险市场，最终，长寿风险还会积留在保险公司和再保险公司里，给保险行业的稳定发展带来了隐患。

要实现长寿风险的管理，将长寿风险转移到资本市场，有一个成熟发展、运作稳健的资本市场是必不可少的条件。在成熟的市场中，资金充足，流动性好，保险公司、投资银行、信托公司等各金融机构能够无障碍地合作，只有这样才能促成一个长寿风险证券化项目。但目前中国的资本市场无法为长寿风险产品提供一个高度流通的二级市场。现在的资本市场受到的政策管制较多，风险衍生品的品种还很少，长期限产品发行比例较低，市场上的避险工具相当有限，这样的资本市场环境是发展长寿市场的极大阻碍。

三、中国长寿风险管理面临的挑战

(一) 长寿风险分担机制的建立

长寿风险管理是一个系统工程，需要政府、保险公司、企业、个人多方合作才能达到有效管理的目的，单靠某一主体，不管是政府、企业、保险公司或者是个人都无法解决这个问题。虽然在长寿风险管理问题上，政府肩负着重要的责任，但其不可能承担全部长寿风险责任，而是需要多方共同担当自己的角色，共同解决这些问题。因此，如何更好地在政府、保险公司、企业和个人之间分配长寿风险是解决问题的关键，而这也是中国长寿风险管理面临的最严重的挑战。目前，在长寿风险和人口老龄化的大背景下，我国政府和个人的长寿风险责任重大，企业或保险公司承担的长寿风险责任较小，企业甚至没有直接承担长寿风险的责任。因此，建立政府、企业和保险公司以及个人等各方合理的长寿风险分担机制在当期非常关键，实现对长寿风险的有效预防、分担、控制和转移将是未来长寿风险管理的挑战。这个分担机制的形成是个漫长的过程，各方需要明确自己的责任范围以及意识到长寿风险对他们的影响。所以，也需要各方力量来监督执行此机制，长寿风险管理才能够有效实施。

（二）个人账户的做实与养老保险制度转轨成本的处理

西方大多数国家都采用的是个人账户的完全积累制，这样能缓解由于老龄化和长寿风险给政府带来的压力。同时，西方经济学理论分析表明，个人账户实行完全积累制具有减缓人口老龄化冲击影响的功能，但是这种功能的发挥必须具备一定的前提条件：一是投资收益率需要高于萨缪尔森所提出的生物回报率；二是具有一定发展程度的资本市场。除此之外，个人账户实行完全积累制不仅能够强化个人积累，也能提高民众的储蓄率，以应对个人退休后的生活消费。政府短视的情况在世界各国普遍存在，我国自然也不例外。同时，我国是社会主义国家，"国家利益高于一切"的思想一直存在，一些地方政府可以随意安排甚至是随意支配个人账户的资金，导致个人账户大部分只是实行名义上的分账管理，而并不是实实在在的个人账户积累值。所以能够做实个人账户在现阶段对长寿风险的管理也具有一定的挑战。但是个人账户既然是一种完全的个人积累，个人需承担完全责任，那么个人账户资金首先就必须与政府可支配的资源划清界限，政府不可挪用这部分资金以作他用，更不能拿这些基金进行增值投资等。并且，即使政府存在支付基础养老金的困难，个人账户的资金也应正常发放和使用。更为重要的是，个人账户的长寿风险若要得到有效管理，就必须做实个人账户。只有做实个人账户，政府才能运用风险控制方法和风险转移方法将长寿风险转移给市场或个人。所以也可以说，做实个人累积型账户，对政府方还是个人方都是有利，都能够负起自己承担的责任，有效应对长寿风险带来的基金缺口和保障不足的危机。

个人账户是我国社会基本养老保险制度的重要组成部分，并在制度设计之初明确规定实行完全积累制并进行实账账户积累。但是，由于我国实行统筹账户结合的制度，随着我国人口老龄化进程的加快和转轨成本无法在短时期内得到有效处理，致使本应分账管理的个人账户资金常被拿来用以支付当前社会统筹的基础养老金发放。尽管政府每年投入大量财政资金做实个人账户，使空账额的增长速度低于做实账户的资产增长速度，但其绝对规模却逐年扩大，已然成为天文数字。加之长寿风险逐年对个人账户造成的直接影响巨大，若无有效措施，个人账户的空账额数目将更加庞大。因此，做实个人账户，尽快处理好养老保险制度的转轨成本是目前政府管理长寿风险中的重要挑战之一。

（三）资本市场运行的完善

聚合长寿风险是一种系统性风险，无法通过风险分散降低或消除，但可以通过风险转移手段进行转移，而进行风险转移最为关键的前提因素是存在发达的资本市场，使资金能够达到长期保值增值的目的。通过发达的资本市场、政府、保险公司等聚合长寿风险主体才能够将长寿风险进行有效转移。英国、美国等一些国家应对长寿风险的一个极其重要的手段就是在资本市场上将风险证券化，也就是将这类聚合性风险转移到资本市场上，那么这就要求有比较发达的资本市场。而就目前来看，美国、英国这两个国家资本市场均比较发达，利用风险证券化方式进行长寿风险转移也比较成功，这也是我国转移长寿风险的重要借鉴案例。

中国资本市场自 20 世纪 80 年代初问世以来，在历经了二十年风云变化之后，虽然市场规模目前尚小，且存在种种问题，但是这二十年的发展尤其是近十多年来资本市场的发展取得了巨大成就。我们经历了从无到有，从小到大，从无体系无规范到渐成体系、逐步规范化的演进过程。从 1989 年开始本着"试的好就上，试不好就停"的理念来试点运营中国股市以来，直到 1995 年以前中国股市要关停、要关门的这类利空消息就一直不断，中国资本市场就一直被各种利空事件笼罩。在我国坚定信心要把资本市场做下去的时候，"327 国债期货事件"爆发，这一场中国证券史上的"巴林事件"对中国金融市场产生了巨大的负面影响；在平稳过渡之后，中国终于迎来了一次历史性的 2007 大牛市，但却在狂欢了一年之后，投资者遭遇血洗，然后是长达近 10 年的大熊市，市场热点迟迟难以重燃；2015 年大牛市行情走过半年后，迎来的是急速下跌，流动性枯竭，等等。中国资本市场正是在这些大大小小不断的事件中不断地摸爬滚打，历练成长。

也正因为此，不难发现中国资本市场仍然存在着非常多的问题，市场的功能也未做到最大化的价值发挥和有效利用。首先，在资源配置的优化、资金筹备、公司治理、为投资主体提供拓展财富的机会等方面还很欠缺、很不完善，市场资源配置的效率依旧低下。面对多元化的融资需求和多样化的投资需求，金融工具的品种还不够丰富，资本市场的层次也很单一，社会资本转化投资的效率也还很低。其次，无论是融资方式还是融资环境，与境外市场相比，我们的资本市场仍然还处在一个相对落后的阶段，市场环境的健康发展仍有很大的空间需要前行，再就是风险控制体系还有待进一步开拓。总体来说，我国资本市场的成熟度还不够成熟，尤其与发达国家相比，目前仍还处于相对低水平的发展阶段，其对国民经济的发展贡献潜力远没有被挖掘出来。因此，如何完善资本市场是长寿风险得以有效管理的重要前提，也是目前我国管理长寿风险所面临的重要挑战。

第二节　中国长寿风险管理的政策建议

我国现行的养老保险制度以基本养老保险为主，以企业年金和个人储蓄性保险为补充，该制度在几十年时间里得到了很好的发展但也存在诸多问题。在发展过程中该养老保险制度显现出结构不合理的特点，补充性的养老保险所占份额较小，对基本养老保险过分依赖。受传统的"养儿防老""以房养老"等养老方式影响，居民对养老保险的消费需求没有得到充分挖掘，目前我国约有7亿人未参与基本养老保险，而补充性质的养老保险参与度则更低。聚集长寿风险使整个养老保障体系承担着巨大的偿付压力，要想从根本上解决长寿风险就需要进行制度调整，推进养老保险制度改革，可以从以下两个方面进行：第一，实施延迟退休政策。根据养老保险基金的收支状况，经过精确测算，适当推迟职工的退休年龄，可以直接减少养老金计发月数，有效解决由死亡率下降造成的养老金缺口问题。第二，优化多层次养老保障体系。应鼓励企业开展企业年金，鼓励保险公司开展商业养老保险，对其给予政策优惠，尽快提高补充性养老保险的覆盖率，并提高它们在多层次养老保障体系中的占比。养老保险覆盖率提高，投保人缴纳的保费增加，可以增加养老保险基金的现金流，保险基金的经营就更灵活，有利于缩小养老金缺口。

一、推进政府有效管理长寿风险的政策建议

长寿风险的发生可能对个人账户的基金平衡产生很大的影响，尤其是在当前转制成本尚未解决、个人账户空账运行的前提下，发生长寿风险更加剧了养老保险的支付危机，无异于雪上加霜。因此，依据平均预期寿命的提高调整个人账户的一些参数十分具有必要性。同时，在我国现行制度下，由于

个人账户的可继承性，个人账户很难实现平衡，所以也需要进行一些制度上的探索与改革。

2018年12月28日至29日，全国人力资源和社会保障工作会议暨人社扶贫工作座谈会在北京召开。会议强调，要重点抓好六个方面的工作：一是完善和落实稳定就业的政策措施，全力确保就业局势稳定；二是积极稳妥推进养老保险制度改革，落实好降低社会保险费率政策，促进社会保障制度可持续发展；三是加强专业技术人才队伍建设，推动技能人才工作上新台阶，深化事业单位人事制度改革，切实加强人才人事工作；四是下大力气抓好保障农民工工资支付工作，确保劳动关系和谐稳定；五是扎实做好人力资源社会保障领域的扶贫工作；六是持续优化便民服务，全面推进系统行风建设。

（一）逐步提高退休年龄，调整个人账户的计发月数

法定退休年龄是指1978年5月24日由第五届全国人民代表大会常务委员会第二次会议原则批准，现在仍然有效的《国务院关于安置老弱病残干部的暂行办法》和《国务院关于工人退休、退职的暂行办法》文件所规定的退休年龄。2012年7月，人力资源和社会保障部社会保障研究所所长何平提出，我国应逐步延龄退休，建议到2045年不论男女，退休年龄均为65岁。现行退休年龄是为男性60周岁、女性55周岁。其实，延迟退休具有重要的积极意义。从全国来看，延迟退休可以使中国养老统筹基金一年增加40亿元、减支160亿元，减缓基金缺口约200亿元。延迟退休可以降低国家养老金支出压力。

以从25岁起开始工作的年轻人小徐为例，若其60岁退休、连续缴纳养老金35年、工资始终保持5000元不变，且与社会平均工资持平，那他每月能够领取的退休养老金如下：

基础养老金 = （5000 + 5000）÷ 2 × 35 × 1% = 1750（元）

个人账户养老金：5000 × 8% × 12 × 35 ÷ 139 = 1208（元）

因此小徐60岁退休后每月可领取的养老金总计为2958元。但是如果延迟退休至65岁，无论是基础养老金还是个人账户都会发生变化。

基础养老金数 = （5000 + 5000元）÷ 2 × 40 × 1% = 2000（元）

个人账户养老金 = 5000 × 8% × 12 × 40 ÷ 101 = 1901（元）

因此小徐至65岁退休每月能够拿到的养老金为3921元，比60岁退休每月多拿963元，同比增长32%。

　　由此延迟退休年龄对个人养老保险待遇不会有大的影响。新华社曾发文分析了全球其他国家养老金"入不敷出"的情况，以及这些国家所做的养老体制改革，得出的结论可以归纳成"不能单纯依靠政府财政""个人养老投入成趋势"。

　　我国目前的退休年龄制度定于 20 世纪 50 年代，当时我国人口的预期寿命仅为 50 岁左右，这在当时是与生产力水平和人口预期寿命水平相适应的。但随着我国社会经济的发展、人口预期寿命的延长，这一规定显然已经不合时宜了，我国已经具备了逐步、适当提高退休年龄的必要性与可行性。

　　从理论上说提高退休年龄意味着劳动力较晚退出劳动力市场，使劳动力供给增加，会影响就业率。但一方面目前为止还没有研究能够证明低龄退休有利于提高就业率；而另一方面随着人口老龄化趋势的加剧，我国人口年龄结构的变化，到 21 世纪中期我国劳动年龄人口将比例大幅下降，就业形势将发生比较大的变化。因此从长期看，低龄退休无论是对养老问题的解决还是对经济发展以及充分就业都是非常不利的。特别是在知识经济时代，随着劳动者受教育的程度提高、年限增加，实际开始工作的年龄推迟了，如果仍然执行过去的退休年龄，他们的工作时间会缩短、为养老积累基金的时间会相应不足，更重要的是将造成劳动资源的巨大浪费。同时，在一定利率和待遇水平下，提高退休年龄除了如前文所述可以减小长寿风险、有利于个人账户的平衡外，还可以大幅度增加统筹基金的积累而降低统筹养老金的支付，如果退休年龄提高 5 年，缴费率可能减低一半，可使劳动力成本大为下降，减轻了企业的负担，节约下来的资金可以用于扩大生产，提供新的就业机会。所以提高退休年龄不仅可以提高养老保险的支付能力，还可能在一定程度上对就业产生重大的意义。

　　"人口红利"的黄金时期正在消失，政府制定相关政策时更要谨慎，政策的实施需要一定的民众接受度为保证。延迟退休本质上是人们增加了缴费金额，以及未来可以领取更多养老金的好处。但对个人而言，缴费的增加其实是少于养老金的增加，人们在被延迟退休的那几年中缴费的边际效用递减。因此，政策的实施不能指望"一蹴而就"。人社部部长曾表示，延迟退休政策最根本的原则，是"小步慢走，渐进到位"。为了给公众接受政策的时间，政策出台后至少五年才会渐进式实施。当然也不能"一刀切"，政府应采取灵活的弹性退休制度。

　　根据我国现实情况，延迟退休对下岗职工、长期失业人员以及企业效益不好的职工的利益损害较大，要想延迟退休年龄的政策得到顺利进行，就必须对他们有一定的补偿措施。政府须在延迟退休的框架内，建立相应的基金为他们提供应有的帮助。

另外，根据测算，女性职工在养老保险制度中权利与义务不对等的程度远大于男性职工。因此，女性职工的退休年龄延长的幅度及速度应高于男性职工，但是否应将其退休年龄延长到同男性一样，还有待推敲。

（二）努力化解转制成本，积极做实个人账户

积极做实个人账户。如果个人账户为实账运行，这样才会有投资收益，而投资收益率在基金平衡的模型中起着十分重要的作用，同样是 60 岁退休，根据人社部发布的数据显示投资收益率为 0 时个人账户只能支付 11.58 年的养老金；而当收益率为 4% 时，就可以提供 15.04 年的养老金给付；如果投资收益率能上升至 6%，可提供养老金的年数更是可以上升至 18.30 年，可见提高投资收益率确实有助于减小长寿风险带来的养老基金账户不足的问题，而这都是以个人账户实账运行为前提的。我国个人账户形成的原因是由于转制成本一直没有得到很好的解决，统筹账户不得不向个人账户透支而造成的，因此，必须要努力解决转制成本问题。

养老金转制成本是在现收现付制向基金积累制转轨的过程中原制度下的隐性债务显性化形成的。原劳动部社会保险所于 1995 年测算的结果转制成本是 2.88 万亿元。如果不能有效地解决转制成本的问题，统筹基金仍然会收不抵支，在混账管理的情况下必然从个人账户透支，作实个人账户就无异于一句空话，更无从要求基金的保值增值了。因此必须为化解转制成本找到切实可行的办法，以抵御个人账户空账运行所带来的支付危机。从理论上说，由于养老保险模式转型而产生的转制成本应该主要由政府承担。虽然目前政府财政存在一定的困难，无法完全承担转制成本，但从长期看，我国经济的高速发展与养老保险覆盖面的不断扩大等都将有利于这一问题的解决。化解转制成本主要可以通过以下途径：一是加大财政支出力度，逐步提高社会保障支出占财政支出的比重；二是变卖部分国有资产，通过出售中小企业、国有土地以及厂房等进行筹资；三是通过发行社会保障国债、彩票以及开辟一些特殊税种来筹集资金用于支付转制成本。

（三）加强基金运营与投资，实现基金保值增值

我国基本养老保险个人账户属于积累制的筹资模式，而且存储时间比较长，因此必然要求对基金进行投资运营实现保值增值，为将来老龄化高峰时

期的养老金支付积累资金，也可以消除通货膨胀导致的基金贬值，同时还可以减小长寿风险造成的基金缺口，有利于养老基金的收支平衡。虽然目前个人账户大多还"空账"运行，暂时还没有面临基金投资的问题，但随着个人账户的逐渐做实，探索个人账户基金的投资途径将很快被提上日程。社会保险基金的运行，是指国家通过立法对实行完全积累制和部分积累制社会保险基金中暂时不使用的结余部分，利用其从收缴到支出的时间差，通过投资运作使其不断增值的行为。社会保险基金是一种长期性质的后备基金，它不仅具有积累性，而且其支出还有刚性增长的特点。由于物价上涨会导致社会保险基金贬值，从而对未来的支付产生影响。因此，通过社会保险基金运行，确保社会保险基金的保值增值，是社会保险基金管理中一项具有全局性的工作。

社会保险基金运营准入的控制，是实现有效监管的首要环节。把好这个关口，可以事先将那些有可能对基金造成损失的运营机构拒之门外，从而降低违规操作的风险。目前，在社会保险基金采用信托或委托模式运行后，运营机构将包括受托人、管理人、托管人、投资人，不同运营机构可能属于不同的金融机构。劳动保障、行政监管部门应会同金融监管部门制定严格的基金运营准入制度。通过准入审批，对运营各类社会保险基金的机构实行有效监管，保证机构的数量、结构、规模、分布符合社会保险事业发展的需要，与监管机构的监管能力相适应。根据法律规定，只有得到监管机构授权和认证的机构才能运营社会保险基金。社会保险基金的运营准入管理，主要包括两个方面的内容：一是从事社会保险基金运营的机构所需要的资格条件。例如，有符合法律规定的章程，符合规定的注册资本金，有具备任职专业知识和业务工作经验的高级管理人员，有健全的组织机构、管理制度和内部风险控制措施，有符合要求的营业场所、风险防范措施和与业务有关的其他设施。二是准入运营的内容。为防止基金发生风险，对运营机构的基金投资范围、投资方式、投资比例和投资组合予以限制。例如，规定基金专户流动性资产比率、购买债券方式等。

（四）强化社会保险基金监管措施

加强社会保险基金的监管，首先应制定比较完备的社会保险基金监管制度，使社会保险基金管理步入法制化轨道，明确社会保险基金相关机构在监管中的职责和义务，完善社会保险法律是提高社会保险基金管理水平、保证社会保险基金安全完整的首要选择，所以当务之急是尽快建立社会保险基金监管体系，建立严格的执法队伍，定期对基金管理情况进行执法检查。完善的基金监管法律体系是基金监管的最高层次，也是基金管理走上正规化的具体体现。

社会保险基金的监管措施既包括社会保险基金理事会等日常管理机构的内部控制制度，也包括财政部门、审计部门对社会保险基金管理机构的外部监督检查。内部监管制度是指社会保险基金管理机构为了保护基金的安全完整，保证基金收支符合国家法律、法规和内部规章制度的要求，提高基金管理效率，防止舞弊，控制风险等目的，遵循合法性、适应性、规范性和科学性的原则，在单位内部建立的一系列相互联系、相互制约的制度及相应的管理措施。主要包括：基金预、决算制度；基金收支会计核算制度；养老、医疗保险个人账户记录制度；结余基金保值增值制度；与财政、地税部门定期对账制度；基金支出审核程序；等等，做到基金收支规范化、程序化。明确相关部门和人员的责任。按工作程序设置岗位，制定严格的岗位责任制，做到责任到人。同时还必须采取各种措施，努力提高职工的业务素质。设立独立于业务、会计机构的内部审计机构。通过这种再监督，使基金内部监管体系更加完善，各项基金收支管理更有序更安全。

外部监督是指劳动保障部、财政部、审计署等部门，依据《社会保险基金财务制度》《社会保险基金会计制度》《社会保险基金行政监督办法》《社会保险基金监督举报工作管理办法》《社会保险审计暂行规定》《社会保险稽核办法》等一系列规章和制度，定期组织对社会保险基金的全面检查。检查内容包括社会保险基金是否纳入社会保险基金财政专户，是否实行收支两条线管理，专款专用；是否按规定规范分配使用管理中央财政对基本养老保险补助资金，是否按规定进行基金投资运营等内容。监督形式多样化，定期检查和重点检查相结合，随时抽查，重点监控，建立基金监督检查的正常机制。

（五）改革现行的养老金支付办法

2015 年财政部公布的《2014 年全国社会保险基金决算的报告》，在社会上引起高度关注。一些人担心，随着我国老龄化程度的日益加深，再加上养老待遇的逐步提高，现在已经出现了部分省市的收支缺口。如果这种趋势继续进行下去的话，那么未来极有可能爆发全面的养老支付危机。因此，采取多种措施，尽快构建我国养老保险支付体系的"多重底"，是当前养老保险体制改革的核心内容之一。应当说，民众的担忧并非没有道理。从全国的情况来看，我国的养老保险处于"收大于支"的状态，运行情况良好。但是，从收支增速来看，养老保险支出的增速为 18.4%，而收入的增速为 11.9%，支出增速明显大于收入增速。假定这种情况持续下去的话，养老保险支付危机是迟早要发生的事情。因此，要使我国的养老保险制度避免出现支付危机，继续保持可持续发展，就有必要未雨绸缪，尽快建立起多道"防火墙"，努力夯实养老保险制度的根基。首先，继续加大财政对养老保险制度的支持力度。目前，财政已成为养老保险"托底"的重要力量。事实上，如果别除财政投入的话，我国的养老保险收支平衡现阶段就很难保持。但是，完全依靠财政兜底并非长久之策。这就有必要在进一步增加财政对养老保险支持力度的同时，不断推进全国统筹的改革进程，着力化解财政力量"独木难支"可能带来的风险。其次，进一步做大做强全国社保基金。全国社保基金号称我国养老保险体系中的"预备队"。随着财政投入数量的增加和投资收益的稳定提高，全国社保基金的规模将会稳步扩大，这将为未来应对可能出现的养老金支付危机提供坚强的后续保障。再次，加快减持国有股充实社保基金的步伐。早在 2001 年，国务院就发布了《减持国有股筹集社会保障资金管理暂行办法》。但由于证券市场的波动以及相关配套措施的缺乏，减持国有股补充社保基金面临着巨大的落实和执行困难。如果这一政策得到落实，以后平均每年将有超过万亿的资产充实社保。此外，还要进一步扩大养老保险的覆盖范围。虽然近些年养老保险的覆盖范围有所扩大，但仍有相当一部分人员未加入养老保险，特别是在流动人口中覆盖率偏低，而且退保现象严重。因此，如果能进一步扩大养老保险覆盖范围，就能增加缴纳保险的人员基数，提高征缴金额。这不仅有利于实现全民"老有所养"的社会保障目标，对保障养老保险支付体系的安全也具有积极的意义。

由上文的分析可知，由于个人账户可继承性的存在，无论怎样调整模型参数，在能够保障职工退休后生活的前提下，都很难避免长寿风险的发生。例如，在个人账户余额不可继承的情况下，如果 60 岁人口的平均预期寿命是 80 岁，其他参数不变，可以通过调整退休年龄为 65 岁，计发月数为 139 个月来实现基金的平衡，然而，由于个人账户的可继承性，调整以后基金缺口仍然存在。因此，仅仅依靠参数调整无法从根本上解决问题，需要进一步探索个人账户养老金计发办法的制度性变革。

直接取消个人账户的可继承性是改革的方法之一，但这将涉及个人账户是公共性质还是私人性质的理论问题，而在我国养老保险改革之初就明确规定了个人账户归个人所有，可以看作是强制性的个人储蓄，其私人性质毋庸置疑。在这种情况下取消个人账户的可继承性将面临很大的阻力，很难实行。

因此，人寿保险公司和其他一些国家应对长寿风险的办法对我国改革更具有借鉴意义，可以参考人寿保险公司的做法，利用再保险来分散长寿风险，也可以考虑参考智利、新加坡模式，在职工退休时用个人账户储存额为职工购买商业年金或设置可以自由选择的机制，即退休时职工可以选择购买商业保险的年金还是继续留在基本养老保险制度中，这些都是可以尝试的改革方案。

（六）改革生育政策，提高抚养比

2019年1月3日，中国社会科学院人口与劳动经济研究所发布了《人口与劳动绿皮书：中国人口与劳动问题报告 No.19》（以下简称绿皮书）绿皮书指出，经预测，中国人口将在2029年达到峰值14.42亿人，从2030年开始进入持续的负增长，2050年减少到13.64亿人，2065年减少到12.48亿人，即缩减到1996年的规模。但如果总和生育率一直保持在1.6的水平，人口负增长将提前到2027年出现，2065年人口减少到11.72亿人，相当于1990年的规模。

绿皮书分析，2016年二孩出生数量大幅上升，明显高于"十二五"时期平均水平，2017年二孩数量进一步上升至883万人，比2016年增加了162万人；二孩占全部出生人口的比重达到51.2%，比2016年提高了11个百分点。在全部出生婴儿中，二孩的比例明显提高，并且超过了50%。但由于一孩数量减少，2017年全国生育人口总数比2016年下降了60多万人。

按照世界银行估计，中国的总和生育率从1996年开始一直低于1.6，直到2013年回升到1.6，2016年为1.62。如果这个趋势能够得到延续，那么中国的生育率就可以回升到一个相对安全的水平。长期的人口衰退，尤其是伴随着不断加剧的老龄化，势必会带来非常不利的社会经济后果。对于生育率转变非常迅速的中国而言，如果低生育率不能很快得到扭转，将会面临比其他国家更为严峻的局面。中国的人口负增长已经势不可当，从现在开始亟须开展研究和进行政策储备。政府在管理长寿风险过程中，也需要有效改善抚养比系数。

二、推进企业有效管理长寿风险的政策建议

中国的企业年金采取的是DC型——完全积累制模式，雇员承担全部投资风险。如何通过调整资产配置，实现企业年金的保值增值是亟待解决的现实技术问题。研究企业年金最优资产配置问题的文献主要集中在包括资产风险、

利率风险和通胀风险等金融风险方面，而忽略了长寿风险。然而，在人口死亡率不断下降、预期寿命显著延长的背景下，长寿风险已成为除金融风险外，DC养老金计划所面临的最大系统性风险。

（一）长寿风险对企业年金最优缴费率和资产配置的影响十分显著

根据国家统计数据表明，对比不考虑长寿风险的最优化结果，在长寿风险下，职工和企业的固定缴费率明显增加，由之前的10.34%上升到11.41%，最优投资策略也变得更加激进，活期存款、定期存款和国债等低风险资产的投资比例由之前的58.85%下降为33.61%，而企业债和股票等高风险资产的投资比例则由之前的41.15%上升至66.39%。因此，为了应对企业年金所面临的长寿风险，年金主办者除提高固定缴费率外，还需要设置更加激进的资产配置策略。

（二）增加缓冲基金以补充年金资产

长寿风险下的敏感性分析结果说明，相比基准情形，低年金替代率下的最优投资策略相对保守，而高年金替代率和缩短缴费年限下的最优投资策略则更加激进。在15%的低年金替代率下，职工和企业的固定缴费率相比基准情形明显下降，且投资低风险资产的比例相对较高。而在25%的高年金替代率和缩短缴费年限为20年的情形下，缴费率明显增加，投资股票和企业债等高风险资产的比例均在90%以上。特别是将缴费年限缩短为20年，基金投资高风险资产的比例高达95%。为了应对长寿风险给企业年金造成的冲击，年金主办者除提高缴费率和设置更加激进的资产配置策略外，还可以增加缓冲基金以补充年金资产、通过再保险把极端的长寿风险转移给再保险公司、选择用年金给付随预期寿命调整的分红年金替代普通年金，同时积极探索长寿风险的创新性解决方案。例如，将长寿风险引入资本市场，通过长寿债券、长寿互换和远期合约等长寿证券化产品管理企业年金的长寿风险。

三、推进保险公司有效管理长寿风险的政策建议

长寿风险将在未来一段时间内，将对我国的商业保险公司产生较大影响，甚至威胁到我国保险业的健康发展，因此及时对长寿风险进行控制是十分必要的。国内外的学者在相关理论研究中提出了很多长寿风险管理方法，其中一些已经应用到实践当中，并且取得了初步效果。下面将介绍不同长寿风险

管理方法，并分析其优缺点，并能够为我国保险公司的长寿风险管理带来一些启示。

（一）再保险

再保险是原保险人在原保险合同的基础上，与再保险公司签订分保合同，将其所承保的部分风险和责任向再保险人转移的行为。一般来说，保险公司进行再保险可以分散风险、控制责任、扩大承保能力、降低营业费用、增加可运用资金、有利于拓展新业务。保险公司可以分出部分年金类业务将长寿风险转移给再保险公司来降低自己的风险集中度。再保险的种类有比例再保险和非比例再保险。在比例再保险中，分出公司的分出责任可以表示为总的保险金额的一定比例，分出公司与分入公司都要按这一比例分配保险金额、保险费和赔款。在非比例再保险中，分出公司与分入公司以赔款为基础来确定双方责任，当赔款超过约定额度时，分入公司对超过部分的赔款进行赔付。但是无论对于哪种再保险方式，利用再保险来转移长寿风险都有一定的局限性。因为长寿风险属于系统性风险，而承担系统性风险需要大量的资本，这就对长寿风险业务分入公司（再保险公司）的承保能力提出了很高的要求。在承保能力一定的条件下，分入公司如果增大此类业务量，就会增加投资其他业务的机会成本。另外，再保险公司如果仅依靠自身而不通过其他方法分散长寿风险的话，则也会给其稳定经营带来风险。因此再保险市场吸收长寿风险的能力是十分有限的。

长寿风险具有群体性，一般来说难以转嫁消化并且造成的损失程度很大。尽管如此，依然可以选择再保险的方式进行分散。世界范围内存在一些实力雄厚的保险公司，它们有很强的偿付能力，能承担一般公司无法承担的风险，并且它们愿意以此来获得更高的利润。政府可以鼓励大型保险公司针对存在长寿风险的养老保险开展再保险业务，对其给予税收优惠或补贴，增强其开展新型业务的积极性。从长寿风险的损失程度和复杂性来看，其再保险市场一定存在着巨大的需求，只要再保险制度逐步建立、完善，再保险公司的经营管理经验会不断丰富，精算能力不断加强，通过再保险转移长寿风险也将变得更稳健，或将成为保险公司解决长寿风险问题的重要手段。

（二）动态死亡率定价法

动态死亡率定价法是以动态生命表为基础，结合精算定价模型确定保费水平的方法。它与传统的静态死亡率定价法的区别就在于使用的是动态生命表，因此动态生命表的编制是该方法的关键。动态生命表是在静态生命表的基础上引入时间因素，具体的死亡率水平由年龄和时间两个因素共同决定。假设在 t 时刻，有被保险人（年龄为 x），此时其在一年内死亡的概率为 $q_{x,t}$，当此被保险人生到到 $x+1$ 岁时，其在一年内死亡的概率就变为 $q_{x+1,t+1}$（而传统的静态死亡率为 $q_{x+1,t}$）。这样就将未来死亡率的变化情况也反映在动态生命表中，因此，保险公司利用动态生命表定价可以从根本上消除长寿风险。同样，如果保险公司在计提责任准备金时也使用动态生命表，也可以避免责任准备金不足的风险。采用动态死亡率定价法的优点为只要死亡率预测足够准确，动态死亡率定价法就可以完全消除保险公司面临的长寿风险。但是这种方法也有十分明显的缺点。

首先，动态死亡率定价法完全依靠死亡率的预测数据，当死亡率的预测数据与实际数据出现偏差时，该方法会导致定价结果也出现很大偏差，在极端情况下，不但不能消除长寿风险，甚至可能产生其他风险。例如，当死亡率预测过低时，养老保险产品的保费就会远远高于真实水平，这一方面不利于养老产品的销售，另一方面如果保险公司快速将保费修正至真实水平，则有可能会导致退保率上升的风险。

其次，由于养老保险产品的持续时期较长，因此，需要对未来的死亡率进行预测，根据我国目前的历史人口死亡率数据，还不足以预测这么长时间内的死亡率。而且就动态死亡率模型本身而言，也不适合预测超过 10 年或以上的死亡率数据，如果利用现有的数据和模型计算动态生命表会导致其准确性不足，进而影响产品的定价。

最后，动态生命表新加入了时间变量，加大了后期数据处理的难度，对于相关精算软件的要求也更高。同时，动态生命表和静态生命表一样，也需要经常更新。这些因素不仅使动态生命表的开发受到技术水平的限制，还会增加保险公司的定价成本。由于这些缺陷的存在和目前的实际情况限制，保险公司利用动态死亡率定价法消除长寿风险的可行性不高，但这种方法可以为我们开拓新思路，为创造新的长寿风险管理方法提供帮助，而且随着精算技术的发展，在未来保险公司有可能将这种方法付诸实践。

（三）积极向资本市场转嫁风险

聚合长寿风险虽无法在被保险人之间转嫁，但可以通过证券化的方式，将其转化为标准化或非标准化合约，在证券市场内交易，从而将风险转嫁给投资者。长寿互换是较成熟的方式，养老年金公司与投资者以合约形式约定，在将来特定条件达成时（如时间点），进行依据生命表的死亡率测算出来的固定支付的现金流与实际死亡率决定的浮动支付的现金流之间的交换。长寿互换合约可以是标准合约，在场内交易；也可以是非标准合约，根据不同标的情况单独拟定互换合约。根据互换的特性，养老年金公司支付固定现金流，有助于提高财务的稳定性，防范偿付能力不足。投资者支付浮动现金流，获取投资收益的同时也承担了长寿风险。

证券化已经成为许多具有流动性不足风险的零售产品在金融市场上进行风险共担和风险转移的重要技术。保险风险的证券化也从 19 世纪 20 年代中期开始通过保险连结证券和巨灾债券市场得到发展。通过保险证券化可以将纯保险风险转移给资本市场上的投资者，同时也提供了通过再保险管理长寿风险的一种有效替代方法。长寿风险证券化是指保险公司通过在金融市场上发行各种死亡率指数相关的衍生工具，把长寿风险转移到资本市场的证券化过程。长寿风险证券化与传统的长寿风险管理方法相比，具有成本低、风险承担能力更强、与长寿风险在时间上匹配得更好、能更有针对性地进行风险规避的优点。而且长寿风险证券化产品丰富了资本市场，即给保险资金提供了新的运作渠道，也给投资者提供了新的投资选择方式。目前，已有多个国家的保险公司和其他金融机构进行了长寿风险证券化的尝试，并设计出了多种长寿风险证券化的产品。

对于我国的寿险公司来说，利用证券化转移和分散长寿风险的必要性主要体现在三个方面，第一是有利于财务稳定性，如果运行证券化，在资产负债表中可以调整长寿风险责任，寿险公司的偿付能力可以得到最大限度的满足，寿险公司经营更加安全。第二，长寿风险证券化有利于提高寿险公司的信用等级。通过证券化，引入评级机构，在证券化交易过程中寿险公司可以不断积累经验，在不断的实践中其信用等级得以提升，信用等级的提升不仅意味着寿险公司风险管理能力的增强，在国内市场上其业务更容易开展，同时这也增强了国内寿险公司同国际寿险公司竞争的能力。第三，长寿风险证券化有助于加快资金流动。寿险公司为应对死亡率过度降低引起的超预期给付，必须提取责任准备金，这些准备金按照相关法律规定不可以流动，其使用具有严格的法律约束。而长寿风险证券化产品可以交易这些异常风险至资本市场，这样一来，由于长寿风险得到转移，用于未来给付的这部分责任准备金有望得到释放，寿险公司利用这笔释放的资金可以开发和设计新的产品，也可以用于投资运营，这部分准备金还可以加快寿险公司的资金流动。

（四）加快保险产品创新设计

传统的养老保险产品存在自身缺陷，长寿风险会随着其经营过程不断积累，使得养老金短缺问题加重。进行保险产品创新设计，可以减少风险对象的数量，随着时间的推移，长寿风险问题将得到逐步改善。进行保险产品创新设计有以下四个思路。

第一，开展附保证的变额年金。附保证的变额年金是一种投资连结型保险，但它不同于普通的投资连结型保险，它附有死亡给付保证，被保险人死亡时可以按合同约定获得死亡给付。这种保险可以将养老金与投资收益挂钩，可以有效缓解偿付压力。

第二，开展高龄延期年金保险。高龄延期年金保险是专门针对高龄人群设计的保险，按照合同约定，经过一定时间或被保险人达到指定年龄即可永久领取年金。这样的保险专门为高龄人群设计，具有很强的抵御长寿风险的能力，将传统养老保险与高龄延期年金保险相结合，可以有效缓解长寿风险问题。

第三，以定期业务寿险进行对冲。养老保险是以被保险人存活为保险金给付条件的保险，属于生存保险，而定期寿险恰恰相反，它以被保险人死亡为保险金给付条件。当死亡率下降，养老保险基金面临偿付压力，而定期寿险却可以实现盈利，从而实现风险的自然对冲。

第四，与住房反向抵押贷款相结合。住房反向抵押贷款是由银行开展的一项业务，银行进行贷款额度估值后按年金方式支付给贷款人，房屋使用权归银行所有，贷款人在世时依然享有房屋使用权。这种形式的贷款涉及贷款人死亡年龄预测，需要较雄厚的精算实力，而银行往往不具备这样的技术实力导致该项业务难以开展。保险公司具有精算优势，若与银行合作推出新型的养老保险产品，不仅可以使银行和保险机构实现双赢，还有利于解决保险公司的长寿风险问题。

（五）构建养老社区生态体系

"社区养老"是以家庭养老为主，社区机构养老为辅，在为居家老人照料服务方面，又以上门服务为主，托老所服务为辅的整合社会各方力量的养老模式。这种模式的特点在于让老人住在自己家里，在继续得到家人照顾的同时，由社区的有关服务机构和人士为老人提供上门服务或托老服务。"养老社区"可以由政府提供，也可以交由商业保险公司来构建和运作。由寿险公司主导构建养老社区生态体系的核心在于，寿险公司来经营养老院、养老社区，老人购买寿险公司提供的养老保险之后可以入住这些养老院，这种养老保险能终身领取，终身分红，有效保障老人的老年生活。以泰康养老社区为例，从 40 岁起，每年存一笔钱，投入十年之后，从 70 岁起，每月领取一定的养老金，一直到终身，或者到合同约定的保证期，一次性领取一笔养老金。目前，由寿脸公司设立的养老社区主要面对的还是中高端客户群，他们的收入处于中高等水平，暂时不适用于低收入群体，但是随着经济的发展，我国中产收入阶层的壮大，这种由寿险公司主导的养老社区还是有很大的发展空间的，在泰康、阳光等寿险公司先行试点的情况下，这种生态体系无疑能有效地对抗长寿风险。

四、推进个人有效管理长寿风险的政策建议

（一）加强对长寿风险的认识

在整个生命周期内，个体在不同阶段所面临的主要风险不同。在青年阶段，主要面临收入风险，因此消费者会大量购买高收益的股票类资产以增加财富；在中年阶段，劳动收入稳定，个体主要考虑的是投资风险，因此其会购置部分债券类资产以平衡投资组合的风险和收益；到了退休阶段，个体的投资更倾向于保守，且主要面临个人长寿风险。因此随着消费量的增加，消费者不断抛售金融资产，此时年金类资产就成为老年人的主要财富。虽然大体趋势如此，但不同老年群体的最优组合也有各自的特征。不同老年群体具有不同的长寿风险特征，因而其资产配置也各有不同。因此，个人在进行资产配置之前应明确了解自身的长寿风险水平，制定相应的养老规划。就全社会来讲，全面开展消费者的养老金融教育，加强其对自身长寿风险的认识，有助于其作出正确充分的养老安排。很多消费者对年金化行为比较排斥，但印克曼（Inkmann，2011）等认为，消费者的财富量、教育程度意义及预期寿命与其购买年金的行为有很大的正向关系。良好的教育使消费者能更准确地了解自身的养老需求，进而选择更适合的年金产品。不同类别的年金产品的保障功能不同，加强对消费者的养老金强教育，使其清楚地认识到长寿风险的性质、高峰时段、风险大小等基本信息，更加深入了解自身的风险状况，能够自主地选择不同功能的年金产品，进而作出更好的养老规划。

（二）个人商业养老保险的配置

对个人来讲，寿命延长为其能够享受美好的晚年生活提供了前提条件。这标志着时代的进步和社会的良性发展。目前，我国的经济发展水平还没有进入到发达国家行列。从改革开放至今，我国经济虽然经历了长时期的高速发展并且取得了巨大的经济成就，但人均指标方面从全世界的范围看仍处于较低的水平。我国的人口结构的老龄化具有未富先老的特征。在人们的寿命逐渐延长背景下，他们在年轻没有积累足够多的资金用来应付年老时期在医疗保健和生活方面的支出。因此就会造成个人资金保障不足，从而使其在退休后遭受长寿风险。政府提供的社会养老保险、企业年金计划以及商业养老保险等项目都属于养老保险的项目。通过参加相关养老基金计划，个人能够完成长寿风险的转移。由国家建立带有强制性的基本养老保险制度在一定程度上为个人承担了部分风险。个人参加该养老金计划后，可以在到达约定期限之后，每期获得一定数量的年金支付，直至个人去世。这种办法本质上就是利用基本养老保险制度将个人所遇到的长寿风险转嫁到政府。当前我国基本养老保险制度改革的趋势是个人在遇到长寿风险发生时，应当采取多种方式来控制这一风险。参与社会基本养老保险与企业年金养老保险是国家强制的，那么个人可以根据自己现有财富状况以及家庭结构合理购买个人商业养老保险，以应对老年生活存在的长寿风险。

（三）提高个人养老资产配置效率

政府的政策支持和金融机构的产品创新，为个人养老资产优化配置提供客观环境，居民需要在养老观念转变、提高收入、寻求专业理财服务等方面发挥主观能动性，使养老资产配置方案落到实处，提高养老资产配置效率。

1. 转变传统观念，建立自我养老意识

通过我国养老资产配置结构特征分析可知，我国45岁以上群体的养老观念还是停留在子女养老和国家养老，表现为个人养老资产的构成中基本养老保险占主导地位，个人参与养老储蓄的积极性不高，农村老年人依靠子女养老现象更普遍。随着人口老龄化、家庭结构小规模化和大量农村富余劳动力涌向城市，家庭养老功能逐步弱化。个人需要建立自我养老意识，包括经济自养和其他养老资源的自我积累。中国健康与养老追踪调查（China health and retirement longitudinal study，CHARLS）数据反映出在为数不多的购买商业养老保险的群体中，自己缴费购买的比例超过80%，一定程度上反映出人们在观念上开始重视自我积累、自我养老，是社会进步的表现。

2. 提高个人收入

政府层面提高收入主要是借助产业结构优化，提高产业盈利和调整收入分配制度。作为个人而言，可以通过三个方法提高收入：一是尽可能提高单位时间工资水平，这既取决于教育程度、职业素养等个体因素，也取决于教育体系、创业环境等宏观因素；二是尽可能延长工作时间，即不管退休政策如何调整，个人都应主动采取延迟退休；三是发扬传统美德，降低不必要的消费支出，不鼓励过多的炫耀性消费。

3. 专业理财

实际上由于我国资本市场建立时间比较短，个人的投资理财意识薄弱，投资容易走向两个极端，要么全部选择低风险低收益的存款，要么盲目追随高风险高收益的资产，两种情况都不是理性选择。养老资产不仅需要工资收入的及时安全积累，还需要在无风险资产和风险资产之间进行有效配置，只要无风险收益率和风险收益率保持稳定，同时风险波动水平可控，通过专业理财完全可以控制风险，保证平稳收益，实现养老资产的保值和增值。金融中介可以效降低交易成本和信息不对称，因此个人需要在金融市场中寻找专业理财机构，实现符合个人需求的定制化养老资产配置服务以应对长寿风险。

第三节　大数据时代下长寿风险的创新型管理

何谓大数据？这个概念太过于模糊，但它早已渗入我们的生活，成为互联网应用革命的新趋势，对于"大数据"，目前还没有比较准确的定义，但是一般认为"大数据"就是指无法用现有的软件工具提取、存储、搜索、共享、分析和处理的海量的、复杂的数据集合。大数据时代简单讲是海量数据同完美计算能力结合的结果。确切地说是移动互联网、物联网产生了海量的数据，大数据计算技术完美地解决了海量数据的收集、存储、计算、分析的问题。大数据时代开启了人类社会利用数据价值的另一个时代。

一、大数据时代下的宏观调控和财政支出

政府利用大数据技术可以了解各地区的经济发展情况、各产业发展情况、消费支出和产品销售情况，依据数据分析结果，科学制定宏观政策，平衡各

产业发展，避免产能过剩，有效利用自然资源和社会资源，提高社会生产效率。大数据还还可以帮助政府进行监控自然资源的管理，无论是国土资源、水资源、矿产资源、能源等，大数据通过各种传感器来提高其管理的精准度。同时大数据技术也能帮助政府进行支出管理，透明合理的财政支出将有利于提高公信力和监督财政支出。大数据及大数据技术带给政府的不仅仅是效率提升、科学决策、精细管理，更重要的是数据治国、科学管理的意识改变，未来大数据将会从各个方面来帮助政府实施高效和精细化管理。政府运作效率的提升、决策的科学客观、财政支出合理透明都将大大提升国家整体实力，成为国家竞争优势。大数据带个国家和社会的益处将会具有极大的想象空间。

随着社会不断推进，社会的安全因素并没有随之稳定或者减少，人类反而进入了一个风险越来越多的社会，并且不可预知的因素也越来越多，社会风险随着社会形态的变化也呈现出不一样的状态，大数据时代下的社会风险管理必须要有很多的新的技术和方法，才能提高整体社会的治理能力。

二、大数据时代下的风险管理

第一，大数据技术帮助重新塑造风险管理理念。社会风险事件一般都是突然性的、不可预见的，传统的风险管理理念比较注重对于应对措施的制定，对于预防以及管理上比较欠缺，使用大数据分析技术可以提高整体的整合能力，应对各个环节，大数据的预测价值可以帮助风险管理者实现预见性的管理。

第二，大数据技术帮助变革风险管理体制。对于风险危机的管理在传统的管理模式上存在很多的壁垒或者是分工上的隔阂，很多时候当一件事情发生的时候，责任的认定以及职责的分工都是工作中的难点，大数据技术可以将信息进行收集，提供专业的分工方法以及使整个管理体制围绕危机事件形成一个数据流，更好地提高团队的人员以及整个机构的运转能力，提高风险处理的应对效能。

第三，大数据技术帮助分享系统数据。大数据的取样是全样本，从各个层面可以实现信息以及资源共享，减少部门之间因为壁垒存在的隔阂，同时政府内部也可以形成大数据管理信息系统，为建设数据管理网络服务。

三、大数据时代下的长寿风险指数的构建

在长寿风险指数构建方面，从国内外研究现状上看，有关长寿风险评估及

管理的最新研究主要集中在以下几个方面：（1）长寿风险评估中的死亡率规划。目前应用广泛的是 Lee-Carter 模型，并基于此模型进行了扩展。（2）死亡率指数和长寿指数的研究和编制。主要借鉴的是 JP 摩根公司推出的基于生命矩阵 LifeMetrics 的人口寿命指数。（3）长寿风险管理工具的研究与应用。布莱克等（2001）提出，可以利用生存债券对长寿风险进行套期保值。其后，长寿风险证券化有了创新性发展，又出现了生存互换、生存期货和生存期权等长寿风险证券化形式。（4）长寿风险衍生品的定价。比较常用的三种方法为 Wang 转换、瞬时 Sharpe 比率以及风险中性等方法，能准确估计出衍生品的实际价值。目前，国内对于长寿风险发展指数进行系统研究的相关文献并不多见，尤其是基于大数据背景下的对长寿风险指数构建与发展的相关研究几乎没有。由于数据上的不完整以及相关技术发展不成熟，我国针对长寿风险管理体系并未有一个系统完整的认识，并且在长寿风险证券化的设计、运行以及相关衍生产品的定价方面也未有深入的研究。

另外，长寿风险的量化管理是精算研究中非常重要的领域。长寿风险的研究是由 Lee-Carter（1992）模型开始的，之后针对该模型提出了很多改进方案，并将该模型应用于不同的细分人群（如用该模型分析了糖尿病群体）。在研究死亡率变化趋势的同时，人们的研究目光也开始细化到影响"死亡率"的因素上，如吸烟、伴侣状态、地理因素等，这些在寿险和年金领域得到应用；而所谓健康险的需求，也是人们对健康和长寿重视的需求，研究者还开始关注更广泛的影响长寿的风险因素，并对这些因素进行量化分析。该类研究在 2000 年后发展迅速，涵盖了生理年龄、心肺功能、综合评价等。国内的研究还牵涉更广的领域，如中医（王利敏等，2014）、军事科学（李运明，2011；谢宏伟，2014）、亚健康研究（陈清光等，2011）、人口学（郑晓瑛，2014）等。我们注意到，比较权威的长寿风险量化研究都是利用西方人口健康标准数据，并且是静态的，既不适合中国的实际国情（如饮食和生理特征），也没有考虑利用 2013 年以后蓬勃发展的即时可穿戴设备信息（如心率、血压、体脂等）。

大数据时代的来临使得数据的规模和相关信息都出现爆炸式的增长，这也弥补了我国对于人口、死亡率、重病率等相关数据的完整性，促使我国长寿风险指数构建的数据分析与数据挖掘技术得以发展。大数据中蕴含的潜在信息使得数据理论技术与实际应用完美结合。

前一部分通过产品的设计可以在一定程度上减轻死亡风险的影响，但是这种风险是不能完全消除的。所以，对于未来生存率的不确定会加大寿险公司和养老金机构的风险。金融工具的引进可以管理这些风险。很多学者说，用再保险的方式处理长寿风险是不起作用的。在减少信息不对称和价格偏好问题下，资本市场比保险市场更有效。

　　通过发行这样的长寿风险债券，超过预期的生存概率风险可以直接转嫁给债券发行人。由于市场的不完全性，这种长寿风险债券的发行并不成功。由于低估这种长寿风险影响的严重性，所以发行这种与长寿相关的证券受到了阻碍。现在的文献更多关注了这个定价问题，尤其是传统的金融方法（如风险中性定价理论、精算定价理论）但是，由于市场不完备性，使得测量这种定价模型仍然很困难。

附　　录

附录1　社会保险的统筹账户和个人账户解释[*]

社保统筹账户原本指劳动保险制度基金的统筹管理，后来被沿用到各社会保险项目的基金共济。社保个人账户指的是个人所缴纳那部分的账户。现在我国企业养老保险的缴费费率为28%，其中个人承担部分为8%（由所在单位从每月工资中扣除并上缴），单位承担部分为20%。上述中个人承担的那部分就计入个人账户，而单位承担的那部分就计入统筹账户。统筹账户与个人账户是没有关系的，它是企业单位缴费的20%化为统筹账户作为基金，给现在已经退休的人员开支。也就是说，存在统筹账户中的经费是不能取出来的，它只是作为企业今后对养老金的一种调配与使用。

假设是以个人名义交纳社保，那么自己所交纳的社保保费约有1/3是进入个人账户的，余下的全部进入统筹账户；但是如果是单位企业与个人共同交纳，那么个人所交的社保保费会进入个人账户，公司企业交纳的就进入统筹账户了。也就是说，以个人名义交纳的话，个人账户与统筹账户两者都必须交纳。

例如，河北省保定市某县的某个企业在该县社保局参保，并在该县社保局账户下有员工三人，分别是张三、李四、王五，他们当年养老保险的月缴费基数分别是3000元、4000元、5000元，那么针对该企业每月应缴纳的社会保险费如表1所示。

表1　　　　　　　　　该企业每月应缴纳的社会保险费　　　　　单位：元

姓名	缴纳基数 （一般指基本工资）	计入个人账户部分 个人工资扣除（8%）	计入统筹账户部分 单位给缴纳（20%）	应缴纳 保险金额
张三	3000	240	600	840
李四	4000	320	800	1120
王五	5000	400	1000	1400
合计				3360

[*]　该附录内容来源于 http://www.findlaw.cn/164300/article_40640.html。

每个在社保局参保的个人，在社保局的系统内都有一个自己的账户，这就是个人账户，它记录着参保人的姓名、身份证号、工作单位、联系方式、缴费时间段、缴费基数、缴费金额、账户合计余额及利息、转移关系等和养老保险有关的信息，大致如表 2 所示。

表 2 　　　　　　　　　　　　**社会保险缴费表**

姓名：张三　　　　　身份证号：13102619860819 ****　　　　　所属单位：某企业

实际缴费月数（月）	实际缴费金额（元）	利息合计（元）	账户总额（元）	2017 年月缴基数（元）	缴费性质	是否有转移	是否欠费	参加工作时间
120	27000	9000	36000	3000	有单位	否	否	2007.4

我们说的退休金（基本养老金）包含个人账户养老金和统筹养老金这两部分。还是以张三举例，假设他六十岁退休，退休时个人账户内账户余额为100800 元，根据国家法律规定，60 周岁退休，个人账户养老金这部分按照139 个月计发，也就是说每个月个人账户养老金是 725.18 元（100800 ÷ 139 = 725.18 元），假设经过计算，张三的统筹养老金部分为 3000 元，那么张三每月的退休金为 3000 + 725.18 = 3725.18 元。另外，个人账户内的钱是可以继承的。假设张三领了十个月退休金后因意外身亡，他的个人账户内剩余的100800 − 725.18 × 10 = 93548.2（元），是可以由他的继承人提出现金使用的。

上述退休金是由个人账户养老金和统筹养老金这两部分组成的，统筹养老金就是由统筹账户负责支出的，该统筹账户不属于某一个人，也不属于某一个企业，它接收所有参保人以及所有缴费企业缴纳的应该计入统筹账户的那部分保险费。例如，它接收了上面某企业缴纳的 600 元、800 元、1000 元这些费用，将这些费用累积，其中的一部分用于现在退休的参保人员统筹养老金的支出，一部分用于参保人员死亡后丧葬费及抚恤金的支出，还有部分用于养老金本身的滚动增值。

附录 2 我国现行的养老保险体系

我国目前实施以社会基本养老保险为主，企业年金养老保险、个人储蓄性养老保险作为补充的多层次养老保险体系。社会基本养老保险采用"统账结合"的管理方式，所谓"统账结合"是指由国家统筹的现收现付的统筹账户，与完全属于个人的个人账户相结合。《国务院关于完善企业职工基本养老保险制度的决定》（以下简称《决定》）载明了执行方法和标准，养老金给付标准为：以上一年度在岗职工月均工资、平均缴费工资的平均数作为基准，每缴纳保险费达到 1 年则发放养老金的 10%。此外，个人账户给付标准有另外的确立规则，是根据个人账户余额与应给付约束的比值，并结合退休养老金领取地区的具体经济状况来确定。

中国现阶段面临严重的人口老龄化的问题，而我国随着老龄人口数量不断增加，人们预期寿命的延长，由于统筹账户实行现收现付的管理方式，养老金领取人占比的提高，给在岗职工带来了沉重的缴费负担，现收现付实际上将老年人的长寿风险向年轻人转嫁。《决定》中规定，职工个人账户养老金给付金额在退休时确定，这样固定的现金流很难应对未来出现的变化，尽管可以试图通过养老金调整机制加以缓解，但是调整的幅度受账户收支所限，并且调整效果具有滞后性，长寿风险依然难以避免，为了保障退休职工生活水平，维护社会长治久安，建议政府做好准备应对个人账户面临的长寿风险。

企业年金的基金筹集计划是缴费确定型计划，即在岗职工在参保时定期按确定的数额缴纳费用。退休时，职工则能够一次性提领账户余额或者用于购买商业年金计划。这样一来，职工在岗的时候承担着个体性长寿风险；退休后，参保人将一次性领取账户资金，并自行承担个体性长寿风险。除此之外，参保人或者可以购买商业养老保险将自身承受的长寿风险转移给年金产品供应者。

根据《2016 年中国养老金发展报告》可以发现，近年来我国社会保障工作虽然取得了一定的成就，大幅提高了总覆盖率，增强了可持续性及支付养老金系统的能力，养老保险基金在很多方面取得了较大突破，但是养老保险基金账户缺口巨大、养老基金投资收益率过低等问题也不容忽视。中国的养老金业务得到一定的发展，但是与西方发达国家相比差距较大。若政府对此问题缺乏重视，则将会给政府财政带来很大的压力。

年金保险产品定价以现存的生命表为基础来估计未来支付年金保险成本现值，而未来支付年金保险成本现值等于未来实现预期死亡率的现值减去成本的现值。一方面，由于未来人口的实际死亡率较低，所以将来的实际养老金给付金额比预期给付额高，导致年金计划提供者的偿付能力不足。另一方面，由于养老年金的收益率低，精算定价不得不有所提高，给购买者带来了购买压力。由此可知，不管是政府还是企业年金提供者，都急需要寻找有效的管理方式来降低长寿风险，解决养老金提供者的经济问题。

几年来，中国的年金行业市场发展较快，但是政府和企业必须重视其仍然存在的年金业务规模小、覆盖范围小、资金总额低等问题。企业希望为员工提供养老金福利来吸引人才，而员工又可以以企业年金来改善退休生活。社会趋向人口老龄化，基本养老保险存在很大的风险，况且我国当前的管理方法和投资环境还存在许多缺陷，基本养老保险基金的经营状况不容乐观。中国的企业年金行业市场还有很大的上升空间，发展前景良好。

参考文献

［1］鲍昕，河北省新型农村社会养老保险试点运行中存在的问题及对策研究［D］．河北大学，2011．

［2］陈翠霞，王绪瑾，周明．我国长寿风险的评估模型与管理策略综述——基于人口发展新常态视角［J］．保险研究，2017（1）：46－55.

［3］陈翠霞，周明．DB 养老金计划去风险化研究——基于 buy-ins 与 buy-outs 工具［J］．首都经济贸易大学学报，2018，20（1）：24－31.

［4］陈娟．我国商业银行老龄化金融服务发展问题研究［D］．安徽大学，2018.

［5］陈天然．死亡率相关模型下的中国长寿风险度量和债券设计［D］．暨南大学，2015.

［6］陈威．寿险公司长寿风险测度及其自然对冲策略研究［D］．湖南大学，2014.

［7］杜鹃．长寿风险与年金保险研究［J］．金融发展研究，2008（6）：70－73.

［8］段白鸽．动态死亡率建模与长寿风险量化研究评述［J］．保险研究，2015（4）：35－50.

［9］封铁英，罗天恒．农村社会养老保险的长寿风险评估与应对策略［J］．西安交通大学学报（社会科学版），2017，37（3）：73－79.

［10］付秀峰，职工基本养老保险基金长寿风险研究［D］．浙江大学，2015.

［11］高全胜，伍旭，王赛．人口寿命指数：指数构造及其长寿风险管理应用流程［J］．保险研究，2011（12）：52－59.

［12］高全胜．长寿风险的稳健对冲与稳健管理技术研究进展［J］．保险研究，2015（12）：51－66.

［13］郭金龙，周小燕．长寿风险及管理研究综述［J］．金融评论，2013

（2）：111－122.

[14] 韩猛，王晓军. 个人年金产品中蕴含的长寿风险研究 [J]. 保险研究，2013（6）：52－58.

[15] 韩猛，王晓军. Lee-Carter 模型在中国城市人口死亡率预测中的应用和改进 [J]. 保险研究，2010（10）：3－9.

[16] 胡仕强. 基于 Lee-Carter 模型和王变换方法的长寿债券定价研究 [J]. 商业研究，2015，61（10）：82－88.

[17] 胡仕强. 基于贝叶斯 MCMC 方法的我国人口死亡率预测 [J]. 保险研究，2015（10）：70－83.

[18] 胡仕强. 死亡率免疫理论及其在长寿风险对冲中的应用 [J]. 财经论丛（浙江财经大学学报），2014，186（10）：44－49.

[19] 黄志炜. 基于 Wang 转换方法的长寿互换定价研究 [D]. 厦门大学，2017.

[20] 金博轶. 长寿风险、弹性退休计划与养老金收支平衡 [J]. 经济与管理评论，2013（4）：97－103.

[21] 金博轶. 随机利率条件下保险公司长寿风险自然对冲策略研究 [J]. 保险研究，2013（5）：31－38.

[22] 李晓漫. 浅析中国长寿风险证券化现状和发展对策 [J]. 中国经贸，2017（7）.

[23] 李秀芳，卢山. 基于利率情景生成的寿险公司经济资本量化 [J]. 保险研究，2017（6）：15－26.

[24] 凌玥. 基于随机死亡率模型及王氏变换的长寿债券定价研究 [D]. 湖南大学，2015.

[25] 骆澎涛. 长寿风险的测度、影响及其管理 [D]. 西南财经大学，2014.

[26] 米红，贾宁. 中国"大跃进"时期的非正常死亡人口研究——基于改进的 Lee-Carter 分年龄死亡率预测模型 [J]. 人口研究，2016（1）：22－37.

[27] 尚勤，秦学志，周颖颖. 巨灾死亡率债券定价模型研究 [J]. 系统工程学报，2010（2）：203－208.

[28] 尚勤，张国忠，胡友群等. 基于 Cameron-Martin-Girsanov 理论的长寿债券定价模型 [J]. 系统管理学报，2013，22（4）：472－476.

[29] 尚勤. 死亡率关联债券的定价模型与实证研究. 大连理工大

学. 2009.

[30] 孙华枫. 长寿风险对商业养老保险定价的影响研究 [D]. 中国青年政治学院，2016.

[31] 田梦，邓颖璐. 我国随机死亡率的长寿风险建模和衍生品定价 [J]. 保险研究，2013 (1)：14 - 26.

[32] 汪伟，刘玉飞，王文鹏. 长寿的宏观经济效应研究进展 [J]. 经济学动态，2018 (9)：128 - 143.

[33] 王辉. 我国个人商业养老保险的发展研究——基于家庭财富管理视角 [D]. 西南财经大学，2016.

[34] 王晓军，蔡正高. 死亡率预测模型的新进展 [J]. 统计研究，2008 (9)：80 - 84.

[35] 王晓军，单戈. 养老资产年金化：基于消费、遗产和长寿保护的精算建模分析 [J]. 保险研究，2017 (12)：3 - 14.

[36] 王晓军，赵明. 中国高龄人口死亡率随机波动趋势分析 [J]. 统计研究，2014 (9)：51 - 57.

[37] 魏华林，宋平凡. 随机利率下的长寿风险自然对冲研究 [J]. 保险研究，2014 (3)：3 - 10.

[38] 吴晓坤，王晓军. 中国人口死亡率 Lee-Carter 模型的再抽样估计、预测与应用 [J]. 中国人口科学，2014 (4)：27 - 34 + 126.

[39] 谢世清. 长寿风险的创新解决方案 [J]. 保险研究，2011 (4)：70 - 75.

[40] 谢世清. 长寿风险证券化的理论研究动态 [J]. 保险研究，2014 (3)：70 - 78.

[41] 徐晓迪. 我国商业养老保险的长寿风险分析 [D]. 江西财经大学，2017.

[42] 徐英. 论保险公司长寿风险管理的困境与对策 [J]. 生产力研究，2012 (9)：75 - 77.

[43] 张凤英. 长寿风险管理方式研究 [J]. 时代经贸，2014 (2)：43 - 44.

[44] 张宁. 考虑模型不确定性的中国死亡率预测——基于贝叶斯模型平均方法 [J]. 保险研究，2017 (5)：3 - 18.

[45] 张宁. 死亡率分解模型及其在长寿分级基金构建中的应用 [J]. 保险研究，2015 (2)：62 - 70.

［46］张茜. 反向抵押贷款借款人长寿风险对定价的影响［J］. 云南财经大学学报，2016（5）：136－144.

［47］周宇燕. 我国企业年金的精算研究［D］. 南昌大学，2010.

［48］朱松梅，雷晓康. 个人账户年金制运行设想［J］. 中国社会保障，2016（11）.

［49］祝伟，陈秉正. 中国城市人口死亡率的预测［J］. 数理统计与管理，2009，28（4）.

［50］Barrieu, P. and L. Albertini. The Handbook of Insurance-linked Securities［M］. John Wiley & Sons，2010.

［51］Biffis, E.. Affine Processes for Dynamic Mortality and Actuarial Valuations［J］. Insurance：Mathematics and Economics，2005，37（3）：443－468.

［52］Blake, D. and Burrows, W.. Survivor Honds：Helping to Hedge Mortality Risk［J］. Journal of Risk and Insurance，2016，21（1）：21－26.

［53］Blake, D. and W. Burrows. Survivor Bonds：Helping to Hedge Mortality Risk［J］. Journal of Risk and Insurance，2001：339－348.

［54］Blake, D. , T. Boardman, and A. Cairns. Sharing Longevity Risk：Why Governments Should Issue Longevity Bonds［J］. North American Actuarial Journal，2014，18（1）：258－277.

［55］Brown, J. R. and P. R. Orszag. The Political Economy of Government-Issued Longevity Bonds［J］. Journal of Risk and Insurance，2006，73（4）：611－631.

［56］Cairns, A. , Blake, D. , Dowd, K. , Coughlan, Epstein G. D. , Ong A. and Balevich, I. A Quantitative comparison，2003，12（2）：10－18.

［57］Cairns, A. J. , D. Blake, and K. Dowd, A Two-Factor Model for Stochastic Mortality with Parameter Uncertainty：Theory and Calibration［J］. Journal of Risk and Insurance，2006，73（4）：687－718.

［58］Cairns, A. J. , D. Blake, and K. Dowd. Pricing Death：Frameworks for the Valuation and Securitization of Mortality Risk［J］. Astin Bulletin，2006，36（1）：79－120.

［59］Cairns, A. J. , et al. . A Quantitative Comparison of Stochastic Mortality Models Using Data from England and Wales and the United States［J］. North American Actuarial Journal，2009，13（1）：1－35.

［60］Cairns, A. J. , et al. . Bayesian Stochastic Mortality Modelling for two

Populations ［J］. Astin Bulletin, 2011, 41 （01）: 29 – 59.

［61］ Coughlan, G. , et al. . LifeMetrics: A Toolkit for Measuring and Managing Longevity and Mortality Risks ［J］. Technical Document, JP Morgan. Retrieved from < https: //www. Jpmorgan >.

［62］ Coughlan, G. D. , et al. . Longevity hedging 101: A Framework for Longevity Basis Risk Analysis and Hedge Effectiveness ［J］. North American Actuarial Journal, 2011, 15 （2）: 150 – 176.

［63］ Cowley, A. and J. D. Cummins. Securitization of Life Insurance Assets and Liabilities ［J］. Journal of Risk and Insurance, 2005, 72 （2）: 193 – 226.

［64］ Cox, S. H. and Y. Lin. Natural Hedging of Life and Annuity Mortality Risks ［J］. North American Actuarial Journal, 2007, 11 （3）: 1 – 15.

［65］ Cox, S. H. , Y. Lin, and S. Wang. Multivariate Exponential Tilting and Pricing Implications for Mortality Securitization ［J］. Journal of Risk and Insurance, 2006, 73 （4）: 719 – 736.

［66］ Cummins, J. D. and P. Trainar. Securitization, Insurance, and Reinsurance ［J］. Journal of Risk and Insurance, 2009, 76 （3）: 463 – 492.

［67］ Currie, I. . Smoothing and Forecasting Mortality Rates with P-splines ［J］. URL http: //www. macs. hw. ac. uk/ ~ iain/research/talks/Mortality. pdf, 2006.

［68］ Dahl, M. and T. Møller. Valuation and Hedging of Life Insurance Liabilities with Systematic Mortality risk ［J］. Insurance: Mathematics and Economics, 2006, 39 （2）: 193 – 217.

［69］ De Jong, P. , L. Tickle, and J. Xu. Coherent Modeling of Male and Female Mortality Using Lee-Carter in a Complex Number Framework ［J］. Insurance: Mathematics and Economics, 2016, 71: 130 – 137.

［70］ De Moivre, A. . Annuities Upon Lives: Or, the Valuation of Annuities Upon Any Number of Lives; as Also, of Reversions. To Which is Added, an Appendix Concerning the Expectations of Life, and Probabilities of Survivorship. By A. de Moivre. FRS. 1725: WP and sold by Francis Fayram; and Benj. Motte; and W. Pearson.

［71］ Dellaportas, P. , A. F. Smith, and P. Stavropoulos. Bayesian Analysis of Mortality Data ［J］. Journal of the Royal Statistical Society: Series A （Statistics in Society）, 2001, 164 （2）: 275 – 291.

［72］ Dowd, K. , et al. . Survivor Swaps ［J］. Journal of Risk and Insurance, 2006, 73 (1): 1 - 17.

［73］ Friedberg, L. and A. Webb. Retirement and the Evolution of Pension Structure ［J］. Journal of Human Resources, 2005, 40 (2): 281 - 308.

［74］ Geirdal, A. Ø. , et al. . Psychological Distress in Women at Risk of Hereditary Breast/Ovarian or HNPCC Cancers in the Absence of Demonstrated Mutations ［J］. Familial Cancer, 2005, 4 (2): 121 - 126.

［75］ Gompertz, B. , On the Nature of the Function Expressive of the Law of Human Mortality, and on a New Mode of Determining the Value of Life Contingencies ［J］. Philosophical Transactions of the Royal Society of London, 1825, 115: 513 - 583.

［76］ Haberman, S. and M. Russolillo. Lee Carter Mortality Forecasting: Application to the Italian Population ［J］. 2005.

［77］ Hainaut, D. and P. Devolder, Management of a Pension Fund under Mortality and Financial Risks ［J］. Insurance: Mathematics and Economics, 2007, 41 (1): 134 - 155.

［78］ Hainaut, D. , Multidimensional Lee-Carter Model with Switching Mortality Processes ［J］. Insurance: Mathematics and Economics, 2012, 50 (2): 236 - 246.

［79］ Heath, D. , R. Jarrow, and A. Morton. Bond Pricing and the Term Structure of Interest Rates: A New Methodology for Contingent Claims Valuation ［J］. Econometrica: Journal of the Econometric Society, 1992: 77 - 105.

［80］ Hermon, C. and V. Beral. Breast Cancer Mortality Rates are Levelling off or Beginning to Decline in Many Western Countries: Analysis of Time Trends, Age-cohort and Age-period Models of Breast Cancer Mortality in 20 Countries ［J］. British Journal of Cancer, 1996, 73 (7): 955.

［81］ Kermack, W. O. , A. G. McKendrick, and P. L. McKinlay. Death-rates in Great Britain and Sweden: Expression of Specific Mortality Rates as Products of Two Factors, and Some Consequences Thereof ［J］. Journal of Hygiene, 1934, 34 (4): 433 - 457.

［82］ Kim, J. , et al. , Attosecond-resolution Timing Jitter Characterization of Free-running Mode-locked Lasers ［J］. Optics Letters, 2007, 32 (24): 3519 - 3521.

[83] Lee R. and Carter L. Modeling and Forecasting U. S. Mortality [J]. Journal of the American Statistical Association, 1992, (87): 659 – 671.

[84] Lee, R., and Miller, T. Evaluating the Performance of the Lee-Carter Method for Forecasting Mortality [J]. Demography, 2001, (38): 537 – 549.

[85] Lee, R.. The Lee-Carter Method for Foresting Mortality, with Various Extensions and Applications [J]. North American Actuarial Journal, 2000, (4): 80 – 93.

[86] Li, J. S. H., and Hardy, M. R. Measuring Basis Risk involved in Longevity Hedges [J]. North American Actuarial Journal, 2011, (15): 177 – 200.

[87] Li, J. S. H., Chan, W., and Cheung, S. Structural Changes in the Lee-Carter Mortality Indexes: Detection and Implications [J]. North American Actuarial Journal, 2011, (15): 13 – 31.

[88] Li, J. S. H., Hardy, M., and Tan, K. Uncertainty in Mortality Forecasting: An Extension to the Classic Lee-Carter Approach [J]. ASTIN Bulletin, 2009, (39): 137 – 164.

[89] Li, N., and R. D. Lee Coherent Mortality Forecasts for a Group of Populations: An Extension of the Lee-Carter Method [J]. Demography, 2005, (42): 575 – 594.

[90] Li, N., R. Lee, and P. Gerland, Extending the Lee-Carter Method to Model the Rotation of Age Patterns of Mortality Decline for Long-term Projections [J]. Demography, 2013, 50 (6): 2037 – 2051.

[91] Lin, Y., and S. H. Cox. Securitization of Catastrophe Mortality Risks [J]. Insurance: Mathematics and Economics, 2008, 42 (2): 628 – 637.

[92] Lin, Y., et al.. Downside Risk Management of a Defined Benefit Plan Considering Longevity Basis Risk [J]. North American Actuarial Journal, 2014, 18 (1): 68 – 86.

[93] Makeham, W. M.. On the Law of Mortality and the Construction of Annuity Tables [J]. The Assurance Magazine, and Journal of the Institute of Actuaries, 1860, 8 (6): 301 – 310.

[94] Marson, A., et al.. Connecting MicroRNA Genes to the Core Transcriptional Regulatory Circuitry of Embryonic Stem Cells [J]. Cell, 2008, 134 (3): 521 – 533.

[95] Milevsky M. A., Promislow S. D. and Young V. R. Killing the Law of Large Numbers: Mortality Risk Premiums and the Sharpe Ratio, 2006, 73 (4): 673 - 686.

[96] Milevsky, M. A. and S. D. Promislow. Mortality Derivatives and the Option to Annuitise [J]. Insurance: Mathematics and Economics, 2001, 29 (3): 299 - 318.

[97] Milevsky, M. A.. The Implied Longevity Yield: a Note on Developing an Index for Life Annuities [J]. Journal of Risk and Insurance, 2005, 72 (2): 302 - 320.

[98] Ming Zhou and Kam C. Yuen.. Portfolio Selection by Minimizing the Present Value of Capital Injection Costs [J]. Astin Bulletin, 2015, 45 (1): 207 - 238.

[99] Osmond, C. and M. Gardner. Age, Period and Cohort Models Applied to Cancer Mortality Rates [J]. Statistics in Medicine, 1982, 1 (3): 245 - 259.

[100] Prins, C.. Dutch Population Statistics Based on Population Register Data [J]. Maandstatistiek Van De bevolking, 2000, 48 (2): 9 - 15.

[101] Renshaw, A., Haberman, S.. Lee-Carter Mortality Forecasting: a Parallel Generalized Linear Modelling Approach for England and Wales Mortality Projections [J]. Applied Statistics, 2003 (52): 119 - 137.

[102] Renshaw, A. E. and S. Haberman. A Cohort-based Extension to the Lee-Carter Model for Mortality Reduction Factors [J]. Insurance: Mathematics and Economics, 2006, 38 (3): 556 - 570.

[103] Renshaw, A. E. and S. Haberman. Lee-Carter Mortality Forecasting with Age-specific Enhancement [J]. Insurance: Mathematics and Economics, 2003, 33 (2): 255 - 272.

[104] Sithole, T. Z., S. Haberman, and R. J. Verrall. An Investigation into Parametric Models for Mortality Projections, with Applications to Immediate Annuitants' and Life Office Pensioners' Data [J]. Insurance: Mathematics and Economics, 2000, 27 (3): 285 - 312.

[105] Stone, C. A. and A. Zissu. Securitization of Senior Life Settlements: Managing Extension risk [J]. The Journal of Derivatives, 2006, 13 (3): 66 - 72.

[106] Sweeting, H. N.. Measurement and Definitions of Obesity in Childhood and Adolescence: a Field Guide for the Uninitiated [J]. Nutrition Journal, 2007,

6 (1): 32.

[107] Sweeting, P.. Pricing Basis Risk in Survivor Swaps [J]. Life & Pensions, 2007: 44 - 48.

[108] Tuljapurkar, S., N. Li, and C. Boe. A Universal Pattern of Mortality Decline in the G7 Countries [J]. Nature, 2000, 405 (6788): 789 - 792.

[109] Yang, S. S., H. -C. Huang, and J. -K. Jung. Optimal Longevity Hedging Strategy for Insurance Companies Considering Basis Risk. in Tenth International Longevity Risk and Capital Markets Solutions Conference, Chile. 2014.